2014. 4

华语名主持人丛书

创意：上海广播电视台华东师范大学曹可凡工作室

一个人与这个时代

白岩松二十年央视成长记录
一个时代的变迁备忘

邹 煜 采访 白岩松

上海交通大学出版社

2013 年 5 月 1 日,《东方时空》开播 20 年。

1993 年 5 月 1 日,《东方时空》开播,白岩松走进了《东方时空》,走进了中国电视,开启了他的电视新闻人生。这 20 年的中国电视新闻,经历了非同寻常的 20 年,从电视新闻杂志、直播连线到新闻评论,电视新闻的传播语态发生了颠覆性的变化。集记者、主持人、制片人和新闻评论员于一身的白岩松,作为 20 年中国电视新闻变革的亲历者、参与者、记录者,他的这 20 年与这个时代紧密地联系在一起。那么,他的这 20 年会给我们什么样的启示呢?

我们通过白岩松讲述这 20 年里他所亲历的故事,他所关注的新闻和人,打量他、记录他,更重要的是,记录这个时代。

曾几何时，节目主持人，这个现代文化的新生骄子，这个传媒领域中集大众传播与人际传播于一身的最具使命感的传播者，这个广播电视节目中集社会性与人际性于一身的最富亲和力的交流者，蓦然成了吸引众人眼光的焦点人物。节目主持人不仅成了许多人跃跃欲试的热门职业，更成了广大理论工作者研究对象。而一线节目主持人纷纷著书立说，将自己对主持节目的切身体会、深刻思考以至自己的生活经历奉献给了读者。这些文字已成为节目主持人学术研究的重要组成部分，成为了出版界一道亮丽的风景线。

的确，近30年来，主持研究的队伍在日益壮大，研究的领域在逐步拓宽，研究的思路在不断突破，研究的水平也有了相应提高，中国节目主持理论的探索已经达到一个新的高度。然而，我们必须看到，主持人的著述对于我国广播电视事业的整体发展，对主持人的研究有着十分重要的意义。

如果说在研究、探索主持人理论的队伍中，业界的主持人好比是太阳，学界的理论工作者好比是月亮，那么月亮没有了太阳的光辉也只能叫"月球"，不能叫"月亮"。因为中国主持人的研究必须立足于实践，必须加深人们对主持人和主持人节目的认识，必须以生动活泼、丰富多样的主持实践为基础，必须从具体、形象且富于个性的主持人实践中，选择、提炼、加工、浓缩，最终升华为具有中国特色的主持人理论。只有这样，主持人的研究才能保持住生气与活力，才能发挥具体作用，解决现实问题，取得良好效果，才能使我国广播电视事业获得一个稳定、坚实、可持续发展的理论依托，赢得一个健康发展的良性循环局面。

而反之，如果业界主持人不重视经验的总结，不从理论上提升，远离学界，好比"太阳"的光辉不能照耀其他的星球，那么其充其量也只能称之为"自燃"了。毫无疑问，一个成熟的主持人节目是一个多元的、开放的，但不失内在联系的有机整体，主持人的成功与他们的成长经历有着千丝万缕的关系。因为主持人的职责不是机械地将单个节目内容进行堆砌、增减，而是要在"全面了解节目构思、素材，熟悉播出依据，清楚各个环节起承转合的前提下，能动地组织、串联、协调好节目的各部分内容，完成节目的制作、播出"。（赵玉明、王福顺主编，《广播电视辞典》第212页，北京广播学院出版社，1999年10月）如果主持人不多加思考，不注重理论修养，不善于总结经验教训，就未必能深刻透彻地把握好本职工作的丰富内涵和广袤外延，就未必会从大局着眼、小处入手，就未必会树立牢固的节目观念和服务意识，以致影响到整个节目的传播功能与传播方式。

总之，节目主持人著书立说在广播电视的传播中占有突出地位。他们既是研究主持传播规律、特点和方法的主体，也是研究主持传播规律、特点和方法的客体。主持人的著述对于主持人逐渐走向成熟，对于人们认识主持传播的规律运用，并用这些规律来指导主持人创作大有裨益。主持人能将理论与个人的实际体会相结合，带着问题，把自己摆进去，长于发现、勤于探索、敏于领悟、善于总结，充分施展创造力和想象力，发挥自己的积极性与主动性，在研究中有所创造，在学习中得到提高，从而为主持人的研究提供更多独到的、鲜活的素材，打造出更有价值、更为坚实的理论基础，这种钻研精神难能可贵。

　　主持人虽然不是影视明星，但是成功的主持人头上的光环或许比影视明星更耀眼，因为他们的成功不仅能像影视明星那样让青年人羡慕，而且他们的思想和精神更能得到青年人的敬慕，青年人从他们身上能获得更多的"正能量"。

　　基于以上几点，基于我们心底的那份责任感，基于对主持人研究在理论和实践上的必要性和迫切性的理性认识，基于对生命、事业追求中的那份热爱，我们组织了部分华语名主持人和学界的一些理论工作者共同编纂了这套《华语名主持人丛书》，并逐步向大家推出。

　　十月一到，就有了浓浓的秋意。秋天，是收获的季节。期盼能和读者一起分享这份秋天的果实。

编委会
2013年10月

让白岩松自己说（代序）

1. 随着《东方时空》的开播，我走上主持人位置，以《东方之子》为主要的栏目载体，主要身份是一个人物的采访者。

2. 我觉得《东方之子》最重要的，从第一期节目开始，就建立了一个"平视"的概念，提的问题不会都是献媚的，而就是问题。

3. 在《东方之子》，我觉得非常幸运，一做电视，首先接触的是人，因为它是所有传播当中最核心的东西。我们之所以关注新闻，是因为关注人，关注我们自己，关注人类的命运，所以人永远是（新闻中）最核心的那一部分。

4. 我认为好的记者都是啄木鸟，而不是喜鹊，不是天天让人开心。记者天生就是啄木鸟，就是通过叨出树上的一个又一个害虫，既给自己提供食物，也让树木和森林保持健康的一群动物。

5. 我觉得一个主持人要善于面对自己内心真实的感受，只有发自内心的东西才是最准确的。我经常看到有一些做得不好的同行，他的感受其实没错，但是他不相信自己的感受，不敢表达自己的感受，不敢放大自己的感受，不能更有效地表达自己的感受。慢慢地你就很空了，别人看不到你，看不到你的真实情感、你的真实思考。

6. 作为一个好的主持人，或者一个好的评论员，最重要的是永远不偷懒，不要在别人的结论那里就终止了。再往前走走，看有没有新的发现和结论。现场不只是一个事发地，现场有无数，包括心灵现场、信息现场，都是现场。你多在现场徘徊一会儿，多去看一些细节，也许新的发现就出来了。

7. 细节处才有真正的事实。所以，我不认为我是不聪明的，但我不认为聪明是至关重要的。关键是聪明人做笨的活儿，最后你才会有智慧。

8. 我跟自己确定的边界是新闻和人。我这么多年，从来没有变过。奥运会难道说不是大的新闻事件？那是全覆盖的新闻事件。而且奥运会也是一种推动力，我有机会进入到奥运会里面，我就能够有机会改变开幕式和闭幕式的语态，由散文化的向新闻化的方向改变，那你就是一次推动。2012年是有史以来第一次开闭幕式跟以往不一样的，而且你做了，就逼迫原来的模式也要发生改变，多好啊。

9. 过去的评论是纯粹的依附，要依附于新闻的后面。现在你会发现，有的评论甚至要独立生长。有的时候，这个新闻本身没那么大影响力，但是，对这个新闻的评论却成为第二天的头条。到最后，大家可能都忘了我说的是哪条新闻了，但是，我说的"总理说了不算，总经理说了才算"，又生长为一条新的新闻。

10. 很多年前我就开玩笑，拉条狗进中央电视台，连播一个月就成名狗了，然后呢？更重要的是，我觉得现在稍微可以稳定心神地去说的是，二十年了，我一直在第一方阵里头。因为我还在长跑的过程中，最后的冠军不重要，因为这个过程，你如果一直在做，而且你不断地开疆拓土，我觉得我可能跟好多人最大的区别就在这儿。

11. 为什么要去改革，要去推动？如果有可能的话，将来有一天，我多么希望，我能以新闻频道对手的方式做出一个新的频道。不是为了跟它成为对手，而是为了打破垄断，形成竞争，多元化，让新闻有不同的色彩。

12. 我觉得互联网到哪个国家都不如到我们中国来得恰到好处，它会改变我们很多东西，尤其是从干传媒的角度来说，你要学会：你不同意别人说话的内容，但是你要维护别人说话的权利。

13. 我觉得，这个社会不应该谁都是迎合。不一定大比例的声音就一定是对的，不一定。所以，作为一个媒体人，应该永远站在更理性的一面。什么是对的，什么是错的，要勇敢地发出你的声音。而不是说，我有可能得罪很多人，算了，明哲保身吧。那这个社会永远进步不了。

14. 我对未来充满好奇，这种好奇之中更大的比例是乐观一些的东西。但要真想让这乐观变现，就得行动，就得敢于变革，敢于迎接挑战，一个人如此，一个时代同样如此。

目　录

1

-1993
触"电"：电视人生前传

在1992年的时候，我曾有过"触电"经历：我作为嘉宾做了三四期《12演播室》的系列专题《说长道短》，其实就是后来谈话节目的某种雏形。

我的节目主持之路开始于北京人民广播电台经济台，1026千赫。

记者 岩松

"流行音乐
是我的爱好"

"流行音乐是我的爱好。"白岩松说。

他在《痛并快乐着》中把音乐当做从现实中逃离的方法之一,他写道:"如果在过去的道路中,一直没有音乐相伴,生命之路该多出少少枯燥和单调!"他常说:"每当音乐响起的时候,世界就安静了,不管窗外有怎样的诱惑并上演着怎样的故事,旋律都遮盖了他们,几乎可以说,音乐响起,我就走进了自己的教堂,心便有了归宿,走出的时候,我知道,音乐扮成的上帝与我同在。"

因为喜欢音乐,在1993年一二月份,白岩松开始筹办《流行音乐世界》,以至于当时中央电视台第一次要调他过去的时候,他给拒绝了。他当时认为《流行音乐世界》才是他的主业,在《东方时空》只是兼职和帮忙而已。他在《痛并快乐着》中这样描写过当时的工作状态:"自己的笔就没停下过","从评论到散文,从专访到年终回顾,一篇接一篇,成了我文字创作的高峰期"。其中,"连续八篇在中国流行音乐界较早进行深入分析的文章《中国流行音乐现状》,被外地出版社看中,最后扩充成书。"

这就是1993年7月由东北师范大学出版社出版的《流行世界》,开篇第一部分就是白岩松当时写的那8万字分析中国流行音乐现状的文章。

附录:《动荡节拍——中国当代流行音乐风云榜》目录

① 从零开始:流行音乐活力四射

从《小城故事》到《乡恋》,初起步的流行音乐在大陆就像一支孩童手中的万花筒,变化出千奇百怪的色彩。为此,习惯了平静的人们以各种目光,出发于不同的角落,纷纷评说。

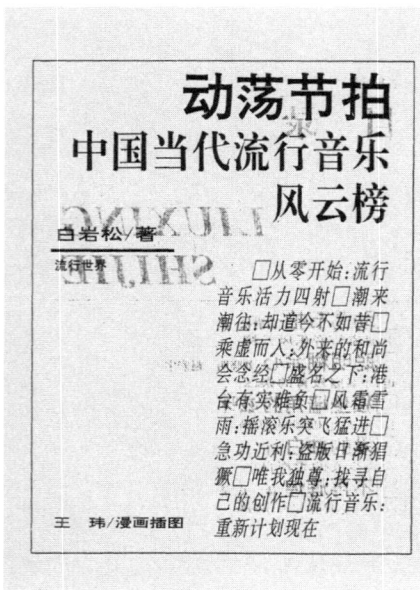

1993 年 7 月由东北师范大学出版社出版的《流行世界》，其中第一部分就是白岩松撰写的《动荡节拍——中国当代流行音乐风云榜》

从《军港之夜》到《夜色阑珊》，流行音乐在依旧的众说纷纭中壮大着自己。走自己的路与"它山之石来攻玉"并存。

从《我们是世界》到《让世界充满爱》，借助世界和平年的圣洁，中国流行音乐以积极的正面形象站立在国人的面前。当歌手齐声高唱《让世界充满爱》之后，社会终于伸出双手，以一颗爱心拥抱了流行音乐这个新生儿。

辉煌还会持续多长时间？接着而来的将是什么样的日子？当时，没有人在想这些问题。从《信天游》到《黄土高坡》，大陆歌坛吹起"西北风"，如一针强心剂，使歌坛的辉煌又持续了一段时间。

② 潮来潮往：却道今不如昔

从《悔恨的泪》到《麻坛新秀》，流行歌曲在大陆变了味，俗、邪、土在短期内成了流行音乐的主流。过早辉煌的大陆流行音乐终于在这种畸形发展的打击下，露出先天不足的病弱面目。

"不是我不明白／这世界变化快"，面对外来歌星的排挤，面对眼前伸手可待的金钱，一些歌手忘记了身上的责任，开始自拆舞台，阻挡前行的脚步。

从大陆到英国，从香港到日本，实力派歌手开始卧薪尝胆，只求他日东山再起，空荡的歌坛让给了"年轻一代"，让给了偶像派，让给了"外来之星"。

从《命运不是辘轳》到《共有的家园》，歌坛宁静时期不断出现亮点，让人感受到流行音乐发展的脉搏，虽然短促，然而有力。

③ 乘虚而入：外来的和尚会念经

从《月亮代表我的心》到《我的中国心》，外来的和尚初涉界河。不入流歌手受欢迎和巨星受冷落并存，港台海外难以把握大陆歌坛的脉搏。

《冬天里的一把火》，把域外歌手的热度烧了起来，费翔在大陆成为歌迷第一个追逐的偶像歌手，大陆歌手在引进版和外来星的冲击之下，慢慢失去如雷的掌声，大陆歌坛变成港台星空。

从《我很丑，但是我很温柔》到《一生何求》，"外来之星"在大陆受到的狂热喜爱，不仅出乎我们的预料，甚至连"外来之星"自己都没有想到。"外来之星"成为大陆歌坛的绝对骄子。

面对"外来和尚会念经"的局面，社会上议论四起，在哀叹我们自己的流行音乐今不如昔的同时，又不得不感叹港台流行音乐的高水准和可取之处。

④ 盛名之下：港台有时难负

"民歌复兴运动"和"粤语入词"揭开了台湾、香港流行音乐真正的发展序幕，台湾流行音乐的原创性高和香港的"借曲填词"成为各自特色。

人们的失望从何而来？偶像派歌手红透半边天，创作力衰退，港台歌手互攻，新人被拔苗助长，使外面的世界有时不精彩。

香港的"达明一派"、台湾的齐秦、黄舒骏、赵传、罗大佑、林强、陈升等人，以学院派独有的前卫性和新的创意，代表着流行音乐追求艺术价值和历史价值的一面。

⑤ 风霜雪雨：摇滚乐突飞猛进

一鸣惊人的大陆摇滚乐，应了"枪打出头鸟"这一古谚，忽进忽退，为自己的生存权利而奋争。

摇滚乐在大陆全面爆发，众多摇滚乐队平地而起，各自挑起专属自己的音乐旗帜，对崔健一统天下的局面发出了强有力的挑战。

摇滚乐在大陆从幕前走到幕后，《太阳升》、《解决》等一盒又一盒高水准专辑成为歌迷抢购的焦点，摇滚乐成品形成第一次大规模冲击。

墙里开花墙外香的大陆摇滚乐，仍然面临着这样或那样的问题，但是他们最最需要的是精神上的理解。

⑥ 急功近利：盗版日渐猖獗

盗版、侵权，是伴随着大陆流行音乐的发展而逐步升级的。"外盗"港台优秀曲目，让"它山之石来攻玉"；"内盗"国内好作品，使创作者饱尝无法可依的辛酸。

偷盗港台流行音乐成品，是大陆流行音乐发展中的"传统"，从歌曲到配器，从录音带到激光唱片，港台流行音乐制品源源不断地为大陆盗制者提供着伸手可得的发财机会。

针对一天比一天猖獗的盗版带，有人就套用了一句广告词感叹道："就真的无药可治了吗？"

⑦ 唯我独尊：找寻自己的创作

猴年伊始，《红太阳》磁带奇迹般地发行了500万盒。当人们为"老歌新唱"获佳绩，流行唱法又新生高声喝彩时，大陆歌坛缺乏自己的创作，却显得更加突出。

从施光南到谷建芬，从郭峰到徐沛东，年龄的限制、金钱的干扰、创作的不专一性、对流行音乐把握上的误区，正在拉大创作者和流行音乐创作之间的距离。

流行音乐的感受、都市文化的归属、宏观意象的渐退……我们需要真正的流行音乐，而不是四不像的作品。

广州与北京，是当今中国流行音乐的两大创作中心。南国的集团军作战和北国歌手的自觉创作，使两地交相呼应，提高着大陆的创作水准。

⑧ 流行音乐：重新计划现在

云游四方的歌手、"巧妇难为无米之炊"的音像出版单位、如同"局外人"的创作者，构成中国当代流行音乐的现状。而把三者联合在一起，走包装歌星和唱片工业化的道路，是解决流行乐坛不景气的一个良好办法。

报纸、广播电台、电视台，对于流行音乐来说，犹如亲密的伴侣，谁也离不开谁。对于流行音乐来说，媒体的作用将随着时代的发展日趋重要。

面对庞大的歌迷群体，面对日益更新的技术，争争吵吵的流行音乐"生存观"应当早早结束，流行音乐，需要重新计划现在。

"音乐常常让他真情流露。"《新闻1+1》的编导刘楠如是说。

正如他在《痛并快乐着》中讲到，在他采访内蒙古同乡斯琴高娃时，不知怎么搞的，"音乐一响，一切都不同了"，当钢琴上传出耳熟能详的《蒙古人》那首曲子时，"一瞬间，我仿佛被电击了一样，故乡的一切都回来了，那香草、那清水流动的微弱声响、那绿色、那高高在上的白云还有亲人与朋友的笑脸……眼泪不由自主流下，直到转成号啕大哭，没有人惊讶，有的只是理解的劝慰和声援的抽泣声，我终于知道，故乡一直在我心中……"

刘楠说，岩松酷爱音乐。她说，白岩松听小娟的民谣、"痛苦的信仰"的摇滚，看最新英国电视剧《唐顿庄园》、《福尔摩斯》，饭桌上岩松还和她聊话剧《喜剧的忧伤》，一部关于日本喜剧审查制度的反讽剧。

伦敦奥运会，白岩松做《奥运1+1》节目，每天都在选歌，用到节目短片里。有同事说，白老师，我还跟你学会了怎么选歌。

孙杨拿了男子第一块金牌，白岩松想到了16年前的1996年，自己采访拿了两个第四名的蒋承稷，然后2004年中国游泳队的银牌、2012年的金牌，于是他选了张行的《一条路》，并说："这歌配得上这16年中国游泳队的路程。"

刘翔退赛，当晚的节目，白岩松第一时间采访到刘翔的父母，他给MV配的歌曲是《对你的爱越深就越来越心痛》。

2011 年 4 月 6 日，白岩松在《新闻 1+1》节目中评论鲍勃·迪伦的音乐（视频截图）

白岩松曾经说，将来岁数大了，自己想去做音乐节目，节目会咬住"人"和"情感"这两个最关键的词，这才能真正触动观众。

他已经迫不及待地在新闻节目中，开始了某种"实验"。

2011 年 4 月 6 日，美国民谣歌手鲍勃·迪伦第一次来中国演出。这是一个几乎不可能进入《新闻 1+1》关注视野的题材，但是白岩松在《新闻 1+1》坚持做了一期"另类"的节目，名字叫《让答案在风中飘一会儿》。

为什么叫这个名字，白岩松说，《答案在风中飘》这首歌出现的时候是1963 年，现在过去了近 50 年，过去的鲍勃·迪伦被大家认为是反叛的，今天听来已经像励志了，一个男孩要走多久才会成为男人，炮弹要在空中飞多久，才可以终于把它禁止。他说："那个时候听来像是躁动，今天听来已经像莫扎特了，……让你感觉中国真的变了，因为变得更从容、更自信，在文化方面更加繁荣，更与世界去接轨。"

这期节目的编导之一就是刘楠，她说："那天整个下午，我们从新闻记者临时转行为娱乐记者，联系各路歌手、乐评人，浸泡在鲍勃·迪伦的节奏中，恍如隔世。"

她评价道，这当然不是假公济私，岩松在这期节目中，努力挖掘了鲍勃·迪伦的社会性和新闻点，比如，鲍勃·迪伦是丈量中国和世界距离的符号之一，鲍勃·迪伦的到来是一面镜子，照到了今天的中国。而最后节目的落脚点则是：从中国摇滚乐 25 年的发展轨迹看时代变迁。

首次 "触电"

1992年，白岩松第一次"触电"，他作为现场谈话嘉宾参与了《12演播室》的系列节目（视频截图）

　　1991年，中央电视台第一个青年栏目《12演播室》开播。1992年，该栏目导演潘跃推出了一个系列节目《说长道短》，一共五期。在节目中，请来专家、学者、编辑和记者等作为嘉宾，一起谈论当时社会上的热门话题。比如，侃谈当时流行的"大款"、"的士"、"曲奇"等新词出现的原因，以及当时的"热"问题，即当时热极一时的"呼啦圈"、尼克松夫人的红大衣、香港艺人郭富城代言的机车广告等一系列"热"现象，并揭示其"热"的原因。

　　白岩松作为嘉宾参与了其中的三期节目。

　　白岩松说，那其实就是后来谈话节目的某种雏形。在节目中，他和几位嘉宾，其中还包括社科院的专家，一起侃谈当时社会上的热门话题，通过实例揭示"热"的原因、人们的从众心理等社会本质，效果还不错。

　　说起这次的"触电"，白岩松觉得对他而言很重要，也让他觉得自己离电视没那么远。他说，有了这次经历，后来进入《东方时空》不会那么陌生，这个圈儿你沾过，流程是什么样儿的，电视人是什么样的工作状况，在想什么，你也都清楚。

当然，那个时候的他还没太想过自己以后会从事电视。

因为，正在那时，他又"务正业"般地开始干起了广播节目主持。

他在《痛并快乐着》中这样写道：在《中国广播报》时，由于工作量不算太大，正赶上北京经济广播电台招客座主持人，我就前去应聘，还真的考上了。于是，又有了一年多广播节目主持人的生涯，1026千赫也成了我非常熟悉的数字，或许，追寻自己主持之路，是该从1026千赫算起吧！

1026

1990 年 8 月 6 日，北京人民广播电台经济台开播，也就是
1026，现在这个频率叫"城市服务管理广播"。当时这个节目跟现
在是不一样的，当时那可是北京破天荒的新节目、新的频率。因为，
当时围绕着中国广播的改革是从 20 世纪 80 年代中后期的珠江经
济台开始的。

1986 年 12 月 15 日，珠江经济广播电台开播，这是中国内地
第一家直播电台，也是第一个板块节目模式电台。珠江经济台对
大板块节目进行了尝试，广播开始走自己的道路。因为电视的突
如其来，对广播的冲击是极大的，当时也正是广播的最低谷。而
我当时正好在《中国广播报》工作，对于这个情况我还是很了解的。

正因为这样，从 20 世纪 80 年代中后期开始，广播的改革率
先从广东那边开始探索，要走出来。因此珠江经济台率先创立。

"门外汉"进广播

在这样一种情况下，北京台也开始进行这种变革，从人民广
播电台向新的模式转变，因此北京台开办了 1026——北京经济台，
这在当时是石破天惊、比较大的一种变革。据北京市统计局当时
对 8 个城近郊区的抽样调查，开办不久，北京经济台总的收听率
为 76.7%，听众各个层次都有，这个结果令人鼓舞。

这时候，北京经济台向全北京招业余主持人。我正好在报纸

闲着没事，那个时候报纸已经做熟了，一个礼拜的事，我一下午就能做完。我就去应聘，没想到顺利应聘成功，就开始做广播主持人。最开始和人搭班，我印象还很深，咱们有个撰稿人叫任卫新，他的夫人当时是主持人，叫枫桂，她带我。做了没多久，我就可以独自做了。

我做得最长的是从晚上七点半做到晚上十二点半，自己找音乐，自己找话题，自己写稿子，自己策划。所以那也是改革的一部分，我等于是借着这样的一个平台，做了一年多的广播节目主持人，那训练还是相当多的。因为你原来的确是纯粹的门外汉，可是你进了广播，你要做主持人，你要去组织语言，去组织节目，而且广播那个时候更自由，你经常有机会一个人去把这些全方位的东西都准备好。这段经历一直持续到进入《东方时空》。

所以我一直很感谢1026那一年多的主持生涯。否则的话，恐怕也没有今天的我。

后来做电视的时候，你会觉得很多东西已经不复杂了。

克服心理关

因为经济台的节目是直播，选题都是自己做，每个小时分成不同的板块，都是我自己去准备，当然我也参与策划。尤其后期做节目，人家放手之后，参与策划就多起来了；对我信任之后，那就更放手，更放手之后其实我参与策划就更多了。另外，我觉得它当然帮我过了一定的心理关，因为做直播，刚开始我会有一些心理上的紧张，害怕出错啊，等等。但是做的时间长了也就过去了。所以我觉得后来包括我能在电视里做直播，相对来说别人不那么紧张一点，恐怕也跟之前在广播里做了一年多直播有关系。

但是很遗憾，没有在1026继续做下去，因为电视这块开始做了，我没有那么多精力，电视这边也主要是晚上，因为白天我要上班，广播电台的直播也恰恰都是晚上的时间，所以就没法做了。

在白岩松进入《东方时空》被要求第一次去采访的时候，他心里有点打鼓，不是因为采访或工作的难度，而是怕在电视上一出图像，在电台的同事一看到，发现自己在外面干私活，虽然是业余时间，但似乎还是有些不妥。最后在制片人时间"谁早上看电视啊？"的劝说下，白岩松才横下心来走到镜头前。

在1026，难道就不担心被同事听到？

回想起在1026的那段日子，很奇怪，单位同事那个时候反而都听见了。当时我正好在《中国广播报》，而且那纯粹是我的业余时间，真是干涉不了。因为所有的直播全是在晚上七点半之后，纯粹的业余时间，一是你是办广播报的，好像同事觉得你做广播也是天经地义的，第二个是业余时间。

那个时候，大家还经常在办公室里议论，昨天你的节目做得怎么样，等等。

大事记

1992年

**1月18日~
2月21日**
邓小平视察武昌、深圳、珠海、上海等地并发表重要谈话。

3月26日
《深圳特区报》头版刊登了《东方风来满眼春》，新华社向海内外全文发表了这篇通讯，引起了很大的反响。

4月3日
七届全国人大五次会议通过《长江三峡工程决议案》，1994年正式动工兴建，2003年开始蓄水发电，2009年全部完工。

5月20日
中共中央宣传部首次颁发"五个一工程"组织工作奖和入选作品奖。"五个一工程"即：一本好书、一台好戏、一部优秀影片、一部优秀电视剧（片）、一篇或几篇有创见有说服力的文章。

**7月25日~
8月9日**
中国体育代表团在西班牙巴塞罗那举行的第25届奥运会上获得16枚金牌、22枚银牌、16枚铜牌，金牌总数和奖牌总数列第四位。

10月12~18日
中国共产党第十四次全国代表大会在北京召开。

1993年

3月1日
中央电视台第一套节目的新闻改革付诸实践，新闻实行滚动播出。每天播出次数由原来的5次增加至12次，播出时间由早上8点改为早上7点开始。

3月15~31日
八届全国人大一次会议举行。会议通过的《中华人民共和国宪法修正案》肯定我国正处于社会主义初级阶段；国家实行社会主义市场经济。

4月27~29日
海峡两岸关系协会会长汪道涵和台湾海峡交流基金会董事长辜振甫在新加坡举行会谈，双方签订《汪辜会谈共同协议》等四项协议。

2

1993-1996

好奇：命运的偶然转身

1993 年 5 月 1 日《东方时空》的开播到 1996 年第 1000 期后的第一次改版。这期间，随着《东方时空》的开播，我走上主持人位置，以《东方之子》为主要的栏目载体，主要身份是一个人物的采访者。我作为主持人的角色也在这期间逐渐清晰，主持也逐渐成熟。

印象最深刻的节目

1993 年，在青藏高原拍摄电影放映员赵克清

1993 年

我觉得 1993 年对我来说印象最深刻的节目毫无疑问有两个：一是，《东方时空》的第一期节目——"济南钢铁厂厂长马俊才"，因为我觉得第一期节目是一个符号性的标志，就是你亮相了，从此走上电视新闻节目主持这条路；二是，《东方时空》第 100 期的那期节目——"电影放映员赵克清"。

我个人认为"电影放映员"那期节目是最重要的一期节目。因为从某种角度来说，它让我的采访方式得到了周围尤其是业内的广泛认同。那期节目播出以后，有多少人去我的办公室，说你那期节目的采访真好。我也成为《东方时空》的第一个最佳主持人，它甚至让我意识到，我好像真要跟过去的生活说再见了，我真的变成主持人了。主持人，这是一个让我非常陌生的词语。

1994 年

1994 年我印象最深刻的是前后有两个月在日内瓦跟随龙永图在内的整个代表团报道中国的复关（后来叫入世）谈判。那是中国电视第一次报道龙永图他们整个的谈判进程。那也是我第一次出国。

我记得 1994 年的春节刚过，就接到了孙玉胜的电话，他说你去瑞士吧。我当时一下就晕了：第一次出国，居然一下子就去了一个那么远的地方。当时所有的东西对我来说都是蒙的，没出过国啊，而一去就那么长时间。因为春天去拍了快一个月，到年底的时候又拍了好多天。但是，那次是我收获巨大的一次。

21

1994 年在日内瓦采访中国的复关谈判，在世界贸易组织（WTO）的前身，关贸总协定（GATT）总部大楼前留影

我觉得也不光是我收获了，因为那是第一次有媒体，尤其是电视媒体去拍摄整个复关谈判。龙永图在我们的节目里头贡献了像"双赢"等这样的概念，过去我们不了解什么叫"GATT"、什么叫"规则"、什么叫"双赢"，等等。这些都是从 1994 年的整个拍摄过程中出来的概念。

当然，我在龙永图及整个中国代表团跟国外的谈判过程中，也看到了很多东西。因为这也是我个人第一次真正地走出国门、走向世界，去了解国与国之间的这种博弈、谈判，然后"关税"、"市场"、"双赢"、"自由度"等无数的新概念扑面而来。到最后，我觉得对日内瓦的美丽景色反而印象不深，但是，整个跟世界的博弈，想想尤其是在 1994 年这样的一个背景之下，我觉得是印象深刻的。

1995 年

我觉得 1995 年印象最深刻的节目是两个：

一个是《东方之子》的"长江人"系列，因为这个节目让我接了地气。对于这个国家正在发生的变革和那种泥土的味道，以及那种空气中弥漫的变革的味道等让我印象深刻。我觉得这种接地气很重要。

二是"学者访谈"系列。这是我在 1994 年年底开始悉心准备、第二年年初完成的。我觉得学者系列让我接了心灵之气，了解了这些大师，了解了人性，了解了人格是更高的学问，使我受益一生。我觉得我真正的、大的转变，是在 1995 年。

"混"进电视

在《痛并快乐着》中，白岩松写道：1993 年，年初，办公室的电话响了，找我的，当我放下手中的工作去接这个电话的时候，我并不知道，从此，另一种生活开始了……

其实，在白岩松大学毕业的时候，干电视已经是学新闻的学子们追求的热门目标了，但是在他心中，当时却似乎很少做过电视梦。他说，进《东方时空》完全是一个偶然的因素。

刚进《东方时空》，他的工作是做策划。在 2013 年 5 月出版的《点燃理想的日子——我与＜东方时空＞二十年》一书中，白岩松接受访谈时说："我刚开始很好奇。战胜疲劳也好，或者让你不厌倦也好，一个重要的因素其实不在于你的收入，而在于你是否有足够的好奇。在《东方之子》做策划这件事当时让我非常好奇，因为它跟我延续在做的一件事情有关——我在报纸的时候已经开始对人极度感兴趣，所以这就是命。"

你就是我要的人

进《东方时空》完全是一个偶然的因素。

因为我当时一直在做报纸，《中国广播报》，不断地在上面写文章，慢慢地就被周围小范围的人知道，可能是这些人还觉得，这小子的文章写得还蛮有意思的。

当时《东方时空》正在筹办，四处招兵买马。当时《东方之子》的制片人时间，找到崔永元："有没有人啊，哥们儿，介绍点人。"那小崔介绍的人当中有我一个。

1993 年，创业时与《东方之子》制片人时间在地下室住处合影

有一天，时间就打电话过来，说见一面吧。当时对于我来说，不管哪的人，见一面就见一面呗，也没什么负担。

见面的时候我就给他准备了几篇人物采访稿，那是我当时采访香港歌星的几篇稿子，当然是用我的方式去采访的，不是那种娱乐的、八卦的，就是人物采访，因为我已经连续在《中国广播报》连载了，而且当时在中国最牛的流行音乐杂志——上海的《音像世界》上连续连载了将近一年我的人物访谈稿。那是当时中国最牛的音像杂志。所以，我挑了几篇给时间，时间当时看了两篇就说："你就是我要的人。"

我是策划，不是主持人

虽然我进入《东方时空》就走上了主持人的道路，但是请注意，时间当时找我的时候，不是选一个主持人，而是要找一个策划。这个策划是帮着主持人来设计问题，帮着栏目去分析一个人物。

当时之所以让我去做策划，我想可能是因为我采访人物的方式跟过去不太一样的缘故吧。我的方式不是那种简单的、面上的，还是应该相当深的。那我觉得这跟我对流行音乐的熟悉是有关的，所以就这样，时间说，好，赶紧来上班吧。这是兼职，而且那个时候大部分是晚上去，所以对我来说影响也不大。

年轻人有大量的时间，而在当时，干好本职工作之余到别的媒体帮帮忙也是一种时尚，尝试点新东西总是好的。

自己是主持人了？

在《东方时空》栏目做了 100 期节目以后，我对自己有了两个定位：第一个定位是决定从电台去到电视台；第二个定位就是意识到自己是个主持人了。

"谁早上看电视啊？"

之所以有这两个定位，我觉得主要有这样两种原因。

第一个是当时电视台很牛，大家都想去。可是，第一次电视台让我去的时候我没去，我给拒绝了，那好像是 1993 年三四月份的事。我为什么拒绝了？因为当时我正在筹办《流行音乐世界》，我还是认为这边是主业，那边不过是个兼职。最开始让我做主持人的时候，我也没太想干，因为我觉得怕人认出来，影响本职工作，影响不好。

但是，时间说："谁早上看电视啊？"我一想也是，只是没想到《东方时空》很快火了。

因此我第一次是拒绝的，也就是说一开始我并没有想从电台去电视台。

那么，直到 1993 年大约六七月份，我筹办的《流行音乐世界》报纸被主管部门给毙了。因为当时领导的思想还不够解放，他觉得中国为什么要办一个关于流行音乐的报纸？流行音乐还不是社会的主流，甚至意味着还遭受着某种歧视，所以这张报纸被毙掉了。

虽然已经开始试验做样板，而且名片都已经印了，但由于这张报纸被毙掉了，我才下决心，从电台去到电视台。那这是第一个决定，是被动的，因为自己筹办的报纸被毙掉而导致的。

"我主持人？别逗了！"

第二个是主持人的自我定位的问题。虽然孙玉胜在《十年》中提到，《东方时空》第一天播出后，同行的评价不高，觉得除了《音乐电视》之外没有什么新意。可能很多人会用现在的标准去衡量，但是我必须清晰地回到那个时候，我们进去做《东方之子》的时候，我从来没有关注外面的评价。

首先，因为我当时没打算拿这儿当主业；其次，大家更在意自我的评价，也就是自己认为好不好，自己想干什么。所以没去关注别人的评价。不像现在，做个电视，大家会看收视率，会看其他很多很多东西，被舆论绑架，被收视率绑架，被其他东西绑架。那个时候我们根本不关心别人怎么说，如果别人说好，有时候我们甚至还会怀疑一下。

因为最开始我是"被"当做主持人的，而我也一直是像做记者一样地去采访，做我该做的事情。突然有一天，我接到我们组的一个编导乔艳琳的电话，她告诉我："小白，你当选咱们整个《东方时空》第一季度唯一的一个最佳主持人。"我一愣，说："我主持人？别逗了！"她说："是。"

那天在电台旁边，正好要跟哥们儿去吃饭，而且还是接的呼机，我回的电话，我印象很深。

从那天开始，突然犹犹豫豫当中，我觉得，我是主持人了。

所以，这是这两个定位的由来。

1993 年，《东方时空》最早的联欢

最重要的是自我评价

　　在当时的环境中，最重要的是自我评价，做自己想干的事情，不是为别人。的确，必须坦诚，那个时候真不是给观众做的。

　　首先满足的是自己，但是我觉得有很多事情就是这种道理，当你真的是发自内心就是想做自己的时候，而且大家从五湖四海汇聚在一起，都憋了一肚子想要表达的东西，最后在里头碰撞。首先你满足了自己要释放的这种冲动，结果才击中了观众的需求。

　　我觉得今天的确有很多人先研究受众，受众想要什么，然后就提供给他们什么。那我觉得，这样的事情有时候就蕴藏着一种危险，它是你真想干的吗？所以，不一定。

平视

　　"东方之子，浓缩人生精华"，这句"没有多少精雕细刻"的话是白岩松在开播前"现上轿现扎耳朵眼"想出来的，是他"瞬间厚积薄发的灵感"，最终成为了《东方之子》栏目的一个标志。那么,在当时,每一期的"东方之子"又是如何来确定的呢？

　　　　我觉得最开始做的时候，海阔天空啊！
　　　　因为过去中国没有这样的栏目，从来没有过，因此，遍地都是人。
　　　　那我觉得开始做的时候就是要考虑我们自己想做谁。最初的那批人，包括王朔、张贤亮等，都在我们第一批采访对象里头。虽然第一个播出的不是这批人，因为第一天的播出，要考虑到5月1号这个特别因素，所以第一天播出的是山东济南钢铁厂的厂长马俊才，但是之后就迅速回到了我们的选择范围和原则。

中国第一个电视人物专访的栏目

　　　　第一天播出的马俊才，那是我进入电视采访的第一个人。因为制片人时间是济南人，所以就把我们拉回到济南，拍他家乡获得五一劳动奖章的济南钢铁厂厂长，叫马俊才。因为是全国五一劳动奖章获得者，又是一个钢铁厂的厂长，所以我们拍了好几天。现在的人物采访越拍越单薄，但那个时候做一个人物都需要很长

的时间，因为夹杂了大量纪录片的因素在里面。主持人也不全是坐着采访对方，而是介入采访对象的生活当中，介入他的工作当中，随时可能会提出问题。所以第一期节目带有 5 月 1 日的特别色彩，但是制作已经跟过去完全不一样了，这是中国第一个电视人物专访的节目。

为什么是第一个？人物访谈的重要性在哪里？

在《东方之子》之前，中国有无数个电视人物片子，但是中国过去的电视人物片，永远是拍完了，制作者写完解说之后，然后完成的，几乎没有同期声。那么，没有同期声意味着什么？那就是，传统的电视人物访谈栏目是以创作者的评价为主的，并没有把评价人物的权利交给受众。

《东方之子》开创了中国第一个电视人物访谈的栏目，那就是因为创作者，尤其是时间作为制片人，一上来就认定我们要交权，要回到电视的规律上。这一个人是好还是不好，要由观众听完他的回答，然后作出评价，这在中国电视史上是革命性的变革。

《东方时空》的江湖

对于《东方时空》中的这种变革，我总结了几个"平"字。这在徐泓老师写陈虻的《不要因为走得太远而忘记了为什么出发》这本书里，我写了一个序，其中说得很清晰。

我说："二十年，已经无情地把我们由激愤的青年变成了平庸但可能宽容的中年，却也让当今的年轻人，对二十年前的事儿有了陌生感：你们当初做了什么？《东方时空》不就是现如今每天八点播出的那个新闻栏目吗？怎么在你们的回忆中，竟有那离奇的江湖地位？"

"你们当初，究竟做了什么？"

"《东方时空》可能就干了一件事：平视。用《东方之子》平视人，不仰视不俯视；用《生活空间》平视生活，不涂抹不上色；用《焦点时刻》平视社会，不谄媚不闪躲，最后用不同于以往的平实语气，说人话、关注人、像个人，平视自己。"

"仅此而已。"

"不过已足以让很多人骄傲一生，可常常遗憾的是，二十年前就已经开始做的一切，今天，也并未全都在屏幕上达成共识，我们已经老了，可'平视'二字，依然像稀有动物一样，站在那里，咄咄逼人地孤独着，并依然前卫。"

关键词是"平视"

《东方之子》把之前可能高高在上的人"平视"了，最关键的词就是"平视"。

《东方之子》"平视"他们，不去献媚，不仰视，也不俯视，而是平视。

《生活空间》讲述老百姓自己的故事，也同样是把周围的父老乡亲当成主角。

《焦点时刻》也是，不仅有阳光下的180度，也有阴暗面的180度，舆论监督，平视这个社会，最后归根到底是平视观众，平视自己。

"平视"是我引入到评论部的一个词，因为当时有一本书叫《独自叩门》，是尹吉男写的。那本书一开始就写道，当时美术界创作的一个新的理念，就是"平视"。画身边的人，不像过去都画领袖，比如，罗中立的《父亲》，包括画家刘小东的作品等。我觉得他们提出的平视与我们现在做的事情是一样的。所以1993年的年中开研讨会时，我就把这个"贩卖"给了《东方时空》，后来成为我们部训的一部分。所以我觉得《东方之子》最重要的，从第一期节目开始，就建立了一个"平视"的概念，提的问题不会都是献媚的，而就是问题。

我觉得不要把问题定论为正面的、质疑的、舆论监督的，我很讨厌这些外在的包装。我觉得最重要的是，它是不是问题？这就是《东方之子》的价值。

新闻最核心的在于人

我庆幸我做电视记者是从做人物开始的。

在《东方之子》，我觉得非常幸运，一做电视，首先接触的是人，因为它是所有传播当中最核心的东西。

新闻最核心的也在于人，我们之所以关注新闻，是因为关注人，关注我们自己，关注人类的命运，所以人永远是最核心的那一部分。

"人格原来是最高的学问"

我很幸运，刚一开始走上主持人的路，就是做人物栏目。我一直在说，这简直是天天在上课，而且还给你发工资，你都能听到自己骨节在生长的那种声音。

在《东方之子》，有两组人物，对于塑造今天的我，是最重要的。排第一位的就是我自己策划和提议，最后被采纳的"学者访谈"系列；第二个就是时间挑头、最后我和编导共同完成的长达三个月的"长江人"系列。

为什么说这两个系列的"东方之子"对我来说是最重要的呢？

在《东方之子》，我拍摄了成百上千的"东方之子"。其中，以老学者系列为代表的"东方之子"，让我看到了人最优秀的、最本质的，人性中最高的、最闪亮的、最浓缩的精华到底是什么。

学问和人格哪一个是最重要的？

我觉得，在我采访完这批老学者之后，我得出了结论。我开

1993 年，做《东方之子》时采访张百发和高占祥

场的第一段串词就是："我因他们的学问而去，但离开的时候，我才明白，人格原来是最高的学问。"所以它塑造了我。这些慢慢地也让我明白人生中的很多真相，以及什么才是你人生中往前走该追寻的最重要东西。那我觉得慢慢地我会靠近它。

中国人为什么会去讲道德文章？

道德文章要连在一起，而不是文章本身。所以，它当然深深地改变了我，正是从那个时候开始，我慢慢地知道了什么东西是贵重的，什么东西是廉价的，什么东西该在意，什么东西不该在意。这是老学者教我的。

"长江人"让我靠近生活的本质

另一组人物就是"长江人"系列。

拍"长江人"系列是时间的一个梦想，我们一起帮他圆梦，当然这也成为整个栏目的一个动作。我们从长江源头，因为长江是从四川宜宾开始叫长江的，用了三个月的时间一直开车到了上海，走一站采访一站，然后送回来播出。

我觉得，在那三个多月时间里，几十位"长江人"让我深深

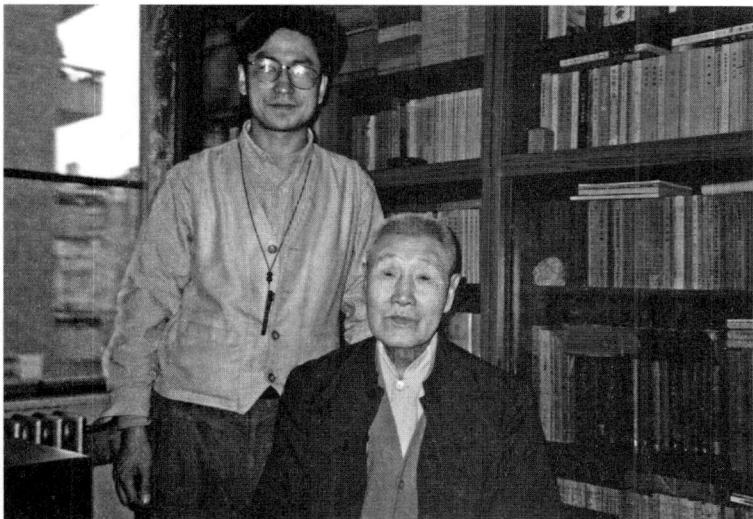

1995 年，做《东方之子》时采访张中行

接了中国的地气。

我记得我开场的第一句话就是："我们将在这个最炎热的季节里，走过或许是将来世界经济生活中最炎热的一条河流。"但是伴随着采访整个长江母亲河，三个多月时间里，几十位方方面面的"长江人"，那我觉得，我落地了，接了地气了。

所以，学者们是让我从高处回头去平视人生中最珍贵的和最不重要的都是什么；那我觉得长江人就让我从低处、从地上去平视同样的东西。

一个天上，一个地上，让我回到相对平视的位置。我更清楚现实的中国怎么样，人们都在思考什么，挣扎什么，困惑什么。所以，老学者和长江人就是标准的浓缩，当然所有的营养来自于几百个、上千个东方之子的采访过程，但是这两个是两端的代表。

《东方之子》就是我成长的一部分，我很幸运。这些人帮助我快速地成长，而且直接有助于了解到生命和生活最本质的东西。

如果没有和这批老学者以及众多优秀的东方之子的交流，我上哪能那么快地看到生命最本质的东西？如果没有类似于"长江人"这种接地气的东西，我又怎么能去了解生活最本质的东西？所以，这两个，简单地说，一个让我靠近了生命最本质的东西，一个帮助我靠近生活最本质的东西。

"路标"

中国传媒大学教授吴郁接受采访

"凡是有大成功的人，都是有绝顶聪明而肯做笨功夫的人，才有大成就。不但中国如此，西方也是如此。"谈起白岩松，已退休在家的中国传媒大学播音主持艺术学院教授吴郁首先提到的是胡适的这句话。她说，你看白岩松好像特聪明，其实他背后下了特大的功夫。

在 20 世纪 90 年代，吴郁老师出于兴趣和责任对主持人及节目主持艺术进行了大量研究，也是第一个系统研究主持人的播音专业教师。而且，在她年届五旬的时候，有幸作为《东方之子》的人物访谈者参与了"杰出女性"访谈系列，得以走进《东方时空》，近距离地接触其中的主持人，

也为她的研究提供了鲜活的第一手资料。

在第四次世界妇女大会召开之前，《东方之子》栏目借此契机策划了"杰出女性"访谈系列，一共十个人，1995 年的 3 月份播出了这个系列。

1994 年底到 1995 年初这段时间，吴郁采访了这个访谈系列里的九位杰出女性人物。比如说，时任全国人大常委会副委员长、妇联主席陈慕华，中国第一位女驻外大使丁雪松，早年曾就读于西南联大地质系的中国地质大学教授、女地质科学家郝冶纯，等等。吴郁说："那次采访真的是让我认识了一些特别棒的女性人物。"再比如，还有最高人民法院的副院长、女大法官马原，大连的妇联主任郝斌，女作家王安忆，老红军谢觉哉的夫人王定国，河南京

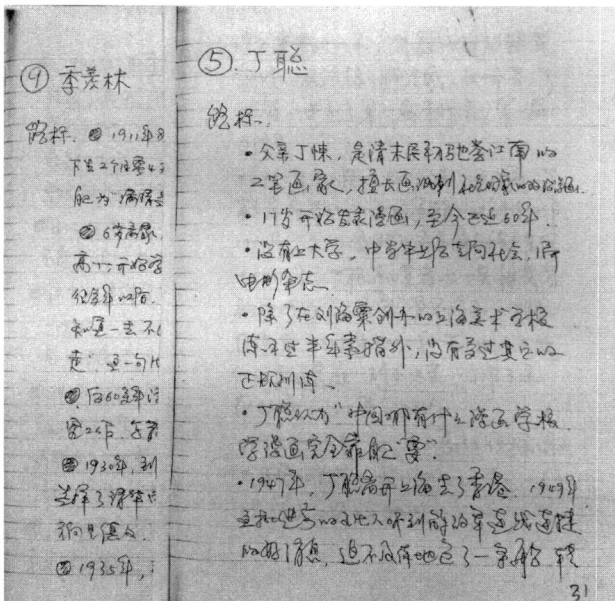

白岩松当年做《东方之子》的"学者访谈"系列时的"路标"手迹（吴郁提供）

华实业公司董事长刘志华，国防大学战略战役战场研究的研究生张可。

到节目组以后，吴郁认识了白岩松、胡健等主持人。当时，为了尽快上手，吴郁跟了胡健的两个采访，一个是采访吴阶平的，一个是采访雷洁琼的。本来也想跟跟白岩松的采访，可惜当时没有合适的档口。

但是，白岩松详细地跟吴郁介绍了自己当时正在做的老学者系列。白岩松说，在他的办公桌上、案头上都放着这些人的书，比如张中行的《负暄琐话》、《负暄续话》、《负暄三话》，等等。他说，我以前看过，我现在还要集中地、详细地来看。白岩松打开一个很大的笔记本，他把这个本儿叫做"路标"。他说，在看这些资料的时候，就把这些人的信息记下来了。

吴郁从一个牛皮信封里拿出了珍藏的当时复印下来的部分资料，指着说："这是杨振宁的、丁聪的、季羡林的、张中行的……我们看看丁聪的，这是'路标'：第一，父亲丁悚，是清末民初驰誉江南的工笔画家，擅长画讽刺社会现象的政治漫画；第二，17岁开始发表漫画，至今已近60年；第三，没有上大学，中学毕业后走向社会，编电影杂志；第四，除了在刘海粟创办的上海美术学校练习过半年素描外，没有受过其他的正规训练；第五，丁聪认为'中国哪有什么漫画学校，学漫画完全靠自己要'；第六，1947年，丁聪离开上海去了香港……这些都是采访对象丁聪的背景信息。然后，他会根据这个'路标'拟出一些他要提的问题。"

你看，这是'问题细目'。第一个问题是，'您的父亲虽然是上海著名的

白岩松主持《东方之子》和采访漫画家丁聪的画面（视频截图）

工笔漫画家，但他并不愿让你再干这一行，所以从不教你画画，大家也知道，60 年前在中国根本没有漫画学校，那您是怎么走上这条路的？'第二个问题是，'你除了在刘海粟创办的上海美术学校练习过半年素描外，没有受过其他的正规训练，但今天丁老却是大家公认的画家。'……这下面还有，一共列出了 20 个问题。"

最后，他还记录下了自己的采访感受：……丁聪身上停留最多的是黑色历史黑色政治留下的黑色幽默，相声、杂文、漫画辉煌的前景依靠社会民主空气的自由和活跃，在一个欲说还休、欲讽还留的时代里，讽刺艺术被迫只能背着'大幅度滑坡'、'后继无人'的断语。没有民主的真正萌生，讽刺艺术就只能歌舞升平，但歌舞升平的、不痛不痒的东西是否可以被称做讽刺艺术？

"丁聪生不逢时，艺术生涯被切割得零零碎碎，但丁聪作为一个漫画家和直性子又生正逢时。因为历史总是让他有话可说，压力越强创作欲望越强……这三页都是他采访丁聪后的感受。"

"白岩松把这些给我看，我说我能不能复印？他说没问题。所以，不知道不了解白岩松的人以为他傲得不得了呢。我觉得他非常的坦诚，你拿去看吧，不要紧，即使复印也不要紧。"

"路标"引导白岩松去叩开被采访者的家门。他在 1998 年发表的《我们生活在什么样的时代》一文中这样写道："在采访每一个东方之子的时候，我常常会告诫自己，名气、官位、财富、地位不过是我们寻找一位东方之子的路标，而当我在路标的指引下敲开被采访者家门的时候，路标便失去了意义，这个时候我面对的只是一个人，一个有悲有喜、有成功有失败的人生。"

渴望年老？

白岩松在 1996 年年初发表的《我们能走多远》中发出了"渴望年老"的感慨。在 1997 年 3 月出版的那本《焦点外的时空》中，也收录了他的《渴望年老》。在文章中，他提到了之所以渴望年老的原因。

"年老的主持人最具诱惑力的方面在于那种金子般的成熟心态，人在年轻时所具有的那种易冲动、好偏激、个人目标的左右摇摆、家庭生活的无着落和不稳定，稍有挫折便愤世嫉俗，偶有表扬就不可一世等作为节目主持人的大忌，到年纪大点时都已成为过去，人到中年，人生河流已冲过激流险滩，在宽广的河道上平稳流动，这时节目主持人这个职业对人的诸种要求：冷静、客观、平稳、懂得爱、万不得已时才恨、尊重一切该尊重的人，不为小的利益而失去原则，人生目标不再朝令夕改、合理规划自己的生活让身体始终保持良好的竞技状态，上有父母，因此懂得尊重历史，家有贤夫良妻于是懂得把握现在，膝下有儿女缠绕因此懂得面对未来……"

《新闻 1+1》的编导刘楠，1997 年的时候，正好在上高二。她说，她曾经把"渴望年老"当做范文来背诵。

刘楠说，那时她 15 岁，最喜欢看《东方时空》、《南方周末》，是班上唯一一个订全年《中国青年报》的，为了看其中的"冰点周刊"。她说，那上面，有围绕大学生为救老人而牺牲值不值的讨论，还有梁晓声和各路人士如火如荼的论战，她也第一次听人讨论"人性的冰冷"。

那年，刘楠从杂志上看到，新闻评论部出版了第一本记者手记《焦点外的时空》，她骑着脚踏车逛了几家书店，终于找到了这本书，用铅笔把自己喜欢的段落轻轻划下来，其中就包括书中白岩松的那篇《渴望年老》。

她说，能在 20 多岁拥有家喻户晓和奖杯簇拥的声誉，现在的新闻人再难比肩，更难克制内心的欲望翻滚。

而在那时，白岩松却在文字中袒露自己的忧思："也经常听到别人对自己的表扬，听多了竟有了一种被揠苗助长的感觉，其实现在还都没有资格被别人说好，大家都在赶路，离明天那个'真正'二字，我们都还有一段人生距离需要填补。"

在那期新闻评论部恶搞年会《分家在十月》的片子里，白岩松·斯基被安排了这样的对话：

朱波·波夫：去，杨继红波波娃家；抄家！
白岩松·斯基：是否，缺少终极关怀？
朱波·波夫：瞎掰！这年头，没有钱，哪来什么关怀？好好开你的吧。
白岩松·斯基：我们是否走理性的四环路？
朱波·波夫：随便你。嗯？嗯？这是哪儿？
白岩松·斯基：理性的四环胜过激情的平安大道。
朱波·波夫：大爷了！四环路还没开通呢！
白岩松·斯基：你骂我行，我最讨厌人骂我大爷。我是十大杰出青年，奥运会我现场直播，香港回归、澳门回归我是主持人，我和总理照相，我和总书记握手，啊？我看话剧我坐第一排，我带头跟他们鼓掌，我采访了二百多个东方……你、你不能打我脸。渴望……年老！！

白岩松·斯基最后的口号，就是梦想的"渴望年老"。

如今，再次提起这个话题时，白岩松说："当你自己头发越来越白的时候，体力都有点跟不上的时候，渴望年轻可能比较靠谱。"

在 25 岁的时候，我当然渴望年老；到了 45 岁的时候，我当然不会了，否则就太矫情了。但是，在 25 岁的时候我在那篇论文里写下"渴望年老"，当然我并不是说把身份证改了，而是写给自己，也写给同行。

渴望年老的背后是理性、冷静、勤奋、思考，别把这个行业做得太浮躁，别把这个行业做得太利益、太功利。我觉得，现在也是，主持人被明星化的程度越来越高。娱乐主持人当然要明星化，这也很正常。但是，新闻主持人呢？当然是要让你的言论、你的采访和你的分析被社会广泛地熟悉。

至于你本人，就不必那么明星化了。就像好多人说，白岩松，你真抠，怎么西装翻来覆去就这么几套。我觉得，这是我骨子里头对新闻主持人这个行业的理解，我不希望把注意力放在外表。我也不觉得，穿上再好的西装，我就因此变得更漂亮，人们就会

因此更喜爱我？我的天职是什么？我的天职就是做好记者，去到新闻现场，去追问新闻背后的为什么，这才是你全部的价值。

就像《焦点访谈》播一万段郭德纲的相声，那依然是郭德纲的相声，而不是人们对《焦点访谈》骨子里的期待。最初可能有掌声，呦，亲民啦。可是用不了半个月，人们就厌倦了。《焦点访谈》要的是什么？哪儿都能播郭德纲的相声，打开网页就可以整段整段地听，我要你《焦点访谈》干嘛。但是，《焦点访谈》改变的时候播了一下相声，人们会意识到你有改变了。可是接下来呢？你只是改变了外在的东西，而不提供人们最期待你提供的那些内容，死路一条。

我用主持人的方式
做记者

在《我们能走多远》一文中，白岩松这样写道："思想型主持人的道路注定要比司仪型主持人的发展道路坎坷得多，也漫长得多。但现在形势很好，一批新生代主持人正在以《东方时空》、《焦点访谈》为代表的模式中缓步走来。这种道路注定是由记者走向主持人然后过渡到评论员，也就是真正的思想型主持人，他们应当拥有一定的人权和财权，关心社会的角度极具个性化，有社会责任感，在主持技巧上无懈可击，他们的思想是超前的，感觉是敏锐的，他们的看法可以影响社会。"

那么，到今天，真正的思想型主持人诞生了吗？白岩松说，我觉得永远无法定义当代，就像李白、杜甫的时代，绝对不像我们今天回望的时候那么伟大，当时不一定混得好呢。所以，永远不要尝试在当代定义当代。中国有句俗话，"政声人去后"。等我以及我很多的同行离开这个行当，离开了这个时代，将来再去评价的话会更准确。

一直在路上

但有一点是清晰的：我是非常坚决地走在这条路上，我从来没有动摇过。

我也不认为，现在回头看就要定义一个思想。在我 40 岁的时候，"捍卫常识、建设理性、寻找信仰" 12 个字代替了"说人话、关注人、像个人" 9 个字。如果仅仅是"说人话、关注人、像个人"这 9 个字，那我觉得新闻时代进步得太慢了，都什么年代了，还要"说人话、关注人、像个人"，虽然我认为，现在绝大多数中国

　　传媒人还做不到这9个字，但是我觉得我们不能永远拿它当一生的座右铭。

　　所以，40岁的时候，我已经用新的12个字代替了这9个字：捍卫常识、建设理性、寻找信仰。

　　在我们的生活中，1+1=2时常被人说成1+1=3。很多人面对媒体，说那些空话、套话连他自己都不信，但是为什么连他自己都不信的东西他会说呢？因为这样对他有利。

　　因此，作为一个媒体人，作为一个或许算知识分子的人，如果不能把捍卫常识当成自己的一个目标的话，我觉得是很可怕的。

　　为什么要建设理性？首先我们从执政党的角度来说，中国共产党正由革命党转变为执政党。革命党与执政党有什么区别？执政党是不管你喜欢不喜欢的人，你都要为他服务。这时候，要求执政党和执政政府必须是理性的。

　　在当下这个时代，大国需要与此相对应的大国国民性格，理性是重要的构成。我在《南方周末》上写关于"建设理性"的时候，提出了"脱敏"的概念。过去我们很敏感，很多东西都躲着走，不知道该说什么。

　　寻找信仰，我觉得这是中国将来最大的命题。

　　中国改革头二十多年，要解决人和物质之间的关系，温饱、小康、翻两番，全是物质的概念。经过二十多年，我们物质达到了一定程度，提出了和谐社会，和谐社会不就是要解决人和人之间的关系吗？

　　慢慢地，会有越来越多的人明白这12个字的含义。

　　就像我2009年开始动笔，2010年写出了《幸福了吗？》，当时大家都惊讶，为什么用这样的书名，我说这是这个时代的腰眼儿。两年后的2012年，幸福成为"2012媒体关注度十大榜单"中十大情感排名第一位的东西[1]。

1　2013年1月8日，中国传媒大学国家语言资源监测与研究有声媒体中心与《中国广播电视年鉴》联合发布了"2012媒体关注度十大榜单"。其中，十大情感有：幸福、紧张、快乐、担忧、激动、痛苦、失望、震惊、舒服、焦虑。

　　这个时候很多人会去想，白岩松在两年前的时候，已经预测了。那我就在躲，现在有无数个与幸福有关的事在找我，100 个有 99 个我都推了，我不想这样标签化。可是你要思考这些事情，我相信常识、理性，尤其是信仰，会伴随中国未来十到二十年的路程，一个接一个全会成为关键词。这就是要你作为一个主持人或者作为一个电视知识分子，或者就是一个知识分子，当然要去思考的问题。

　　你仅仅考虑自己，不思考这个时代，有什么价值？

　　当下"公知"的"污名化"，我觉得这是受众，或者说网友在用他们的方式——这种"污名化"的方式在提醒所有的"公知"，仅仅说两句让人听着过瘾的话已经不能让人满足了。而如何提供更具有建设性的推动力，才是人们接下来更需求的。

　　我觉得这个提醒已经非常清晰了。

人＞记者＞主持人

　　我不认为"主持人"这个词有什么重要，我为什么愿意说自己是一个记者，我更愿意说自己就是个人。我觉得人是最重要的，你一辈子都不会改变的行当就是做人，然后才是记者。记者是一个相对比人小，但是比主持人概念要大。我觉得新闻圈里的人都是在用不同的方式在做记者，我只不过是用主持人的方式在做记者。你说我在做长江人的时候，是主持人还是记者？我觉得更像记者，我在汶川地震现场更像记者，我去林区采访就是个记者，平时我采访人的时候，只不过这个现场是人心，那个现场是矿难，一样，你都要挖掘现场，你都要追问背后的为什么。

　　所以，就目前的现状来看，网上针对某人，甚至掐架，我就觉得，我说什么好呢？大家总是自己做了一件事，就认为自己是对的，然后别人是错的。我作为一个冷静的旁观者，你们可能都是对的，只不过咱用不同的方式"采矿"。

　　大家为什么不能站在更高的位置去看？屁股决定脑袋，狭窄

地去思考很多问题，所以这个行业本身也有很多问题。所以我觉得，记者是我们天然的行当，我就是记者，我只不过用主持人的方式做记者，有的人用审片的方式做记者，都一样。所以我更愿意用记者这个词，因为这个更本质，但是我其实更愿意用"人"这个词。

好的记者都是啄木鸟

　　我认为，主持人和播音员最主要的区别，播音员是要完美地、尽可能无瑕疵地播送别人写好的内容和别人提供的选项。但是，对一个主持人来说，毫无疑问，必须带着你自己的思考和你自己的脑子。这是两个重要的区别。

　　一位优秀的电视新闻节目主持人，我觉得他必须是一个知识分子。知识分子不是一个行业，而是一种与社会发生关系的方式。我觉得知识分子天生就应该是从"小我"中能有所跳离、去关注一个时代、忧心忡忡地看到很多问题，并希望它改变，社会也因此变得更好的一群动物。也就是，要用知识分子的最高要求去要求自己，去忧虑你所看到的问题，去绞尽脑汁地思考该怎样去改变，路径是什么？你自己要参与其中去推动这种改变，我觉得这是历朝历代好的知识分子要做的。

　　好的知识分子还包括那些不为很多事情所左右，比如说，不为权所左右，不为利所左右，甚至不为很多周围的诱惑所左右。能不能在内心深处拥有一种骨子里头的独立和自由？这些都是好的知识分子必须去追求的品质。

　　然而，在我们现在的这个社会当中，绝大多数的公共知识分子，很"公共"，而不是"知识分子"。他很"公共"，可是作为知识分子最本质的东西，忧心忡忡地看待这个时代，并且思考，提出建议，推动改变，够吗？

　　所以我觉得这是一个定位，另外一个定位，我认为好的记者都是啄木鸟，而不是喜鹊，不是天天让人开心。记者天生就是啄木鸟，就是通过叼出树上的一个又一个害虫，既给自己提供食物，也让树木和森林保持健康的一群动物。如果我们的记者做着做着就把自己做成喜鹊就坏了。在别人眼里，还容易把啄木鸟看成乌鸦呢。

这就是我自己的两个定位，一是知识分子，二是啄木鸟。

舆论监督就是
新闻的天然属性

在《痛并快乐着》一书中，白岩松专门用了很大的篇幅，用自问自答的形式来谈舆论监督。比如，"在你们的节目中，人们可以看到很多社会生活中丑恶的事，有人称之社会阴暗面，你们不认为这有可能让百姓丧失对社会的信心吗？""我们发现，有很多问题一经舆论监督，事情就很快解决了，因此很多人习惯遇到问题就找你们，请问，你们是解决一个又一个具体问题的吗？""你们的很多节目一播出，当地的领导便拍案而起，一番批示和督促，问题便得到解决，你怎么看待这种领导出面问题才得以解决的方式？"……

再次提及舆论监督，白岩松说，我一直期待舆论监督回到新闻本身，舆论监督就是新闻的天然属性。

舆论监督回到新闻本身

其实，从我本人的角度来说，从来不认为舆论监督有什么特别。

这些年我很少提舆论监督，不是因为舆论监督不重要，而是我一直期待舆论监督回到新闻本身，舆论监督就是新闻的天然属性。但是在中国，它的成长和发展是需要有历史阶段的。

其实回头看，我并不喜欢《焦点访谈》那个时候舆论监督的位置，因为它是少数栏目的特权。只有《焦点访谈》和《新闻调查》在中央电视台是可以做舆论监督的，其他都不可以。但是，最初《东方时空》的《焦点时刻》拉开了这个大幕，我能喜欢那个时代吗？当然不喜欢。可是我尊重一开始要可控，要有少数栏目去做拓荒者，这已经是巨大的进步。

从《东方时空》的《焦点时刻》开始，一直到 1994 年的《焦点访谈》，到 1996 年的《新闻调查》，一步一个台阶地向前走，尤其是《焦点访谈》，承担了最大的舆论监督的作用。所以，这是历史决定的。

《焦点访谈》下滑是时代的进步

那我觉得后来《焦点访谈》的影响不像最初那么大，两个因素造成的。

一个是《焦点访谈》舆论监督的属性越来越弱了；第二个是，随着新闻频道和全国海量的信息，舆论监督回到了新闻属性当中。你没发现舆论监督每天都在？尤其是互联网出现，舆论监督已常态化，就跟直播一样。《焦点访谈》的江湖地位和历史作用，没那么强了。

将来即便《焦点访谈》依然走回到舆论监督的主路上，也很难再有 20 世纪 90 年代中后期那么巨大的社会影响力，那是因为它垄断了舆论监督。我觉得这是进步，从某种角度来说，《焦点访谈》的下滑不是时代的退步，而是时代的进步。因为舆论监督成为所有新闻的共有属性，大家都可以做，而不是谁的特权。

但是，回头看这个历史阶段，从《东方时空》的《焦点时刻》，一直到《焦点访谈》的诞生，是石破天惊的。它代表着那个时代新闻的前行和改革的方向。

我觉得，这也是决策者思考的结果。大家总是会觉得，舆论监督是不是和上面对立的？我觉得《东方时空》和《焦点访谈》都是在决策者的决策下出台的，否则不让你出台，不也出不来？我觉得这是"89 风波"过去之后，整个社会决策者都要思考的问题。如果要让社会的能量、负能量，没有发泄和发散的窗口，它就犹如火山的能量慢慢累积一样，最后一定要造成火山喷发，产生巨大的破坏力。

舆论监督难道不是让社会的怨气、不满意的地方，寻找到释放的窗口和改变的动力？

1998 年，和评论部同事与朱镕基总理在演播室

要让人们看到信心

1998 年，朱镕基总理来台里视察工作，那句话说到点上了。因为我就坐在他的斜对面，总理说，为什么要支持《焦点访谈》，要让人们看到信心啊。我觉着这是最本质的东西，舆论监督其实是一种改变的力量，大家看得到生活中的阴暗面、不足、缺陷。但是，如果媒体报道了，改变了，大家的信心就会增长。

你看我们现在社会上拥有的问题，比"89 风波"之前的社会问题复杂多了，也大多了，可是并没出现像 1989 年那样大的爆发。就是因为，虽然离理想的民主和自由还有一段距离，但已经有很多发散的空间了。大家有怨气，都有一些窗口，所以不断地被释放，不至于产生最后能量的爆炸。

"媒治"

白岩松曾在《痛并快乐着》中提到，他至今有两个遗憾，一个是张金柱事件，一个是高伟峰事件。

张金柱，原郑州市公安局二七分局局长。他在即将又要走上领导岗位的前夕出事了。

在喝过一顿很可能和自己未来有关的酒之后，他开车上了路。当然是长期做公安工作所滋长出的特权意识在延续，他逆行着开车，然后在酒精的作用下撞倒了一对骑单车的父子，儿子在车轮的碾压下死亡，而父亲却被他的汽车裹带着向前拖了1 500米，才被愤怒的人群拦截住。

在书中，白岩松写道：对张金柱这个人的憎恨是强烈的，从情感上讲，张金柱最后命丧黄泉是自作自受，一点都不会让人可怜。但作为一个记者，我们又必须去倾听超出个人情感好恶的理智之声。

"我是被你们记者杀死的。"这是张金柱的一句名言。

那么，从新闻的角度来看，媒体怎样把握自己的理智和情感？白岩松说："媒体从不亲自解决事情，媒体只是提供全方位、更客观的报道。"

张金柱活着的时候，人们希望这样的败类应该尽早从这个世界上消失，而张金柱死了，却又有人开始发问：张金柱该死吗？

那天我碰到了当初郑州公安局的局长，我们又聊起了张金柱的事情，他记着我的文章。我当初在众声喧哗当中，大家一片喊杀的时候，我就有些担心，但是那又是那个时代特有的属性。当过去从来没有舆论监督，突然舆论监督开始成为一种力量的时候，人们会放大这种力量，甚至会"绑架"很多事情。其实最后回头看，张金柱是舆论杀死的，而不是司法杀死的。

可是，舆论可以代替司法杀人吗？一方面，代表我们司法的某些不独立和脆弱；另一方面，是不是舆论过于夸张自己的能力？我觉得媒体就是媒体，而不能越位。我们已经宣判了张金柱的死刑，而司法那个时候又不很坚强，便执行了这种死刑。今天回头看，它对社会是建设还是破坏？所以，我已经在书里含蓄地表达了对张金柱一案的忧虑和担心。我觉得不要太过于夸大媒体的力量，尤其有的时候，我能看到我周围的同行，或者社会上也在期待，媒体应该把这事解决了。我就总是特担心，媒体从不亲自解决事情，媒体只是提供全方位、更客观的报道，而由社会的方方面面力量去解决问题。可是我们已经产生了过于高涨的期待，所以，我发明了一个词叫"媒治"。

我说从过去的"人治"到将来的"法治"，中间现在到了"媒治"的阶段。媒体一报道，互联网一发现，就解决了。你很满意吗？你不会满意的。离我们真正期待的"法治"的境界还有一段距离，但比"人治"略强。可是我觉得这同样是一种不规范和让人担心的东西，还是应该走到"法治"的立场上。

媒体就是一个监督的力量，而不是解决问题。大家现在就希望媒体把所有事都解决了，太可怕了。

别人可能会觉得，你是不是收获到一种成就感？没有，每当这样的事情多一些，给我的无奈就多一分。因为这不是媒体的属性，报道才是媒体的属性。

但是现在的情况却是，没报道就不解决，报道了就解决了。

大事记

5月1日　中央电视台第一套节目新开辟的杂志型板块栏目《东方时空》开播。从此，改变了中国人早上不看电视的习惯。

8月8日　中央电视台第三套节目通过"中星5号"卫星传送向全国播出。每天8点25分至零点左右播出，节目内容以文艺节目和体育节目为主，简称"文体频道"。

9月2日　中央电视台成立35周年，党和国家领导人题词。江泽民的题词："努力办好电视，促进社会主义物质文明和精神文明建设。"同日，全国省级电视台台长座谈会在北京召开。

10月初　《东方时空·生活空间》定位为"讲述老百姓自己的故事"。

11月5日　中共中央、国务院印发《关于当前农业和农村经济发展的若干政策措施》，指出以家庭联产承包为主的责任制和统分结合的双层经营体制，是我国农村经济的一项基本制度，要长期稳定，并不断完善。原定的耕地承包期到期之后，再延长30年不变。

11月11～14日　中共十四届三中全会召开，通过《中共中央关于建立社会主义市场经济体制若干问题的决定》，勾画了社会主义市场经济体制的基本框架。

1994年

4月1日　中央电视台第一套黄金时间推出新闻评论性栏目《焦点访谈》。

4月12日　国家工商行政管理局商标局正式受理中央电视台新闻中心的《焦点访谈》、《东方时空》等电视栏目及其专用图形的注册申请。

11月2～4日　国务院召开全国建立现代企业制度试点工作会议，确定在百家企业进行试点。

1995年

1月1日   中央电视台第五套节目体育频道经过一个月的试播后正式播出。同日，中央电视台以港澳和海外观众为主要对象的第四套节目实行全天 24 小时播出。

2月9日   中共中央总书记江泽民主持召开中央政治局常委会议，讨论并原则同意广播电影电视部《关于进一步加强和改进广播电影电视工作的报告》（同年 6 月 3 日，中共中央办公厅、国务院办公厅转发了这个报告）。

4月3日   中央电视台在第一套节目开播午间新闻栏目《新闻 30 分》。

5月6日   中共中央、国务院作出《关于加速科学技术进步的决定》，提出实施科教兴国战略。

5月26～30日   中共中央、国务院召开全国科学技术大会。

9月25～28日   中共十四届五中全会召开，通过《中共中央关于制定国民经济和社会发展"九五"计划和 2010 年远景目标的建议》，提出要实行经济体制从传统的计划经济体制向社会主义市场经济体制转变、经济增长方式从粗放型向集约型转变这两个具有全局意义的根本性转变。

9月27日   海峡两岸卫星传送电视、新闻连线直播获得成功。这是《中国新闻》首次在拥有数百万观众的台湾无线台直播，也是两岸电视界的一次成功合作。

11月16日   京九铁路全线铺通。京九铁路北起北京，南至深圳，连接香港九龙，总长 2 536 公里。

1996年

1月1日   《新闻联播》由录播改为直播。至此，中央电视台第一套节目全天 13 次新闻节目全部实现了直播。

1月26日   中央电视台新闻中心新闻评论部在北京展览馆举办"《东方时空》1000 期观众日"活动，两万多名观众参加了这一活动。

3

1996-2000
拓展：大范围地走向公众

从 1996 年《东方时空》第一次改版（即第 1001 期）开始到 2000 年悉尼奥运会报道结束的四年里，我明确了自己身上的主持人符号，并且更大范围地走向公众，由采访者变成主持者、评论者，身份（包括主持节目的领域）也拓宽了。

印象最深刻的节目

1996 年亚特兰大奥运会后，采访邓亚萍时的合影

1996 年

1996 年印象最深刻的节目我觉得是两个，或可说是三个。

第一个当然是 1996 年《东方时空》1000 期之后的改版，确立了四大总主持人，也就是敬大姐（敬一丹）、小水（水均益）、我和老方（方宏进）这四大主持人格局在《东方时空》出现。而令我印象最深刻的是 1000 期改版之后，伴随着这四大主持人的确立，开办了一个三分钟的主持人评论的小栏目，叫《面对面》。回头去看，我觉得《面对面》这个小栏目简直就是为我设计的。因为它太适合我发挥自己的优势了，比如对敏感的新闻选题更直率、更有趣地表达，等等。比如说，我今天做的《新闻周刊》或者《新闻 1+1》，就能够从 1996 年的那个《面对面》里去找到最初的影子和出发时候的痕迹。

第二个是我被临时抽去帮忙，跟夏骏合作做《新闻调查》的样片，去帮助这个栏目出生，成为《新闻调查》第一期节目的主持人。最后经编委会考核，我们做的这个样片在所有被考核的样片中获得了第一，因此栏目得以顺利生产。我觉得我为《新闻调查》出生做了贡献。在年底，我在《新闻调查》中还做了中国第一个"公交优先"的节目，那期节目是我策划的，我写了将近 5 000 字的文案啊。我设计了骑自行车跟公共汽车比速度的模式，明确提出了"公交优先"的概念。

第三个是，我自主选择做了 1996 年亚特兰大奥运会的人物采访，包括蒋丞稷等，

《东方时空》1000 期举办观众日活动

有一系列节目获奖，这也为我后来与奥运结缘做了铺垫。我也是在那个时候开始在摄像机前面挂一块表，我要为未来的直播时代去做准备。所以，我觉得亚特兰大奥运会的奥运人物系列为我后来靠近体育，包括 2000 年能成为悉尼奥运会的主持人提供了铺垫。

1997 年　　毫无疑问，1997 年印象最深刻的节目是香港回归直播报道。

这不仅仅是我的个人记忆，也是中央电视台，是我们那一代人的共同记忆。虽然这个记忆不一定全都是愉快的，但是那种兴奋、好奇、仓促的交织，成功与教训的交织，都非常有价值。从我个人角度来说，它意味着我渴望很久的直播时代来了，而且我有机会冲在了前面。这为我今后十几年的直播奠定了基础，我觉得直播时代对于中国来说是一个大的新的时代。

但是，对于我来说，从1997年香港回归的直播开始，因为我最初就参与到了其中，我有机会在推动这种直播的前行，一直到前两年，我觉得我的使命完成了。

如果没有香港回归的第一次，那也不会有后面的那些机会。那一次，我还起码没掉链子。所以，我觉得香港回归直播当然是 1997 年最重要的节目，因为它不仅对我本人是重要的，为我之后参与的中国电视直播时代从出生到摸索、到成熟、到安全之后的习以为常提供了最重要的出发。今天我们再也不会觉得它怎么样，那是因为当初那个时候我们过来了。

接下来的就是三峡大江截流直播，这是延续性的。香港回归直播报道结束之后，大家感到迷茫，憋着一肚子气，甚至觉得委屈、不过瘾，但是，没过几个月就给了我们一次完美的释放——三峡大江截流直播。所以，这一下子就标志着我们上了一个大台阶，标志着直播时代走向熟练，自信心一下子就开始拥有了。

其实，香港回归直播报道结束之后，我们所有的从业人员是不自信的，也看到了巨大的差距，但是，也因此产生了巨大的求战欲望。正好几个月后的三峡大江截流直播提供了这个机会，自信也是从那个时候建立起来的。

1998 年

1998 年印象最深刻的节目有两个。

一是很多人可能都没有注意到，那一年由于是党代会之后的两会，因此 1998 年的两会是一届换届的两会，朱镕基成为总理。那一年中央电视台第一次大规模地直播两会，十场直播，我是主持人，唯一的。那我印象就很深了。总理的那句"不管前面是地雷阵还是万丈深渊，我将勇往直前"就是在那一年。更重要的不只是朱镕基总理的这样一个记者招待会，而是它标志着媒体开始以直播的方式嵌入到两会这样一个过去会认为非常敏感、带有时政性的新闻事件当中，而且一下就是十场直播。我觉得这是破天荒的。

二是克林顿来访。没想到中央电视台直播了克林顿跟江泽民在人民大会堂的记者招待会和他在北大的演讲。我印象非常深，当时的会见是在下午，快傍晚的时候，持续的时间很长。因为是直播，里头很多过去敏感的东西，甚至连"六四"、宗教、人权等这样的话题都在那次的直播当中触碰到了，让人一下子就感觉到直播的巨大魅力和它对新闻透明公开的推进。后来，克林顿在北大的演讲也是我在做直播，因为那天是他们提供的翻译，翻译得很烂，我在结束的时候评论说，这个效果不好，中美应该从能听懂彼此开始。美联社把我那些评论都给转引了。

所以，我觉得 1998 年代表的是 1997 年香港回归之后，电视进入到直播时代，直播的那种巨大的魅力展现出来的一个年份。因为是我在做，所以印象深刻，一个是两会的十场直播，一个是克林顿来访的直播。那可是中国电视用直播的方式告诉大家：直播很棒吧！

1999 年

1999 年我印象最深的节目按理说应该是澳门回归，但其实是一个凌晨，5 月 9 日的凌晨，大约四点到五点之间。因为，头一天美国轰炸中国驻南联盟大使馆，当天的《东方时空》要做特别节目，我写的稿子，凌晨四点多录完出来。编辑们要赶紧剪辑加工，因为早上七点要播。

这个时候，我在走廊里碰到了我们当时的副台长，一个人在那儿溜达。我说，你为什么不去办公室？他说，忘带钥匙了。我说，你怎么不去编辑部坐一坐呢？他说，七点就要开播，人家编辑正在紧张编着呢，我一坐他们身后，他们就慌乱了吧。然后就一个人在那儿走。

那一幕我印象太深了。那种大国往前走的时候的那种气愤、悲伤，那种冲突，现实中大家又在忙这个新闻的表达，然后又有新闻的决策者其实挺人性化地在照顾着身边的人。但是，也正是那天开始，我觉得我以后不会做管新闻的领导。因为这是一个太被动的行当。那天是因为尊敬，这样的行为之后并不多。不是说他，他身上有很多，但是现在这样的行为越来越少。另外，那天凌晨我也会去思考这样一个问题，很多年以后也才意识到，当时没有条件更多地直播。很多人其实对美国炸我驻南联盟大使馆的画面印象不深。如果是现在的话可能会直播。所以，那一天早晨我印象深刻。

因为那个时候你突然意识到，中国在向前走的时候所面对的那种国际冲突、大国之间的冲突，其实已经不可避免、不可阻挡地来了，你恐怕将来就应该更勇敢地去面对了，我说的是这个国家。所以那天早晨对于中国的改革进程来说是应该记住的，包括后来的中美撞机事件，现在的钓鱼岛争端，2008 年奥运火炬传递中的各种冲突……你看，这种国际冲突在逐渐增加。其实，在整个 80 年代，我们的国际冲突是不大的，除了 1989 年之外。剩下的反而是各国都在说我们的好，甚至日本也在援华等等。但是当你的翅膀真的开始硬起来了，强大了之后，这种冲突已经前所未有地到来了。

所以，我觉得 1999 年的那个早晨我印象深刻。

2000 年

2000 年印象最深刻的节目我觉得是悉尼奥运的直播报道和传统《东方时空》的最后一期节目。

因为这两个节目是连在一起的。我是 9 月 1 号出发去报道悉尼奥运会的，在去悉尼奥运会之前录完了传统《东方时空》的最后一期节目。因为接下来《东方时空》就要改版了，就要变成两个半小时了，而且我也已经决定不参与了。所以，那是一场告别。

前不久有人问我，你怎么看待《东方时空》后来不断地改版，包括前几年的改版？我跟他开了一句玩笑，我说，这两个节目是重名。他半天没反应过来。因为在我的心目当中其实从 2000 年那最后一期节目之后就结束了。因为再以后的《东方时空》就是另外一个节目了，不是原来的那一个了。

所以，我印象最深刻的，一个是我认为的《东方时空》的最后一期节目，还有一个就是 2000 年悉尼奥运会的直播报道。它打开了另一面，但是也直接导致了我离开电视荧屏将近一年。因为我觉得悉尼奥运会做完了之后回来有点儿太火了、太吓人了。我开始琢磨从主持人向评论员方向去转的问题了，要去尝试一些新的东西。当时我甚至想离开主流，去做一些相对非主流的一些东西。

到现在我也觉得我当时的选择是对的，只不过没做成而已。

我是在给自己
树一面镜子

白岩松在 1996 年初发表了《我们能走多远》之后，又在 1998 年发表了
另一篇关于对主持人生存背景分析的文章《我们生活在什么样的时代》。提到
这两篇文章，白岩松说，这是给当时的自己树一面镜子。

它肯定不过时。其实 1995 年底写、1996 年初发表的那篇文
章《我们能走多远》，也可以叫论文，也可以叫散文，都无所谓。
但其实，我也是在给当时的自己树一面镜子。很多年后，我依然
要照这面镜子。

很多年以后，当我再来看我在里面写的所有东西的时候，当
然不会过时。因为我从这个行当，从走上这条路的角度去写这些
东西，没有用政治的语态和时代的语态去写。所以，我最后说："沿
途掌声的多少都不意味着未来，不知我们这一批所谓新生代的主
持人中有多少自己最后走到终点，但在通往终点的这条路上，我
们已经起步，这足以让我们骄傲。当然希望自己能走到思想型主
持人真正诞生的那一天，但即使中途掉队，我仍然能问心无愧地说：
我们给超越我们的人铺上了坚实的路基。"我觉得我是一个信守自
我诺言的人。

还好，有那篇文章在。1997 年我又写了《我们生活在什么样
的时代》，1998 年发表的。那篇文章不仅仅是写给自己的，也是
写给周围人的。我在最后也说道：

做人有时是悲哀的，因为你根本无权选择你自己生活的时代。是的，我
也曾经幻想，也曾在遇到不顺时想过逃离，但是一闪念过后，我还是知道，

如果你真的给我一次选择的机会，我还会毫不犹豫地选择今天，选择今日我们所面对的这个时代。不能不承认，作为一个新闻人，能生活在今天这样一个时代中是多么幸运的一件事。

过去正在远去，那个我们都盼望的未来正在靠近，我们年岁不大，既连着过去又完全有可能看到我们正建设着的未来在生命的流逝中实现，我们可以在今天怀疑一些什么，又可以对社会的发展提一些建议，言语少了禁忌，生命被大写着，这一切都不能不让人兴奋。

"记者"这两个字，我常常把它解释成是"为明天的历史记录证词的人群"。所谓今日的新闻就是明天的历史，我们在今天正用自己的良心记录着，那明日回望中的历史该是一种怎样的面貌呢？

而我们又会不会成为被明天的人们敬重的一群人呢？

所以这两篇文章始终像一面镜子，可以让我知道自己当初为什么出发，也提醒我将来别走得太远而忘了当初为什么出发。

到今天，我依然信奉它。

好的主持人
只可诞生而无法训练

孙玉胜在《十年》中写道："我和白岩松聊到主持人的魅力以及成长环境等问题时，他做了这样一个总结：好的主持人应该被观众的眼、耳、口、心四个器官接受——眼，观众对主持人的认可首先是接受了主持人的形象；耳，观众是通过听去认识主持人的，比外形更重要的是，观众更注重主持人在说什么；口，观众如果接受并认同了主持人的表达，就会成为信息的二轮传播者，他会用自己的口去放大你的节目影响；心，这是一个综合指标，观众真正接受这个主持人是由衷地、打心眼里去接受他，进而喜爱他信赖他的。"十多年后的今天再次谈及这个话题，白岩松说，观众只要用心接受你了，即使一段时间不出镜，不出现，观众也不会忘了你的，"我不担心这个"。

孙玉胜在写《十年》这本书时找我长谈了一次，他很同意我的看法。因为主持人开始出现在电视屏幕上时一定是被外在评估的，先是看你的这张脸，然后才能决定是不是用眼睛接受你。

很奇怪，在主持人这个行当，就像足球圈一样，为什么前锋最贵？因为后卫可以训练，前锋的那种天赋是没法训练的。好的前锋是千载难逢的。你说像梅西这样的人，只可以诞生，而无法训练，所以他最贵。

在这个行当里，为什么主持人的价格相对较高，尤其是国际上？因为主持人也是综合的产物，没办法说广播学院的播音主持专业就能够成批地培养出无数的好主持人，做不到。我和崔永元全是新闻系毕业的，新闻系不承担这个使命。

这里头有很多说不清道不明的东西，比如说，谁能给我解释清楚"人缘"是什么？那么主持人有的天然就有人缘，有的人就没有。所以，人们最初一定就要用眼睛去评估，那像我就属于一开始人们眼睛不满意、不满足的。

到现在，我也不觉得有多少人会用眼睛接受我，不过还好吧。接下来，主持人就要靠别人耳朵收货了，你说的话舒服不？准不？是不是人们期待的？耳朵收了货就有可能走向第三阶段，那就是人们嘴上传播你。你的影响力是怎么体现出来的？其实你的影响力是由耳到嘴的转化过程。别人因为听到了，觉得有价值，然后就用嘴开始传播。

传播的过程本身就是一种推动力。如果嘴上的传播足够多，时间长了，人们就会用心接受你。在我 2000 年悉尼奥运会报道结束后停了一年不做节目的时候，有很多人就说："哎哟！一个主持人怎么能不做节目呢？慢慢地观众会忘了你的。"我说，如果曾经在你做节目的过程中，已经让人们用心接受你了，一两年的时间人们忘不了你，你要有这个自信。只有那些用眼睛收货的，一段时间不出镜了，就吹了。

所以，我不担心这个。

我是
"第三种语言系统"

"她是专门研究我语言的"

自从 1994 年底至 1995 年初吴郁主持了几期《东方之子》后，便开始关注主持人节目。她说，她对主持人的关注和研究得益于中国传媒大学的曹璐老师。当时在班车上，曹璐老师跟她说，你可以多关注关注主持人节目，很有意思的，跟播音员的任务不太一样。

随后，吴郁专门写了一篇文章，叫《听听白岩松要对我们说什么》，研究《面对面》中白岩松的主持。《面对面》是《东方时空》1996 年第一次改版时设置的一档只有三分钟的主持人言论板块。

在文章中，吴郁说："在《东方之子》的早期采访中，他的语言还比较冗长、拗口，让人听起来比较费劲，语气也过于严厉冷峻，有人称为'冷面杀手'。因而传播效果更多的是给人一种'这是我的风格'的印象，也许他并没有这样想过。而现在他的语言状态，则是'我有一个看法想说给你听'，用充满真诚交流、平等沟通的语气。"

写完后，吴郁还托人把稿子转交给白岩松，想听听他自己的意见。不久，白岩松打来电话，说："吴老师，我没意见，我觉得挺好的。就是有一点，其实我做《东方之子》的时候也没想说'我知道、我要告诉你'。不过，你这么写也没关系。"

后来，别人在白岩松面前提起吴郁时，他说："她是专门研究我语言的！"

"第三种语言系统"

其实，我觉得"冗长、拗口"的判断不一定对。因为在《面对面》之前没有长篇说话的空间，我都是在提问，顶多有一段串场，当然在串场中会有我的风格。在做电视之前，我在"1026"做了一年多的广播节目主持人，所以，在语言方面我还是相当强调口语化的。

当然我也一直在琢磨，什么是更好的口语化？

口语化不能是大白话。如果在你的语言中不精彩，没有一定的吸引力，那我觉得那种大白话就是另一种空话和套话。所以，到现在为止，我的语言表达，我不认为我不是口语化的，但是我也不认为我走的是大白话路线，这是要坚决警惕的。

我一直认为，我是"第三种语言系统"，它既不是传统的八股文、官话、套话，也一定不是街头巷陌的白话。我觉得要比现实生活中的语言稍微高一点，这才是传媒，尤其是广播电视传媒应该有的东西，人们也才愿意听。否则，连我都听不出有什么深刻的意思，语言本身没吸引力，没节奏，我听你干嘛。这是大家要警惕的。

改文风，可不是最后变成了白开水。

主持人如果不锤炼语言，死路一条

如果换一种说法，其实在《面对面》中，它是在逼迫我有意识地在寻找一种训练。有的时候我也会跟我的同行强调这一点，就是你原来用 5 分钟才说清楚的事情，现在可不可以用 3 分钟把它说得更清楚，而且更具吸引力？用 3 分钟说清楚的这个节奏是什么？语言中浓缩的是什么？而且还不让人觉得累。那么接下来，3 分钟说清楚的事情，能不能用一分钟说得更好？

我觉得这是一个逐渐浓缩的过程。这个行当里的人如果不思考语言本身，那我觉得是死路一条。现在，我也跟中国传媒大学

1996 年，白岩松主持《面对面》时的工作照

的播音主持艺术学院有所交流，你别看我不是学播音的，但是我越来越在乎语言。说到本质、你的节奏、你控制场面的能力、你的吸引力，全世界都会强调。比如，华莱士在退休的时候说，我很荣幸，我给美国人讲了一辈子故事。你以为讲故事这么容易，这当然需要语言的锤炼。所以，在《面对面》三四年里那 3 分钟的训练，对我来说，在电视上以实战锤炼语言，起到了很大的作用。

更重要的是，那 3 分钟的《面对面》不仅仅是语言的训练，最重要的是思维的训练。

不要在别人的
结论那里就终止了

1996 年,《东方时空》第一次改版时,开辟了一个 3 分钟的小栏目《面对面》。这个栏目,我觉得简直像是给我打造的。再有,这个栏目,让我曾经拥有的某些能力,被进一步锤炼和优化,让我在语言表达方面可以更精练。

所以,这是两方面的事情:一方面,我肯定是有这个能力的,我觉得这的确是我的强项,用 3 分钟的时间去浓缩好多东西;另一方面,如果没有《面对面》这几年时间的打磨的话,我不会像现在这样。它让我的语言更精练、更成熟,也更逼着我去思考另外的角度和表达方式,所以我觉得相辅相成。

我当然感谢《东方时空》第一次改版设置了这 3 分钟,因为它开启了主持人向评论员发展的空间,尤其是对你思维的训练。3 分钟,很多新闻,老生常谈,你如何说出新意?这不就是电视新闻评论员的起始吗?作为电视评论员,你一定要知道该如何调动你有限的资源,如何用你声情并茂的语言去抓住人?

电视评论不同于报纸评论,报纸评论是可以反复阅读的,电视评论不能反复阅读。你就要在这两三分钟里把人抓住。

其实这就是挑战,挑战就是训练,如果你迎接它的话。

相信自己的感受

白岩松在《我们生活在什么样的时代》一文中曾这样写道:"主持人尤

其是新闻类主持人都该是一种绿色食品，少表演、少模仿、少有心计的设计，表现本我，更应当是一种必然。"

相信很多人都对 1997 年白岩松在《面对面》里评说中国足球记忆犹新吧。

吴郁记得特别清楚，一次她打车外出，出租车司机对她说，小白真不错，那天评足球太来劲了，在两分多钟的时间里连用二十几个"不行"："没钱的时候不行，有钱的时候也不行；业余的时候不行，职业化之后还不行；穿红衣服不行，穿白衣服也不行；苏永舜不行，戚务生不行；中国教练不行，外国教练还是不行……"

提起这次的节目，白岩松说："一个主持人要善于面对自己内心真实的感受，只有发自内心的东西才是最准确的。"

我觉得一个主持人要善于面对自己内心真实的感受，只有发自内心的东西才是最准确的。我经常看到有一些做得不好的同行，他的感受其实没错，但是他不相信自己的感受，不敢表达自己的感受，不敢放大自己的感受，不能更有效地表达自己的感受。慢慢地你就很空了，别人看不到你，看不到你的真实情感，你的真实思考。

如果都看不到，就会很麻烦。

人口大堤防管涌

我在做《面对面》时，我感觉最重要的是，思维方式一定是独立的，不是人云亦云的；再一个你不偷懒。这样，好的东西在将来会慢慢汇聚，不好的东西一般不会再重复。

比如说在 1998 年的"抗洪"报道中，所有的媒体都在报道如何救那一家人，如何救那些孩子，又是如何感人，等等。可是，我在看那篇新闻报道时，突然发现："哟，这家根本没计划生育啊。"因为有四五个、五六个孩子啊。因为大洪水暴露出来无数个沿江的家庭，都是三四个、四五个孩子。计划生育不是国策嘛？所以，9 月 22 日，我在《面对面》里做了一期《人口大堤防管涌》：

　　水退了，都退到了警戒水位以下，长久紧张的人们松了一口气，但另一个警戒线却居高不下，那就是中国人口的警戒线，这个高度始终让我们松不了气。长江沿岸水退后各种防洪设施抓紧修建，各地抓计划生育工作的领导难道不该抓抓紧，把放松了的工作抓起来吗？

　　一家又一家超生，犹如人口大堤上不停出现的管涌，任其发展，当然会千里之堤毁于蚁穴，后果可能不亚于洪水给我们带来的危害。

　　别忘了，计划生育是我们的国策。

　　节目刚播完几分钟，江泽民总书记的电话就直接打给了计生办的主任张维庆，接着他写给我一封亲笔信，之后张维庆当天上午马上就召开全国的电话会议。

　　这就是一个节目产生的最直接的影响。你想，如果没有这种思维方式呢？为什么全国媒体都在报道，却没有看到计划生育这里的问题呢？所以，我后来越来越觉得，作为一个主持人、一个记者来说，思维方式太重要了。

　　人云亦云的时候你不跟，你能够冷静、独立地去看待很多事情，就是你的生存之本，也是你的价值所在，也才能产生更大的影响。

伦敦奥运的消极比赛

　　再比如，伦敦奥运会的时候，"让球事件"一出来，全国人民都在骂。骂当然过瘾啊，居然没有一个人看到赛制的巨大漏洞。我当然不同意消极比赛，可是作为一个记者，你马上应该看到，问题不只有 A 面，还有 B 面。

　　那在 2012 年 8 月 2 日的《奥运 1+1》中，我就马上把赛制的漏洞提出来了：

　　这显然是一个应该取消的规则，不管是乒乓球还是网球，所有单向比赛当中用的都是淘汰制。英国著名的乒乓球运动员，在今天《泰晤士报》上明确说："只要是淘汰赛制的时候，结果不会出现这样的闹剧。"因此，他再次抨击规则的制定者。我个人的看法是任何一个好规则都会使有坏想法的人做不了坏事，但是任何一个坏规则即便是好的人都可能做出错误的事情。我们可以想象，

2012 年 8 月 2 日的《奥运 1+1》，白岩松在评论赛制的漏洞（视频截图，源自 CNTV）

这样一个糟糕的决定不改变的话，接下来会怎么上演呢？恐怕就是逼着很多国家的运动员去把自己的演技提高到越来越高超的水平，让你最后无法判断。请问这是我们期待的现实吗？因此无论对运动的发展还是对社会的发展，我们应该永远去追求一个优秀的、没有留下太多漏洞的好规则，这样社会和运动才能进步。

当时大家骂完了也就过去了。

而国际羽联在 2012 年 11 月底正式决定，在下届奥运会上更改赛制。

道德是由制度和法律来约束的，如果法律和制度是好的，人们内心那种不好的东西就会被抑制，如果法律跟制度是糟糕的，人性中不好的东西就会被放大，所以不要从道德的层面谈道德问题。

做电视的基本功：吃盒饭

"不要在别人的结论那里就终止了"

因此，做新闻，有趣的就是在这里，不是说成千上万的记者都在报道，问题的方方面面就能被展现出来。有的时候，恰恰是在人云亦云。

所以，我觉得作为一个好的主持人，或者一个好的评论员，最重要的是永远不偷懒，不要在别人的结论那里就终止了。再往前走走，看有没有新的发现和结论。现场不只是一个事发地，现场有无数，包括心灵现场、信息现场，都是现场。你多在现场徘徊一会儿，多去看一些细节，也许新的发现就出来了。

我的节目是替你提供新的角度、新的表达和新的发现，这就是我给自己的使命。因为大家都已经知道的结论，你又说一遍，大家就换台了，要你干嘛啊？

记者是一个采购者，是一个发现者。如果你永远是重复着别人的话语，人们都知道的事情你再提供一遍，没价值。

有任何问题，切给我

早在 1995 年底、1996 年初，白岩松就撰文呼吁直播时代的到来。

孙玉胜的《十年》也提到：直播对电视来说是最富表现力的方式。

白岩松在《幸福了吗？》中写道：新闻的发展必须尊重规律，在中国日益走向大国的历程中，对世界上发生的大事已经无法置身其外。直播，已是观众与时代的共同需求。

1997 年，央视的"香港回归祖国"72 小时直播开启了中国电视真正的直播。随后的三峡大江截流直播，使中国电视直播从路口进入到了主干道。

直播时，白岩松永远会跟导播说这样一句话："有任何问题，切给我。"

呼吁直播时代的到来

我应该是国内最早呼吁直播时代到来的主持人。

早在 1995 年底 1996 年初，我写了一篇论文，叫《我们能走多远》。在文章最后，明确写道，我呼吁直播时代的到来。

"真正的思想型主持人至少要在电视新闻性、社会性栏目直播之后，目前的节目再怎么努力，录播仍然可以掩饰太多的缺点，这个过程仍然使得主持人的表现充满假象，只有实现直播，才可能最后产生主持人成品。"

因为只要在录播时代，就存在太多人为的造假、做作的东西。因此，在香港回归之前，我已经完成了这个论文，那个时候还不知道有香港回归直播这件事。

我从 1996 年就开始自己训练自己的直播能力。当时很多人觉得：简直是搞笑，因为看不到未来。

《东方之子》的摄像全知道，我在 1996 年，从奥运人物开始，我已经开始在摄像机前面挂表了。要求自己原来一个小时完成的采访，现在必须在 25 分钟之内完成。当时他们都不理解，为什么？我说我要为直播做准备。因为录播时代，大家都是一个十分钟的节目，采访一两个小时，回去再剪。那我就觉得这不行，如果直播时代到来，请问直播给你 5 分钟就 5 分钟，你能不能在这 5 分钟，把最精彩的东西给挖掘出来？

香港回归直播

我从 1996 年开始自我训练，1997 年的时候，没想到我开始深入其中。开始还说是总主持人，后来安排我做驻港部队的全程报道，这当然是一个很大的挑战。因为之前中国就没有玩过，用我的话来说，连亚运会都没参加过，直接奔奥运会去了。而且大家都是玩铅球、铁饼，上去就跑百米。当然会紧张。

我觉得，直播中业务关是次要的，心理关是最主要的，尤其没做过，你就会去想，这要说错了怎么办。我在书里都写到了，《痛并快乐着》都有：

紧张的心情一直没有停息过，由于这是我第一次参加大型直播，过去没有任何经验可借鉴，因此时不时会有一种恐惧感出现。这种报道毕竟敏感度极高，如果一句话说错，都有可能酿出一种不安的后果。因此在深圳的二十多天里，我很怕拥有独处的时间，平时忙着加上人多，这种恐惧多少少一些，而一旦独处，自己吓唬自己，紧张又会因此加深。

不知什么原因，我周围的人和远在北京的朋友加上我自己，时常都会出现一种关键的口误，比如，给我打电话，关切地问："你们'戒严部队'的情况准备得怎么样了？"天哪，这纯属于一种下意识的口误，将"驻港部队"脱口说成"戒严部队"，但如果在直播中，我真的出现了这种口误，后果和影响就不那么轻松了。到后来，这种口误成了大家一种心照不宣的禁忌。谁也不去渲染，但还是会在演练和平日的沟通中出现，然后是偷偷地一身冷汗。虽然在最后的直播中，我和其他同事都没有这样的口误，但这种口误我相信在参加报道的很多同事心里都曾留下阴影。想起来会笑，但笑中还是会有些后怕吧！

这是巨大的挑战。不过还好，可能因为我自己提前训练得比较多，我算是在众多的遗憾当中遗憾比较少的。所以后来从香港回来，我也是唯一一个获奖的现场直播记者。

不是因为我好，而是因为我的错最少。

门，只会越开越大

我觉得第一次留下很多遗憾很正常，但是当时我们是很沮丧的。正是这份沮丧让我们看到了巨大的差距，我也真的把直播定为自己接下来重要的开拓空间，而且这时候开拓的不是我个人，而是一种使命。

因为我知道，由于香港回归的直播中我的错最少，接下来的直播慢慢都开始往我这里压。马上就是1997年的三峡大江截流，我又是总主持人。澳门回归的时候，我印象很深，直播即将开始的时候，孙玉胜把我叫出去，他很担心地跟我说，这是咱们直播中第一次引进境外嘉宾。我对他说："您放心，门开了，我就不会让它关上，只会越开越大。"

所以，那个时候做这个东西，压力巨大，在直播过程中，最富挑战性的都是我面对的。江泽民和克林顿的会见，美联社都关注了我们的现场直播。两会中的十场直播，也是我做的，包括国庆五十周年，要求正负零秒误差，那个时候真的是带着很多的使命感。还是那句话，门开了，我就会让它越开越大。我太清楚，直播对于未来的中国新闻意味着什么，如果这个门逐渐地越开越大，新闻就会越来越靠近真实。我们的很多梦想都与此有关。

我觉得很幸运，从1997年到十八大之前，中国最重要的大

1998 年，两会期间直播朱镕基总理的记者招待会

澳门回归直播前，在举行澳门回归政权交接仪式的场地外留影

的新闻事件的直播都有我在做主持的。我没让它走回头路，而且我拓宽了直播之路，减弱了人们对直播的担心，尤其决策者，因为没出事，他才敢下一次继续直播啊。所以我觉得，真正让我感到心里头会有一些成就感的，不是别人对我的表扬，或者获得什么奖项，而是内部关起门来说，当历史的担子压到我身上的时候，领导信任我，把这个担子压到我身上的时候，我帮助我的同行拓宽了它。现在可以放心地交到所有同行的手中，因为没出问题，而且不仅没出问题，可能有时候还偶有出彩，那就更往前走了。

我觉得事业，尤其在中国，更是这样，做任何一件事情，你首先保住安全的底，才是拓宽空间的开始。然后保住安全的底，不满足，在保住安全的底的同时，不断地拓宽，永远去尝试。

现在你看，直播都很常态化了。

澳门回归直播报道结束后，三位主持人与台长赵化勇合影

直播不过心理关，根本做不了

直播，什么是最重要的？其实我觉得排在第一位的不是业务，排在第一位的是心理能力。

直播不过心理关，根本做不了直播。

直播要让我去划分因素的话，我觉得没多大的技术含量，或者说专业含量。如果不是直播，是录播的话，跟平常做主持没有太多的区别，你不会觉得很难。但是一说直播，好像无形的压力一下就增大了，这种增大的无形压力，就是因为在直播当中，我觉得心理压力占据了起码半壁江山。如果这半壁江山解决不了，另外的半壁，什么业务能力很强，语言很通顺，有思想等都无法表达。

我曾经见过本台一次最糟糕的直播，是定向爆破。那是中央电视台拥有最佳报道的位置，过街天桥背后正好是爆破现场，结果记者报道直播一开始的时候，刚说了两三句话，就从兜里掏出

1998 年，李岚清副总理视察央视新闻演播室

了稿子直接念。结果摄像也黑，导播也黑，关键是导播没切走，都是数据性的和这种面上的事。当时我看得难过，我说我要是她，我会在定向爆破直播两小时前，去大楼，让人领着我，这块都是什么状况、玻璃得到什么处理、人是怎么撤离的，做报道的时候，马上这些东西全有，而且你还不怕忘词，因为是你亲身体验的。

直播永远是一个心理挑战大于业务挑战的过程，但是怎么解决？

首先要面对的是直播的心理能力的锤炼，在心理方面分成很多因素，比如说大家会去想象直播所具有的风险和恐惧，因为这种想象便具有了无形的压力。

我也一样，谁都会经历这样的过程。香港回归时候我也有压力，天天睡不着觉，天天晚上喝酒，最后做直播的那两天，一分钟没睡着。

但是那一次一释放完了，我后来做直播就再也没紧张过。会有压力，但是再也没紧张过。不怕出错，任何出错我知道我都能面对它，你就不担心。

1999 年，国庆五十周年在直播演播室

有任何问题，切给我

我头些年做直播时候，永远在跟导播说这样一句话："有任何问题，切给我。"因为他们更紧张，在导播台，怕出各种意外。没做几次，我就跟我所有同行这样说，那整个系统都踏实了。

"有任何问题，切给我"，今天听来这话好像不重要了，但那个时候对整个系统是一个巨大的支持。出现任何意外，技术或其他的障碍，或者前方信号中断，我保证跟你说三到五分钟，三到五分钟你一定寻找到解决方案了，上片子或其他什么的。这样才能让直播安全进行下去。所以最初开始，这些都很重要。

对我来说，早就过了这个关了。

三峡大江截流：
中国直播的转折点

从香港回归七十二小时直播开始，白岩松拉开了主持大型新闻事件直播的大幕，从三峡大江截流、两会直播报道、澳门回归、迎接新千年、悉尼奥运会、北京申奥、中国入世、神舟五号、神舟六号、十六大十七大开闭幕式、伊拉克战争、海峡两岸胡连会、迎战暴风雪、抗震救灾……几乎所有大型新闻事件，包括广州亚运会，伦敦奥运会。在被问及在这众多直播中哪一次或者哪几次的直播是比较难忘的时候，白岩松说："我觉得一开始做直播，印象都会很深。"

香港回归的直播当然是最难忘的，因为毕竟是第一次，也几乎是中国电视的第一次。

1998年两会期间的十场直播，那也是在过去的中国政治生活中很少见的。

江泽民和克林顿的人民大会堂记者招待会，还有克林顿在北大的演讲，这个印象也是很深的。我在《痛并快乐着》中写到过：

记者招待会在双方领导人针锋相对中快速地进行着，虽然时间已比原定的向后顺延，但听着还是觉得好像很短就结束了，这个时候，朱总理正在钓鱼台等着宴请克林顿，显然，延长了的记者招待会让他久等，但当时我想：朱总理知道了这精彩的记者招待会，一定在等待中会理解和开心的。

记者招待会就要结束，我快速地在演播室里写好结束语，导播台指令是：由于时间因素要短，我在一番简短评论之后，用这样一句话收尾："不管怎样，面对面总是好过背对背。"

第二天上午，克林顿去北大演讲，精彩程度比我最初预期的要弱，可能是这样几个因素造成的：一、当我开场白过后，信号按原定时间切到北大，却发现克林顿迟到了，于是画面只能无奈地在等待，将近半个小时的时间被

1997 年，在三峡大江截流直播现场

无用的画面浪费掉。二、演讲及回答问题过程中，美方提供的同声传译水平让人不敢恭维，于是，造成观众收视疲劳。三是气氛不够活跃和开放，本以为会更加惊险和犀利，但常规化了一些。

这胃口显然是因为前一天透明度极高的记者招待会挑起来的，公平地说，克林顿在北大的演讲能现场直播已是非常让人惊讶的事。因为这和头一天的交锋有所不同，在北大，是克林顿的一言堂，毫无疑问，这是美国价值观充分展示的时间，而中国人依然可以透过屏幕去分析、聆听……我佩服决策者作出直播决定的勇气，结果证明了，我们的免疫能力早已不是过去可以同日而语的，一两段另类言语不可能就让民众轻易交心。这就是进步，这也应该为后来相类似事件的直播提供信心保障。

但在直播的结束语里，还是没有客气，正如国外媒体所说的那样：

"克林顿在北京大学的演讲，美方主导，向中国和全世界作现场直播，但是美方的中文翻译却结结巴巴，断断续续，造成听众困惑。"

"中央电视台主持人不客气地加以嘲讽，名主持人白岩松说：由于美方技术原因，有一些提问听不清楚，请观众原谅，中文翻译是由美方提供的，也许语言习惯不一样，有些听不太懂。"

"他一脸严肃地说：看来，美国还需要更多了解中国，有时，还需要从语言开始。"

当然，最后我觉得我们收了一个很好的尾，1999 年的澳门回归直播。那个时候不会有任何压力了，而且做得非常好，缺陷也很少。

澳门回归的直播跟 1997 年香港回归的直播相比，仅仅两年多时间，我觉得整个直播系统，包括自己直播这个坎，基本就算都过去了。

直播从路口进入主干道

香港回归的直播结束后，大家是带着一股子气回来的。因为不仅仅是我个人，而是整个团队，大家都感觉很沮丧。虽然上面很肯定，香港回归做得不错，可是我们自己都知道，自己的缺陷、毛病太多了。

我记得在香港回归直播结束回来后，我们进行总结，并一起拉出去吃了顿饭，很多人痛哭一场。这说明对整个那场直播，相当多的位置和相当多的人员都是不满意的，包括我自己也同样如此。

虽然我是那一次唯一一个获奖的现场记者，但是，我知道那仅仅是个起步，犯的错误少，不意味着做得好。

那个时候大家反而憋着一股劲，要赶紧做下一次。所以我觉得很幸运的是，因为有了这次香港回归直播的大操练，1997 年 11 月 8 号的三峡大江截流的直播，就落在我们的肩上。

我记得当时我跟方宏进做总主持人，出镜记者也大部分都是我们评论部的，而且那也是持续一天的一场直播。应该说，那场直播一下子就上了一个台阶，相对来说，从容度、心理压力都减

和方宏进因三峡大江截流直播而获奖

少了，完成度也很高。那个时候也是举世关注，因为总书记和总理全去了现场。头一天总理还上船跟我和方宏进聊，当时是李鹏总理，没想到李鹏还跟我们说：说话不要说得太专业，都是普通观众，怎么样说得科普一点，通俗易懂一点。

有道理，他说得非常对，否则你会卖很多专业术语。

第二天早上直播开始之前，我和老方吃早饭，正好杨伟光台长过来，我们仨就聊，我就问杨台长："一会儿要直播了，您有什么吩咐没有？"杨伟光就说了一句话："随便说，随便说。"

我觉得，从这一刻开始，起码从我自己内心深处开始，中央电视台的直播拉开了新的一页，因为所有人在回顾香港回归直播时的那种焦虑，都过去了。

所以那一次，恐怕是非常重要的转折点。虽然大家已经忽略了那场直播，要没有那一次，大家的焦虑、不满足感还会持续很长时间。但是由于仅仅间隔几个月，就又做了三峡大江截流的直播，完全不一样。

那个时候为做大江截流直播，我们提前半个月去到现场。我老婆预产期是11月底，就把她送回镇江老家。因为那一次非常重要，不仅对我个人，对整个中国的直播都是个转折点。刚开始我们的直播找不着路，但是到了三峡大江截流这个直播，我们的直播就从路口进入主干道，进入了正轨道，开始快速行走了。

悉尼奥运直播：
另一种样态的直播

白岩松酷爱体育，对体育也一直很关注。

1996 年，他在《东方之子》中制作了奥运人物访谈系列，得了很多奖。

2000 年，作为悉尼奥运直播报道的总主持人之一，他把自己当做一个陪着观众看体育比赛的体育迷。

采用总主持人模式

2000 年悉尼奥运会，中央电视台第一次采用总主持人来调配整个直播。只有总主持人，才可以收放自如，在演播室里头，从这个赛事把线收回来，然后投入到另一个赛事，起承转合，以前从来没有过。

正是因为 1997 年香港回归和 1999 年澳门回归的成功直播，让台里头觉得，为什么大型奥运会的直播，不能采用香港回归和澳门回归都已经成熟了的这种总主持人模式呢？

好多人回头去看，会觉得：哎哟，白岩松怎么去做奥运的节目？但是非常正常的是，体育中心是后来独立的，最初的时候，体育是新闻中心的一部分，领导者是同一个人。他带着我们走过了香港回归和澳门回归的直播，他是总负责，同时体育报道也归他管。因此在他那儿，他只觉得，成熟的经验就要复制。而外人就会觉得，你跨行了，从新闻去做体育了。但是在我们内部来说，这是一个同样的新闻事件，同样的直播，只是内容略有差距而已。

所以副台长当然觉得，我们成熟的直播经验，这回悉尼也这么玩。

奥运是另一种样态的直播

那么抬眼一看，当时管体育这块的是马国力，跟当时副台长一商量。行啊，白岩松总直播，很成功，这哥们儿又爱体育，来吧。我觉得这是副台长的决策，马国力大度的结果。因为作为体育负责人，从原则上说，我们很容易理解，屁股决定脑袋，不希望所谓外来的人来做。但是马国力一点没有这个，所以到现在我和马国力的关系都特别特别好，我特尊敬他这个老大哥，因为他就是要把这个事做好，没有存在用我的人、用你的人的概念。所以那哥俩一拍即合，通知我去做悉尼奥运。

所以，外面人的看法，跟我们内部是不一样的。我们看到的是，这是香港回归直播之后，三峡大江截流和澳门回归直播之后又做的另一种样态的直播，它采用的是同样的模式。而我经过这几年的直播，对这种总主持人的调控比较熟悉，把控能力比较强。更何况奥运会跟其他直播不一样，是一个连续 20 天的大直播，可能更需要经验和对体育内容的熟悉，正好我身上这两者都有，所以我就做了这件事，不很特别。

"改变了媒体该如何看待奥运"

这次直播我很开心，跟我做其他直播比较来说，做奥运的直播太开心了，因为没有那么多的禁忌。我觉得，起码带着我的看法，影响着媒体该如何看待奥运。

首先我是淡化胜负观的，我不以金牌为主；第二个我重点关注体育中的人、情感和故事，而不是竞技本身。这些都在我做悉尼奥运会期间全方位传递出去了。

2000 年，在悉尼报道奥运会

　　我觉得它会形成潜移默化的一种影响，现在大家普遍接受这种理念了，但在当时还是比较新鲜的。我跟我搭档宁辛大姐说，你就把我当做一个陪着观众看体育比赛的嘉宾就行了。我们一起哭，一起笑，一起喊，我们当时直播中拍桌子的事是经常的。所以，我觉得这是完全放松的，语态也不是端着的。我从来也不会端着，我也没学过这玩意儿。

　　奥运会时更松弛、更放松，对体育理念，会有一个比较大的改变。我觉得这不仅仅是我个人的收获，还是一种推动力吧。

　　悉尼奥运会直播结束，白岩松与当时北京广播学院新闻系的青年教师段鹏有过一次对话。对话的文章发表在 2000 年第 6 期《现代传播》上，叫《光荣与梦想的回归》。其中，白岩松说道："我喜欢金牌，但我更喜欢个人对自我的超越，只有征服了自己的人，才是真正的胜利者。一个原本可以打破世界纪录的选手'只'拿到一枚金牌，并不值得大力赞扬，而像王义夫这样连续 5 届奥运会都基本发挥稳定，并且在预赛中打出了个人最好成绩的选手，我们应该给予他热烈的掌声，因为他完成了自我超越。但奥运会有些项目的比赛失利却只能归因于运动员的懈怠，比如男篮对法国那场球，再比如跳水的前三个项目，真是令人'哀其不幸，怒其不争'。这样看来，具体问题具体分析，谨慎处理成绩与成功的关系在体育报道中实属必要。"

大事记

1996年

1月27日
《东方时空》第 1001 期,即第一次改版后的第一期。撤下《音乐电视》;起用总主持人,有白岩松、水均益、敬一丹和方宏进;开辟三分钟的小栏目《面对面》;将《焦点时刻》改为《时空报道》。

3月16日
中央电视台第一套节目推出大型主持人谈话栏目《实话实说》;2009 年 9 月 26 日,该节目停播。

4月4日
中央电视台推出大型体育杂志栏目《足球之夜》。

5月17日
中央电视台推出大型新闻评论性栏目《新闻调查》;第一期节目为《宏志班》,出镜记者是白岩松。

7月19日~8月4日
中国体育代表团在美国亚特兰大举行的第 26 届奥运会上获得 16 枚金牌、22 枚银牌和 12 枚铜牌,金牌数和奖牌总数均列第四位。

10月7~10日
中共十四届六中全会召开,通过《中共中央关于加强社会主义精神文明建设若干重要问题的决议》。

1997年

2月19日
中国改革开放的总设计师邓小平逝世。

6月1日
中央电视台与香港凤凰卫视中文台合作完成庆祝香港回归系列报道之一"飞越黄河"现场直播。

6月30日午夜至7月1日凌晨
中英两国政府香港政权交接仪式在香港举行,宣告中国政府对香港恢复行使主权,中华人民共和国香港特别行政区成立。6 月 30 日至 7 月 3 日,中央电视台连续 72 小时播出香港回归特别报道节目;白岩松负责中国人民解放军驻港部队入港的全程直播报道。

8月21~22日
首届全国电视制片人研讨会在兰州召开。

9月2日
国务院发出《关于在全国建立城市居民最低生活保障制度的通知》,要求 1999 年底以前,在全国建立城市居民最低生活保障制度。

9月12~18日
中国共产党第十五次全国代表大会举行。

11月8日
中央电视台直播长江三峡水利枢纽工程的大江截流。白岩松担任直播的总主持人。

12月29日
国务院总理李鹏到中央电视台视察工作。李鹏总理在新闻评论部题词:"焦点访谈,表扬先进,批评落后,伸张正义"。

12月31日
江泽民通过中央人民广播电台、中国国际广播电台、中央电视台发表新年讲话。这是我国国家主席首次通过中央电视台发表新年讲话。此后每逢新年,我国国家主席都在中央三台发表新年讲话。

1998年

2月11日~
3月1日

中央电视台派出侯明古、水均益等 8 人报道小组，赴伊拉克报道武器核查问题。这是中央电视台第一次向国际热点地区派出自己的摄制组作现场直播报道，改变了中央电视台重大国际事件采用外来信号的历史。

3月10日

第九届全国人民代表大会第一次会议通过关于国务院机构改革方案的决定。根据方案的规定，广播电影电视部改组为国家广播电影电视总局，列入国务院直属机构序列。

3月19日

白岩松直播朱镕基总理的记者招待会。

6月9日

中共中央、国务院发出《关于切实做好国有企业下岗职工基本生活保障和再就业工作的通知》，提出当前和今后一个时期，主要解决国有企业下岗职工基本生活保障和再就业问题；争取用五年左右的时间，初步建立起适应社会主义市场经济体制要求的社会保障体系和就业机制。

6月25日
~7月3日

克林顿访问中国。27 ~ 28 日，白岩松直播江泽民、克林顿在人民大会堂进行的记者招待会、克林顿在北京大学的演讲。

6月中旬
~9月上旬

我国南方特别是长江流域及北方的嫩江、松花江流域出现历史上罕见的特大洪灾。

7月3日

国务院发出《关于进一步深化城镇住房制度改革加快住房建设的通知》，提出从 1998 年下半年开始，全国城镇停止住房实物分配，逐步实行住房分配货币化。

10月7日

朱镕基总理来到中央电视台视察，与《焦点访谈》栏目组人员座谈，并为《焦点访谈》栏目题词："舆论监督、群众喉舌、政府镜鉴、改革尖兵。"

10月9日

国家广播电影电视总局召开中国电视暨中央电视台诞生 40 周年纪念大会。江泽民题词："更好地发挥电视媒体的作用，为改革开放和社会主义现代化建设服务。"

11月6日

中央电视台新闻编辑部实现了 14 时、16 时、18 时、21 时滚动新闻栏目的改版播出，加大了信息含量，改变了节目播出形态。

11月15日

中央电视台一、四套节目并机，成功直播了"98 中国航空航天博览会开幕式"。这是中央电视台首次对飞行表演进行现场直播。

11月15日~
12月10日

在海湾局势剑拔弩张之际，中央电视台新闻中心组成 11 人报道组奔赴伊拉克首都巴格达进行采访。

12月17日

北京时间凌晨，美国突然对伊拉克发动空袭。中央电视台新闻中心记者水均益、冀慧彦等 4 人组成的报道组于当日 13 点出发，赴巴格达进行跟踪报道。

1999年

1月1日	中央电视台国际互联网站经过两年的试运行后正式推出。
1月	中央电视台成立"聚焦太湖"报道组,对太湖流域污染源达标排放工作进行了连续报道,先后有近 30 人次赴太湖流域采访,共计播出新闻 46 条。
3月25日凌晨3点	以美国为首的北约部队对南斯拉夫联盟共和国发动了大规模空中打击。中央电视台第一套节目从凌晨 6 点开始,对正在进行的空袭进行了长达 1 小时 20 分钟的直播报道。
3月26日~ 4月3日	中央电视台对重庆綦江"虹桥垮塌案"庭审进行直播。
5月8日	以美国为首的北约用导弹袭击中国驻南斯拉夫使馆,三名记者遇难;中国各地和海外纷纷谴责美国的野蛮暴行。
10月1日	首都举行庆祝中华人民共和国成立 50 周年阅兵仪式和群众游行。中央电视台同步直播。
12月19日午夜~ 20日凌晨	中葡两国政府举行澳门政权交接仪式,宣告中国政府对澳门恢复行使主权,中华人民共和国澳门特别行政区成立。12 月 19 日上午 9 点至 21 日上午 9 点,中央电视台进行了 48 小时澳门回归特别直播报道。
12月31日晚上 和2000年1月1日 凌晨	北京中华世纪坛举行庆祝活动,迎接新千年和新世纪的到来。12 月 31 日下午 17 点至 2000 年 1 月 1 日下午 17 点,中央电视台进行了连续 24 小时的《相逢 2000 年》特别节目直播。

2000年

8月20日	中央电视台对北京老山汉墓考古发掘工作进行现场直播。中央电视台网站同步网上直播。
9月16日	中央电视台第一、第四套节目并机直播了钱塘江大潮。
9月15日~ 10月1日	中国体育代表团在澳大利亚悉尼举行的第 27 届奥运会上获得 28 枚金牌、16 枚银牌和 15 枚铜牌,名列金牌榜和奖牌榜第三名。白岩松随中国奥运军团出征悉尼,担任奥运直播报道的总主持。
10月26日	国务院下发《关于实施西部大开发若干政策措施的通知》,提出增加资金投入、改善投资环境、扩大对外对内开放、吸引人才和发展科技教育等方面的政策。

4

2000-2001
逃离：拿得起也放得下

从悉尼奥运会报道结束到2001年11月份。这个阶段我基本没做节目，我一直在研发《子夜》这个栏目。

作为一名主持人，我主动地离开屏幕整整一年的时间，在中国的主持人里也是很少的。

这一年，也是我思考、沉淀的一年。

印象最深刻的节目

2001 年

2001 年我觉得印象最深刻的是"7·13"莫斯科之夜。

莫斯科之夜是我难得有机会去参与这次直播的主持，而且我比萨马兰奇更早地说 2008 年奥运会的举办城市是北京，这当然是做大量功课的结果，不是赌博。

因为我看到萨马兰奇奔台子去的时候，以我当时各种各样的分析，我就说："现在，他打开了这个信封，从这一轮就要出结果的角度上来看，非常有可能就是北京。"这时候我的听筒里传来了领导的声音："闭嘴！万一不是呢！"结果，几十秒之后萨马兰奇宣布：北京。

很多人后来祝贺我，说你说得准，我说不是，这不是赌博，这是分析的结果，说明你对整个程序包括各种投票结果相对清楚。其实我觉得一个人很少有那种机会，那一瞬间跟一个民族在一起，跟一个国家的未来在一起。而且在我的记忆当中，1993 年的那次申奥，我刚做《东方时空》不久，那天我写了 A、B 两个稿子：一个是成功的，一个是不成功的。对那一夜的申奥失利，有那么深的记忆，而且那一天在做完节目之后，我是号啕痛哭。

但是，在 2001 年 7 月 13 号我没有号啕痛哭，只是后来有一场宿醉，在 7 月 14 号的莫斯科，在书里我有写。

那一夜，我印象非常的深。当全部主持结束，当在监视器里看着正在播北京的游行的时候，我当时归心似箭，你很愿意在那个人群当中。你作为民族中的一分子，那种爱国的情感是那么的强烈。我觉得今天说起来，面对这个国家和民族，大家各有各样的情感，有的时候你要说一点儿热泪盈眶的东西，别人会觉得你特别的假，但那一瞬间非常真实，非常真实地感受到跟这个民族是在一起的。所以，我觉得 2001 年的那一夜是令人难忘的，主持生涯当中有过那样的一夜已经很难得了。

那个时候谈爱国多真实啊，那一夜，谈爱国眼泪唰地都能下来。现在，除非旁边有人能打得你眼泪下来。

2000 年 12 月 18 日，在第十一届"中国十大杰出青年"颁奖活动现场

　　白岩松说，停下来是为了思考，以一个旁观者的姿态去重新冷静地看，你会发现，在你忙碌时你在乎的很多东西可能没那么重要，不在乎的东西却有可能凸现出来。接下来，要做什么？怎么做？跟谁做？用什么机制做？目前的中国，大家不都是脚步急匆匆的吗？其实我觉得说大了，说小了，都需要行走一段时间，要停一下。

换个地平线再升一回

"主动离开主持人的岗位"

主动离开主持人的岗位，是因为做完悉尼奥运会之后，太火了。

你想想，奥运会连续多天的直播，它的放大能力非常强。我跟着专机回来的，马国力让我跟着代表团的专机回来，一下飞机，居然也有那么多的人扑向我。领导人接见时，朱镕基总理第一个进来找到我，跟我握手。我当时就已经觉得有点不太对。

然后，我又接连获得了"中国十大杰出青年"、《新周刊》电视主持人大奖等一大堆奖，我就觉得不好，有点躁了。

正好那个时候新的《东方时空》改版，时长两个半小时，不是我喜欢的样态。我就彻底地逃离出来，开始研发《子夜》这个新栏目。

"换个地平线再升一回"

作为一个主持人，从悉尼奥运报道回来很有名，也许是很多主持人追求的。但是对我来说，担心很大。当时刘恒大哥跟我说了一句话："哎哟，岩松，太阳正当午，可注意要落山啊。"

我跟刘恒说的是："大哥，您放心，我换个地平线再升一回。"

2000 年，出新书时，恩师曹璐与敬大姐来捧场

像禅宗一样的对话，是他作为老大哥关照我，太火了，一定要小心，太阳正当午，是为落山做准备。

特火对我来说是一种不安，一种不安全感，或者说一种恐惧。对我来说，反而是我想躲避的东西。所以那半年，我连手机都关了。最初的一个月，因为媒体找我的特别多，我就接受了一家媒体的采访，就关掉了手机。而且在那个采访中，我明白地说，我只接受这一次采访，我不会再接受采访，我会关机的。

一两个月关机，别人也找不到你。

所以，还是想去做自己想做的事情。

新闻主持人
不该被过度消费

2001 年进入《东方时空》担任主持人的张泉灵在谈及对白岩松的印象时说："我还是挺服他的。在 2001 年之前的一年，岩松差不多休息了一整年的时间。一个明显正当红的主持人，肯休息一年来想自己要做什么，挺不容易的。

"前一段（指 2013 年两会前）他又休息了好几个月的时间。他好像总能够下定决心说能够歇一段时间，来想想自己将来要做什么。我觉得这是一个非常不容易的事情，因为其实人很容易有惯性，对主持人来说，很怕消失，但是他好像有自己的节奏。"

2001 年，白岩松曾在《新闻与写作》发表一篇对新世纪主持人发展进行思考的文章，叫《危险：主持人正被时尚化，注意：主持人将走向小众化》，他认为，主持人不仅仅是社会时尚的代言人。

白岩松说："这是我挺不能理解的事儿。如果新闻传播是一场足球的话，那么，主持人的位置应该是守门员。80 年代后期就有'守门员'、'把关人'这样一种称谓，这些人在社会上确实很重要，可是，现在你问一个中学生，你将来干什么？不少人会选择'歌星、影星、主持人'等等。每当播音员、主持人这方面的专业招生时，那些时尚的少男少女就会蜂拥而至。经过这十来年，这个行当日益被塑造成了一个娱乐圈里的事儿。对之，我非常反感。在这背后隐藏着一种令人非常担心的东西，那就是在主持人这个行当被时尚化之后，走上主持人这个岗位的人如何面对时尚的心态？会不会淡化主持人应该具有'守门员'、'把关人'、文化人这样一种社会角色？会不会降低为仅仅是社会时尚的代言人？

"我觉得，在这个时尚化的背后，我们不希望看到的一些事情正在迅速蔓延，比如浮躁，一些主持人频频出入各种出头露面的场合，往往为了一件不大的事吵得非常厉害……长此以往，过几年就可能把一些本来很有希望的主持人毁掉。这样的例子，在我们身边不难看到。由于时尚化，圈内的人也渐渐看淡了这个行当。在这种强大的时尚化潮流中，我们长期以来期待主持人越来越成熟、越来越有文化品位、越来越勤于思考等，就会被悄悄地消解。我渴望主持人应该有更成熟的表现，而且平均年龄应该逐渐提升。年轻人初上这个岗位，在他们头脑中原来就没有这样一种观念：在这个位置上就意味着拥有更多的话语权，我是一个文化把关人，我所承载的角色对社会的长远发展非常重要，等等。没有。因为很多年轻人走进这个行当是想一夜成名，期望很快为自己带来财富，获得社会的知名度……如果这个行当由于时尚化而导致一些主持人与这个行当应该确立的目标相背离的话，那么，我们没有理由不为这一行当担心，因为我们将要为这种时尚化而付出沉重的代价。"

新闻主持人明星化是不可以的

正是悉尼奥运会结束之后，突然大家都在盯着你，突然各种奖都来了。

我忽然意识到了，主持人明星化的时代开始了。那个时候也是娱乐节目刚大踏步起步的时候，李咏啊、王小丫啊，《快乐大本营》等都是在那段时间出现的。

我当时有个警觉，主持人明星化是可以的，但是新闻主持人的明星化是不可以的，这跟我学新闻是有关的。我不认为新闻主持人可以被明星化，我也始终躲着新闻主持人的被明星化。因为新闻主持人被明星化了，那你报道的客观性、权威性等，包括你自己的心态，都会发生变化。所以我很恐惧，甚至从学术的角度来说，很担心新闻主持人的明星化倾向。

新闻主持人不该被过度消费，其实它不被明星化也包含着不被最大量地消费，出席商业演出，参加各种娱乐活动，等等。我觉得，如果新闻主持人被过度消费的话，慢慢地他／她的公信力就会丧失。新闻主持人，一旦没有公信力，只是一个娱乐的符号，就坏了。

分众化是社会进步的一个标志

在 2001 年的那篇文章中，白岩松还指出，主持人作为"大众情人"的时代已经结束。他说："我觉得，像倪萍和赵忠祥老师那样的'大众情人'的时代已经结束了，主持人必将分众化。例如水均益，在国际报道方面比较优秀，但他在国内问题报道或像春节联欢晚会那样的场合就不一定太会被关注。我们各方面的主持人将来会越来越分众化，因为社会进步的一个标志是多元化。

"我并不喜欢我们现在很多节目的高收视率。高收视率意味着一种垄断，包括主持人的知名度达到一定的垄断地步。我觉得，但凡垄断总是落后的。当然，大浪淘沙，时间长了。慢慢地总会有几个节目或几个主持人崭露头角，但这需要一个较长的时间。如果在不太长的时间里，一个节目动辄百分之十几的收视率，这里，恐怕不能排除一些垄断的因素。例如在某个时段不许省市台转播其他节目，那它必然会带来百分之十几甚至更高的收视率。但说实在的，这种局面还会长吗？"

那个时候我已经意识到中国的媒体已经进入分众化的地步，过去赵忠祥、倪萍"照顾"一家四代人的时代结束了。今后不同年龄层不同的成员会喜欢不同的主持人，主持人开始分众，慢慢向很多小众的方向去发展。我觉得，现在的发展证明了这一点。好酒的不进茶坊，不同的人群喜好是不一样的。一个主持人妄图打遍天下无对手的时代没了。

明星化和分众化是两个话题。

"前店后厂"

那个时候，新闻评论部拥有一个传统，那就是"前店后厂"，前面在营业呢，后面在生产、研发新的东西。我们研发节目，断断续续的很多。我们《面对面》是不是一种研发？一种小的尝试？我们做长江人，包括最初我自己策划做老学者访谈，等等，它本身也是一种研发。

《新闻调查》出生

我参与了很多节目的最初创办过程，包括介入到几次大的直播当中的研发等。1996年的时候，因为第一个样片不成功，临时把我抽调过来参与《新闻调查》的筹办，那也是个研发的过程。因为我要和夏骏联手做，那个时候还不是做第一期节目，是做样片。因为样片决定《新闻调查》是否可以出生啊，因为第一个样片未获准。

所以我和夏骏开始打磨《宏志班》，结果这个样品到台里会审时，排名第一。然后《新闻调查》出生，这也是研发的过程。

停下来，想想接下来怎么走

停下来那段时间的栏目研发，就是完全跟我捆绑在一起的栏

主持《新闻调查》的首期节目《宏志班》(视频截图)

目：《子夜》。

我觉得对我来说，最重要的不是《子夜》的研发问题，而是将近一年时间的清净，让我以旁观者的姿态去思考很多问题。那我觉得，这对一个主持人非常重要，走一些年，恐怕就要停一段时间，包括这段时间（指 2013 年初）我有意识在停，一直到两会之前，我觉得会停两个多月。我会去想很多新的节目，包括《新闻1+1》的改造，包括未来的新的生产模式，等等。因为我十年没停过了，上一次就是那一次，所以到这我必须要停一段时间。我觉得我以后会缩短这个频率，我觉得五年起码要停一段时间，起码两三个月，然后去想很多事情，去想接下来怎么走，不停永远无法想得透彻。一路上你会有很多好的创意，出现了，但是新的事一来一覆盖，又忘了，没了。你只有停下来认真地去想，才会把这个事情想透了，想明白。

停下来是为了思考，以一个旁观者的姿态去重新冷静地看，你会发现，在你忙碌时你在乎的很多东西可能没那么重要，不在乎的东西却有可能凸现出来。接下来，要做什么，怎么做，跟谁做，用什么机制做，目前的中国，大家不都是一个急匆匆的脚步嘛，其实我觉得说大了，说小了，都需要行走一段时间，要停一下。

我觉得未来十年，会跟我这一段时间的停紧密相关。

《子夜》
一直就没诞生

主持《时空连线》时的工作照

我们当时研发的《子夜》打算放在双无时段：没有广告、没有收视率的晚上 11 点。

当时在中央电视台的一套，晚上 11 点几乎是一个没有任何广告、没有收视率的时段。我们想做一个借鉴美国《夜线》那样的一个栏目，是一个评论态的，分析事物的背景，然后连线当事人，是一个非常严肃的节目。我相信也是非常小众化的，由于当时我的一个兴趣就是想由大众向小众转变。

研发了一年，没成。最后改变了一下，给弄到了《东方时空》里头，以《时空连线》的方式出来，但这就完全不是一回事了。

《子夜》和《时空连线》是不一样的

好多人会觉得，你们研发的《子夜》，最后到《东方时空》播出，不也没有特别大的区别吗？

《子夜》和《时空连线》是两回事。如果要是在晚上 11 点播出 30 分钟的《子夜》，那就会是一个纯粹的小众的东西。但是如果把它变成十几分钟放在《东方时空》里，我就必须把它做成大众化的东西。因为我是制片人，《东方时空》整体的氛围和播出时段放在这呢，它是一个特别有影响力的东西，就像你不能总往《读者》里塞学术论文吧。只能是转变一下，去让这拨人有事做而已，所以我觉得《子夜》在中国一直就没诞生。

《子夜》转变成《时空连线》，我觉得完全是两个栏目，性质是不一样的，在晚上 11 点播出的《子夜》应该是一个严肃的、探讨新闻背景和进行新闻评论的栏目。而《时空连线》是一个新闻节目，那能一样吗？

有机会就向评论这个方向去 "拱"

其实，在悉尼奥运会结束后停下来的那一年时间，白岩松就一直在思考转身的问题，即由主持人向评论员转变的问题。

研发《子夜》栏目的设置，本身就是在向评论方向转化。虽然未得逞，但是前途是光明的，道路是曲折的，我自己心里的种子和方向已经牢不可破了，经过了那一年的思考，有机会就向这个方向去 "拱"。

《时空连线》，包括参与到新闻频道开播的《央视论坛》、《360°》等已经有评论的雏形了，到 2008 年的《新闻1+1》，终于完成了这种转变。

在这个过程中，我为什么设计《中国周刊》？

那是我自己设计的，那个栏目是我们研发的，不是借鉴的，也是上面没多久就确立了带有评论色彩的一档回顾节目。我已经非常坚决地朝着这条路去走了。

我觉得自从新闻频道有了《中国周刊》，我就开始大踏步地向这个方向去走了。因为《中国周刊》本身就具有这个属性，然后到《新闻1+1》开播就正式转变。我觉得我内心深处对 "主持人" 这三个字已经淡了，对 "评论" 看得更重了。

其实，接下来思考的这一段，也就是 2013 年春节前后这一段时间，又静下来一段时间后，我将来不会再去纠结所谓的主持人或者评论员这样的东西，我会把 60% 的精力投入到对带有评论色彩的新闻的关注上，但还有 40% 的东西会不一样。我觉得要跟未来的这个社会需要的东西衔接，能不能干成是另一回事。

2001 年，莫斯科，在决定北京是否主办 2008 奥运会的会场外留影

我是防止
申奥未成而去的

在"退居幕后"的一年时间里，白岩松基本没做什么节目，除了 2001 年 7 月
13 日北京申办 2008 年奥运会的直播报道。他说："那一个也是意外，我也没想到
让我去莫斯科，去做申奥。"半年后我才知道，"我是防止申奥未成而去的"。

我后来才知道，有两个因素决定由我去莫斯科做申奥报道。
第一个因素是，我毕竟做了悉尼奥运会的直播报道。悉尼奥运会
结束之后，《新周刊》不也做了一个调查嘛，叫做"你最期待的
2008 年北京奥运会的解说者"，我排第一位。那肯定有在悉尼奥
运会报道中和体育结缘、和奥运结缘的这种符号因素在，但是它
还不是决定性的。

我是做了这场直播半年后才知道台里面为什么让我去。台里
编委会那天讨论莫斯科申奥直播，都讨论完了，人选也定完了。
突然有个领导问了一句：如果申奥要是没成呢？本来都要走的领
导又坐下了，因为这就涉及一个很重要的问题。1993 年申奥没成
功时，我们前方的主持人，两分钟左右没说出话来，就是他也懵
了。这时候领导就思考，得需要一个真正的"安全阀"，就是得有
一个不管出现什么情况，都能控制住场面、控制住语言、心理上
比较坚强的主持人。这时候由一个提问就演变成领导坐下来开始
去想是谁，最后大家聚焦到我这，就岩松吧。因为他们相信，成了，
岩松也不会忘乎所以，不成也一定会得体。这是我半年后才知道，
原来我是防止申奥未成而去的。

不过我比较像吉祥物，我只要和奥运一沾边，中国体育代表
团成绩还都不错。

大事记

2000年

11月27日

《东方时空》第二次改版，时长改为 150 分钟。《东方之子》改为《面对面》，三个月后改回《东方之子》；《生活空间》改为《百姓故事》；《时空报道》改为《直通现场》。演播室设 4 人：两个主持人、一个新闻播音员和一个资讯播报员。11 月 27 日至 12 月 3 日，随着新版《东方时空》的亮相，中央电视台第一套节目进行全新调整。

12月26日

中央电视台网站正式更名为"央视国际网络"，并正式启动新首页。

12月30日

国家统计局宣布，2000 年国内生产总值首次突破 1 万亿美元，国有大中型企业改革和三年脱困目标基本实现。

2001年

4月20日

中央电台、电视台成功直播了张君、李泽军系列杀人抢劫大案庭审实况。这是中央电台对庭审第一次进行多点直播，同步交叉直播了重庆、湖南两地庭审实况。

5月24～25日

中央扶贫开发工作会议召开，指出在 20 世纪末基本解决农村贫困人口温饱问题的战略目标已基本实现。

6月15日

上海合作组织成员国元首会议在上海举行。中国、俄罗斯、哈萨克斯坦、吉尔吉斯斯坦、塔吉克斯坦、乌兹别克斯坦六国元首共同签署《上海合作组织成立宣言》。

7月13日

北京获得 2008 年第 29 届夏季奥运会举办权。白岩松到莫斯科参加了申奥报道。

9月11日

美国遭受恐怖袭击，恐怖分子劫持 4 架民航客机撞击美国纽约世界贸易中心和华盛顿五角大楼。

10月7日

在 2002 年韩日世界杯预选赛亚洲区十强赛中，中国队在主场以 1 比 0 战胜阿曼队，提前两轮小组出线，获得 2002 年韩日世界杯入场券。

5

2001-2003

收获与放弃：制片人生涯

从 2001 年《东方时空》第三次改版到 2003 年 8 月 19 日辞去三个栏目的制片人职务。

这一阶段淡化了我作为主持人的角色，却强化了我作为一个制片人的角色。我接连打造了《时空连线》、《新闻会客厅》和《中国周刊》（现在叫《新闻周刊》）。到现在，《中国周刊》依然存在，更重要的是打造了一支队伍。

但这的确是背离了我作为主持人的角色。

印象最深刻的节目

2002 年

我觉得 2002 年印象最深刻的节目是《时空连线》。

因为当时我在做《时空连线》的制片人。如果说哪期具体节目,我觉得不准确,因为那个时候既有我做的节目,也有我作为制片人整个一年运行的节目。《时空连线》快速地成长了,尤其在 2002 年,我给台里头奉献了编委会制度,成为台里的年度十大创新机制。这个编委会制就是我认为制片人制的一股独大对于新闻这种日刊节目来说已经不合适了。我希望它变成编委会制,就是以更民主的方式来进行新闻的决策。我认为这是前卫的。

在当时当然是前卫的,其实在今天我依然觉得它有价值,因为日刊栏目的运行该用这种民主化的方式。制片人制是在《东方时空》引入的,但它有"人治"的一部分,我希望能够完善它。

在《时空连线》的时候,我提出新的想法,我说"不扛旗"。我们一年做了许多别人认为是舆论监督的节目,但是在回忆当中我觉得印象最深的真不是舆论监督的节目,而是我们沉下来去做的一些比如说"抗生素滥用"、"新生儿缺陷"、"医患关系的破解"等这样的节目。当时,我们做关于慈善的那句话——"要把慈善装在透明的口袋里"——就是在我们那里出现的。恰恰是这些不带舆论监督色彩的东西,我觉得更长久地留在我记忆当中,因为它真的具有了一种前瞻性。

2003 年

2003 年我印象最深刻的节目是我作为制片人而不是主持人的节目,那就是 2 月中旬的三期《时空连线》节目,是中央媒体当中最早报道非典的。而第三期节目的名字就叫"政府信息公开",可见它的前瞻性。毫无疑问,至今仍有成就感。

如果说有遗憾的话,那就是我们的记者后来回来了,虽然我一再地不让她回来,我知道事情会继续地向后发展,但是她坚决要回来。

另外,如果从我个人的角度来谈印象最深的一期节目的话,还有就是 2003 年 5 月 1 日,我、李瑞英、敬一丹和罗京我们四人是中央电视台新闻频道最先说话的四个人,我们四个人迎来了新闻频道的开播。开篇词是我们四个说的,那这标志着中央电视台新闻频道的成立绝不简单是一个新闻频道的事儿,而是我们几代新闻人的一个梦想。而且它从此拉开了新闻资讯更透明、更公开,尤其是直播进入到常态化的一个时代。

我也是在那一天被第一个打上了"评论员"这三个字眼儿。

直播常态化

　　三峡大江截流的直播，对整个中国的直播都是个转折点，它使直播从路口进入主干道。那么，又是从什么时候开始，直播进入了常态化呢？白岩松说："从 1999 年澳门回归直播以后，直播的压力变小了。但是直播常态化不仅取决于你的心态和你的能力，还取决于整个新闻设置。"

新闻频道开播是标志

　　直播常态化，不能以这些事件为标志，当然是以 2003 年 5 月 1 日新闻频道开播为标志。

　　只有新闻频道开播了，你有了自己的阵地，大量的新闻和大量的事件都是直播的，它才开始走向常态化。

　　什么是常态化？常态化就是天天都有。但是原来没有新闻频道，新闻在央视的一套，很多节目都是录播。你拿什么常态化？只能是个别事件、大的事件，你直播一下。

　　所以，我觉得中国直播的常态化，一定要以 2003 年 5 月 1 日新闻频道开播为标志。

缺失的 9 · 11

香港回归直播，给大家都留下了不少遗憾。

四年后的"9·11"，由于没能直播，也给白岩松留下了莫大的遗憾。在《幸福了吗？》中，他这样写道："我注定不会有这个机会，'9·11'事件的直播，将注定不会出现在 CCTV 的屏幕上，也因此，CCTV 将长久背上一个自己根本背不起的重负。"

说起遗憾，我觉得应该还是"9·11"。如果还有的话，就是1999 年 5 月 8 日中国驻南联盟大使馆被炸。如果是现在，你会想象围绕那个事件做直播，可是当时没有。当时很特殊，因为那是战区，可是现在即便是战区，也可以做直播。所以你会发现，每一个中国人都了解炸咱们大使馆的事件，可是你有画面感吗？没有吧。绝大多数人都没有现场感和画面感，原因就是因为它没有进行直播。新闻都是处理过的。

所以，如果回头看，我觉得那是一个小小的遗憾。那个遗憾不是由其他因素造成的，而是那个时候各种条件都不具备。"9·11"的不直播和驻南联盟大使馆被炸的不直播，在我看来，性质是不一样的。大使馆被炸那时不具备条件，甚至大家也没那么去想；"9·11"是已经明确想了，而且有条件，全世界的主流媒体都在直播，而我们没做。

不仅仅是中央电视台的问题，第二天《人民日报》的头版不也不是"9·11"吗？在美国新闻博物馆展出了"9·12"的全世界主要报纸的头版头条，《人民日报》那么突兀地、与众不同地没有关于"9·11"的报道。所以，这不是一个中央电视台的，或者《人民日报》的遗憾，这是中国媒体的遗憾。

那天《南方日报》的人跟我聊这事，说你看中央电视台怎么没直播，你看《人民日报》怎么没刊登。我反过来问他一句，回去查一下，9 月 12 日《南方日报》的头版是"9·11"吗？如果不是，换种态度。

直播巴格达

直播巴格达之前，我就知道要直播。因为从 2003 年 2 月 8 号开始，我和水均益就开始做一个栏目，叫《直通巴格达》，水均益当时已经到达巴格达了。我那个时候已经知道，如果美国和伊拉克发动战争，我会直播这场战争。

我印象很深，当时副台长罗明在楼门口，碰到我，跟我半开玩笑地说：岩松啊，接下来你的生活、工作节奏得变一下，你的车程不能超过以台为中心的 15 分钟的距离，因为随时要直播。虽然是半开玩笑，但这是真的。

所以，我基本上保持在车程 15 分钟之内，战争打起来的时候我就在台里，很快就开始直播。这是中央电视台一次"有预谋"，或者说有准备的、纳入到国际大的系统中的直播。

我们第一个报道 SARS

其实在巴格达这个事件发生的同时，我们在关注另一场战争，那就是非典。

第一个关注非典

非典的时候，我正好是制片人，可以说，我们是中国中央媒体第一个开始关注非典的，因为拉开大幕的是我们。

2003 年 2 月初，我当时在做《直通巴格达》。记得 2 月 8 日那一天，我接到广州的"线人"爆料，说现在广州市内有一种怪病。因为当时大家并不知道这是什么病，告诉我们说可能是禽流感或者什么的。

核实完之后，我就派了我们的记者，现在云南站当首席记者的隋笑梅和一个摄像赶往广州。结果 2 月 10 日就开了第一个围绕非典的新闻发布会。我们连着做了三期节目，每期节目都是 17 分钟。第一期节目是现状、情况和相关新闻；第二期节目是如何防范；请注意第三期节目，第三期节目是政府信息公开。

遗憾与幸运

我们当时请到的连线嘉宾是广东省副省长和喻国明，这三期节目播完之后，影响就相当大了。节目播出之后，得到了命令，不能再播了，然后就变成了"一切很安全"。但是当时我们很清楚，起码我很清楚，这事儿没那么简单。

做完这三期节目，我们的记者隋笑梅要回来。我当时不让她回来，我甚至替她找了选题。我让她在那里做另外的选题，叫"节后的民工荒"。这样的话，她可以继续在广州拍，同时也可以跟踪事态进展，因为我当时就觉得没那么简单了。但是记者非要回来，后来回来了。

我说，终生遗憾，但是终生遗憾的同时，我也觉得有一点是幸运的。回来也好，如果要是继续拍，在当时防范能力都很弱的情况下，如果我这两个同事都染上了怎么办？所以也有它幸运的一面。

打响了 SARS 这一战

我印象很深，4月1号那天，我已经知道事态很严重了。我记得那天还在直播伊拉克战争，天天都是我在做嘛。我就跟台里的一个领导说：别直播伊拉克战争了，赶紧直播咱们身边的战争吧。结果台领导也很无奈。没办法，有很多事情不是中央电视台能够决定的。

中央电视台作为一个新闻机构，它是知道什么事情是该做的。但是有些事情没做，为什么？不是它的新闻敏感度太弱，而是由于政策或者上级的原因没让做，与"9·11""失语"的事件有类似之处。

我觉得真正的一个转折点是4月中旬的那一天。那天我正好在，因为我们正在审看新节目《中国周刊》的样片，台长、部主任都在。我们跑卫生口的记者进来说，4 月 19 日或者 20 日要彻底开始处理非典事件，可能要处理官员，可能要信息公开。

4 月 20 日，中国打响了 SARS 这一战。

我们从 5 月 1 日开始，我挑头，我们这个栏目组开始在新开播的新闻频道，连续 N 天，做了 SARS 的直播，几乎把中国所有的省市自治区的书记、省长都连线了。所以我觉得，那是我们作为一个新闻人应该做的事情，这是自下而上"拱"成的。

刚开始，做这个报道还是比较敏感的。但是作为中国主流媒体，我们第一个报道SARS，连续 3 期，第一个提出政府信息公开。最后，以我们这个组，作为主力挑头，弄成连续十几天非典的直播。我觉得，这时直播终于到了这个地步，不是别人交给你的任务完成了，而是你自己希望完成的任务也嵌入到我们整个非典记忆当中。

所以，这就是直播的力量。直播就是把更多不该被隐瞒的东西展现在公众面前，而且是第一时间，这是不一样的。

我已经做好了播《新闻联播》的准备

现在有人开玩笑说，白岩松什么时候主持《新闻联播》去？其实，曾经有一次结缘。因为在非典十分严峻的时刻，我们新闻中心也有两个同事感染上了非典，其中一个是摄像的小兄弟，当时已经很严峻了。

但是，不管出多少问题，《新闻联播》必须要播。当时的规定是，只要这个人群中有一个人感染了非典，就要整体被隔离，也就是说你不能离开这儿了。电视台是个很特别的地方。

有一天早上，我碰到新闻中心主任李挺，我跟他开了一句认真的玩笑，我说：放心，我已经做好了播《新闻联播》的准备。他也知道我不是在开玩笑，认真地点点头：好。

那个时候，我已经做好准备了，如果真出了事情，大家一起在里头扛着吧。

"被动"做了
两年制片人

　　我觉得做制片人这两年多的时间，首先我不是主动去做，而是被动的。那是因为机制、体制的变化，新闻评论部拆了，拆成了两个部门。我在这个部门研发《子夜》，可是最后孙玉胜决定让这个节目到《东方时空》里去出生，它却在另一个部门。我要带领这一部分哥们跟另一个部门合作，因此我只能当制片人。只有这样才能完整地把节目的想法、创意带过去。因此在这种情况下，我就必须当这个制片人，不是我个人的问题，虽然我玩命地不想干，但也没办法，做了两年。

　　我觉得做一个制片人，首要的职责就是生产与发展。日刊节目，天天要播出；然后在生产的基础上再考虑发展，这是第一个重任。第二个职责是，一个栏目的制片人要培养人，而不是让人为我服务、生产一个又一个节目，这是我自我认同的重任。第三个职责是，在一个栏目的发展过程中，要创造新的机制，有助于电视向前进。

生产与发展

　　所以，我觉得我的几个基本立足点和任务都在这里。

　　从第一个角度——生产与发展来说，当然，我满足了正常的生产。后来，《时空连线》每周的五期节目，起码都能进央视一套收视率的前十名。至于发展，《时空连线》迅速地在我们内部变得很火了。也正是因为很火，所以它裂变了。

在我们一个栏目里头，借新闻频道开播的时机，我又裂变了两个节目，一个是《中国周刊》，一个是《新闻会客厅》，加上《时空连线》，也就是说，我们这个团队，成为在新闻频道里创造力和裂变力最强的一个栏目。

这就是生产与发展，也正是因为创造了这两个栏目，我这个栏目里的哥们儿才可以成长，拥有新的机会。

培养人

第二个职责就是培养人，这也是最主要的职责。

我在当制片人时一直在说一句话：你们要思考我该思考的问题，我该去琢磨你们该琢磨的事。比如说，你们的待遇，你们的成长、发展，我要替你们去想；但是，如何做好节目，你们要去想。我带的那个栏目，一共四十来人，现在我那个栏目出来了有三个主任、十六七个正副制片人、五个记者站站长，还有张泉灵、柴静两个主持人。这个成才率，我相信在央视任何一个栏目都少有。之所以有这样的成才率，我觉得很重要的一点，就在于民主。

说到民主，《新闻周刊》的制片人王力军印象十分深刻。他说，白岩松当制片人的时候，形成了这样一种开会状态，那就是：大伙儿围坐一圈儿，对同一话题、同一节目进行多元的表达。每个人对这一个话题都要进行一分钟到两分钟的个人阐述，最后形成大伙儿民主之后的集中。

此外，在团队建设上，白岩松特别强调人文化，包括组织大型的集体活动，比如足球、酒会、旅游、聚餐等。最有特色的是读书，隔一段时间发一本书。白岩松这些管理的理念和对团队的培养成为了王力军的宝贵财富。时至今日，王力军在栏目组开会时还延续了之前的风格。同时延续下来的，还有定期给大伙儿买书发书的习惯。

张泉灵在谈到与白岩松在《时空连线》中的合作时也说，他们当时保持了一个很好的习惯，就是"看片会"。她说："我们每天都会在一起讲评昨天的节目，当时岩松每天都在。我觉得通过看片会，对主持人有特别大的帮助，

《新闻周刊》制片人王力军接受采访

这个帮助意味着你不仅仅干了你的这摊活，你还了解了整个全流程的工作，比如编导的工作、策划的工作。其实当时岩松是规定所有的主持人要兼做一部分策划工作的，说你除了做主持工作外，还要做策划工作，就是有一些节目是我们自己策划的，我觉得这对主持人是特别好的锻炼。"

创办编委会制

机制的创新，这是第三个职责。

在我才做了大半年的制片人时，我就觉得有问题。制片人制始于评论部，是评论部从《东方时空》创办带来的制片人制。最初它是先进的，但是当面对一个新闻日刊节目时，也就是我做制片人时，我就看到它这里的不足。为什么？

因为做专题节目特别适合制片人制，但是做新闻日刊节目，制片人制的弊病就显现出来了。一股独大，不民主，我情绪不好的时候，会不会把好的节目都看成不好的？因为决定权都在我。我情绪好的时候，会不会把不好的节目看成好的节目？起伏会很大。

所以，我当制片人半年之后，我就在内部创办了编委会制，削减了我自己的权利。也就是说，我只是一票了。栏目组的核心成员都进入编委会，共同研发、讨论、决策。这样做的直接结果就是，我们最差的节目开始消失。因为民主首先解决的是不会出现最差的，我觉得在我的实践当中的确印证了这一点。另外很重要的一点，正是因为这种民主决策，导致原来是人人等着制片人派活，后来变成积极主动地参与其中，而且他们自己就有决策权，团队的最大潜能被调动出来了。

我觉得这是这个栏目成才率这么高的一个最重要的因素。

后来，编委会制被中央电视台评为 2002 年度十大管理创新之一，成为了台里的一个东西。但我觉得这个东西我不是最看重的，我最看重的是它的可复制性。现在我们这种编委会制已经大量存在了。我觉得这一点非常非常重要，当你拥有某种小权利的时候，你能不能按照你期待的价值观和发展的方向真的去实验。所以，我觉得我很幸运有两年的时间来实验这种民主的尝试，更何况，效果好得很。

我的任何利益关系和这个组里没关系

我当时在组里不拿一分钱工资。我当制片人的唯一要求，就是我的任何利益关系和这个组里没关系。我在我的上级部门领工资，我跟这个组不发生任何利益关系，我没在组里报过一次吃饭的票，没报过任何票。组里出去玩，其他人都不用交钱，我要把我的额度补上，我当制片人期间连车都没租过。

所以，当你进行过一次这种民主和新社会的小范围实验后，你觉得自己更有信心了。

"新闻胶囊"

在作为制片人的这一个阶段，我还有一个工作是研发节目。

在2002年，我曾经推出大型新闻综述性节目《中国日记——我们的2002》。

因为在当时我要承担年终节目的回顾，所以我们做了《中国日记》。那个时候，我已经有了后来的《中国周刊》的某些雏形了。《中国日记》是综述、回顾这一年，其实往小了说，就是回顾这一周。当时我已经有意识地选择了张巍和王力军去搭班，去做《中国日记》，我们隔一段时间就碰，后来《中国日记》很成功。正好，为了衔接顺畅，我让他俩去做《中国周刊》。现在张巍是新闻编辑部副主任，王力军是《新闻周刊》的负责人，也是《新闻1+1》创办的时候最初的制片人。

这个背后有一个理念，所以有的时候要感谢静下来的那段时间。在静下来的那段时间，我大量地去研究国外的节目，包括去研究美国几大电视网的节目时间表，结果看到了美国电视周刊类新闻回顾节目有一个名词，叫"新闻胶囊"。"新闻胶囊"指的是含氧量比较高，易服用，简便。然后，美国一些周末节目，像《会见新闻界》、《本周》，它是为那些忙碌一周的白领、决策者等，让他们在周末的时候打开电视，把一周的新闻浓缩，像胶囊一样，放在这个节目里。第二周周一去上班，那些忙碌的白领、决策者又有了谈资，不至于被这个时代抛离。所以"新闻胶囊"这四个字给我留下的印象和触动很深。做《中国日记》的时候，我就用了"新闻胶囊"的概念，后来我就把这个胶囊变成了一个周播的胶囊。

我之所以能把这粒胶囊变现，是因为我在不断地做新节目的研发，我形成一种习惯性的思考。大家总说中国电视竞争激烈，其实中国电视新闻领域的新栏目一片空白，像《中国周刊》十年前我们当时开播时，美国这样的节目已经有很多了，每一家电视台在周末上午全有，就中国没有。我早就看到了，我早就郁闷了，我早就有这种好奇和冲动把它变现了。正好借新闻频道开播，我就把它做成了。

我觉得"新闻胶囊"到现在为止都是有价值的。

说起《新闻周刊》的创办，制片人王力军至今还记忆犹新。他说，岩松特别喜欢"攻城略地"，做了《中国日记》，他就想把它周刊化。其实，《新闻周刊》的创办当时挺顺利的，这也得益于岩松的一种情结，那就是对新闻的再度挖掘他是有话可说的，他有自己的新闻判断。提起"新闻胶囊"，王力军说："其实这个理念也把我们给害苦了。因为它的板块和功能很多，所以我们就特累。刚开始我们要把非电视的东西，例如声音、数字变成电视化的东西。其实，这也是电视多元化表达的开始，在这一点上，跟岩松的广泛阅读有关。他阅读平媒的东西比我们多，这样一来，他要求视觉的冲击、版块的多样性，对我们电视绝对是一个倒逼机制。"

曾担任过《新闻周刊》第二任制片人的张巍说："我理解的'新闻胶囊'就是短时间内真正有价值的新闻信息的集纳，短时期内让观众服用下去，产生类似药品而不是食品的功能。"他说，我们的观众群是一些漏掉信息需要补课的人，另外要达到的目的又不止于此，更重要的是让他们看完后觉得花这45分钟是值得的，这就说明做得是成功的，这是从定位的外部压力考虑的。另外，我们毕竟是做新闻的人，且做了很长时间，对新闻在社会发展中起到的作用也有些自己的想法、感觉和判断，所以当时想除了在短时间内投放信息满足这方面的需要之外，我们需要用什么样的眼光来看待它。这里又蕴含的另一个问题就是，日播新闻每天都在做，周播新闻怎样才能让人耳目一新？因为观众肯定是有重合的，既有他漏掉的信息，又肯定有些东西是他已知的，那么怎样做才能让他觉得不是重复，不是在浪费时间？这就存在着视野和维度的问题。

张巍说，我提出的观点就是要做"七天一页的历史"，日播节目追求的是信息的最大化和及时性，那么周播节目的价值何在？我们追求的是一种历史的眼光，以七天为一个维度来看待事情的发展，跟当天看肯定是不一样的，我们借鉴的是一种历史的感觉，把这种历史的感觉贯穿到选题、策划和编排当中去，目的就是做到"可以把握的新闻"，就是体现服务性。我们对服务性的理解常停留在主持人的话语怎样低姿态、表达方式怎样亲民，以及新闻题材的选取尽量偏向软性，包括我们对凤凰新闻的一些误读，等等。实际上服务性是跟主体的地位，即媒体的级别、覆盖范围、历史积累是相关的，观众对中央台的预期就绝不是一些琐碎的生活信息，作为周刊栏目，它的服务性应该是让观众在短时间内能够把握住这一周来发生的重要的事，而这些事对于他们来说是有着间接影响的，让他们感知到自己所处的时代是连接的，能够看得更清楚，这是更高层次的需求。我们通过建立读者俱乐部，通过互联网了解观众的反馈，看到了观众对我们的满意度和对我们的理解，也验证了我们对观众需求的判断。

我必须回到以
白岩松的方式做主持

我知道，我能成为一个非常不错的管理者。如果我要想走上这条路，我会走得非常远，这细节我就不去说了。另一方面，我当时又是党代表，其实这条路，你要想走，就已经铺开了。我觉得当时最大的困惑就是，做主持人还是管理者？

所以，到2003年8月份，我做出了终极决定：做主持人。我把三个制片人全辞了，因为当时我兼着《时空连线》、《新闻会客厅》和《中国周刊》（现在的《新闻周刊》）三个栏目的制片人。那天我感觉非常轻松，我记得是在我生日的前一天吧，8月19日，故意的。我把三个制片人全部辞掉了，重新回到一个主持人的位置上。

首先我辞掉了制片人，一下导致十个哥儿们升职，因为我原来是三个栏目的制片人。我一走，原来的副制片人提升至正制片人，主编提成副制片人，普通策划提升成主编，导致十来人的升迁，那我也是帮了这十几个哥们儿。

另外，很重要的一点是，屁股决定脑袋。当我是制片人的时候，我做主持人就会是制片人的思维方式：我会想，这话这么说，被毙掉了，会不会开天窗？你就会很谨慎。那我觉得，我必须回到以白岩松的方式做主持人，而不是以制片人的方式在做主持人。所以，独立、自由，对于主持人来说，非常重要，你才能更相对自由地去说你应该去说的话。

所以，我觉得辞掉制片人有双方面的解脱。一是，我的人生目标就不再是走官路了；二是，作为主持人，我需要独立和自由。

一辞掉，两者就都满足了。

2013 年两会期间，白岩松有了一个新身份——全国政协委员，他在接受《新快报》记者采访时说："我早已告别有可能走的权力之路。说个玩笑话，我妈跟我说，别开车别当官，我开了车，那就别当官了吧。其实，我还拥有另外的权利——话语权，如何很理性地掌握好一个权利，在我看来都很难了，我想负责任地行使好话语权，有一种权利可以了。"

如何领导？

2012 年，白岩松为内部刊物写的一篇文章，题目叫《如何领导？》。

怎样才能成为最好的领导？他说，有理想，业务强，好好做人，让人感觉不到他存在的领导。

刘楠在她即将出版的《有一种基因叫理想——央视评论部那人那事》一书里，也有一部分关于白岩松的内容，也叫"如何领导"。她说，白岩松的声音被赞赏、放大的同时，也被严苛挑剔、审视着。

"当下，人人争当意见领袖的舆论中，各种偏激、片面、狂躁的情绪裹挟着，'造反就有理'和'反抗即正义'，人们不由自主地变得急躁和狂热起来。理性遭到抛弃，冷静被污名为冷血，保守成为贬义词，审慎被无情嘲讽。"

"他从来没离开媒体的视线，他是媒体同行永不疲倦的观察对象、行路标、风向标，采访他的记者们不用担心彼此间信息撞车，因为每次接受采访，他的新鲜观点迭出，像哆啦 A 梦的百宝匣。"

有媒体问："在庞大复杂的央视体制下，他有无如履薄冰、战战兢兢的感觉？他究竟有无痛苦和分裂感？他是否矫饰过他的本来面目？"

2012 年 9 月，在《人物》杂志的文章中，这样勾勒了白岩松的形象："他口吐诤言却不刺耳，他站在爱护党的立场上说话，也没有显得古板。他是理性先生。从公众形象上他是典型的半框眼镜、国字脸和正色先生。也很难说他不是狡黠先生。最终，白岩松是稳健先生和正确先生。"

刘楠说，他当然不是万能的。他到办公室，第一件事往往是拆阅大摞大摞的观众来信。嘶嘶翻纸的声音，有时混着他的叹息和脱口而出的感慨。

有一些观众来信里，夹着希望回信的邮票；还有爱书法的观众，索性寄来一大包裹，是几百张写着各种名言名句的书法作品。岩松会让大家来看，说，你们挑选自己喜欢的名言名句，修养心性。

关于观众来信，岩松曾在内部杂志《空谈》写过一篇文章，表达了收到观众来信，从虚荣感到责任感再到渺小感的心路历程。

"在根子里，我们被他们当成希望，一个哪怕不解决问题但依然是最好的

128

倾诉对象。想到这儿，我就渺小感再度加重。'哥们儿，别怨兄弟不挑重担，哥们儿是溜肩膀'。"

有记者采访他时，让他做一份政治坐标测试，他看了一眼题目，表现出明显不悦："我最讨厌这种测试了，我不会划分自己。"

刘楠说，他从不把自己划归到某一知识分子的阵营，只是不断提倡改良。

南院"精神领袖"陈虻曾说过，新闻的改革不可能是领导告诉我们：同志们，禁区开放了。永远没有这种时候。干新闻干一辈子的人会有体会，新闻的改革永远是撞击反射，不是别人给你东西，而是你做出东西，让人认可。要由新闻的从业人员自己去寻找新闻的突破。

她说，岩松对此有异曲同工的理解。

岩松曾对《中国新闻周刊》的记者说："或许我们又到了推动新一轮改革的时候了。十几年来，我们并没有开启新的新闻改革，只不过是由于互联网的快速出现，使我们发生了一些变化，但这还不是那么自发和主动的，所以新闻也应该有新一轮的、更开放更透明的改革。"

刘楠说，在《新闻1+1》的直播节目中，他的很多话，仔细听都是"常识"，但常常被媒体当做稀有的警世恒言。

2012年6月，厦门大学的一个论坛上，有学生问他，对陕西强制引产七个月胎儿事件怎么看。这个学生还狡黠地加上了附带条件："崔永元评价某事是'不努力、不作为、不要脸'，我认为他就很有担当，我想请您用同样的句式，九个字。"

岩松随口回答："九个字太多了，这不是什么政策，不是什么官员犯错，就两个字，'杀人'！"

他的这句话，当天就传遍微博，成了很多新闻的标题。

大事记

2001年

11月5日
《东方时空》第三次改版。改回录播，时长为45分钟。日常版在保留原有的《东方之子》、《百姓故事》的基础上，将《直通现场》改为《时空连线》，白岩松担任制片人；周末版由《纪事》和《世界》组成。

11月10日
在卡塔尔首都多哈举行的世界贸易组织第四届部长级会议通过中国加入世界贸易组织的决定。12月11日，中国正式成为世贸组织成员，标志着中国对外开放进入新的阶段。

12月6日
中国广播电影电视集团（英文名称CHINA MIDEA GROUP，简称CMG）成立。

2002年

1月1日
《南京零距离》在江苏电视台城市频道开播。

2月8~24日
中国体育代表团在美国盐湖城举行的第19届冬季奥运会上以2枚金牌、2枚银牌、4枚铜牌的成绩名列奖牌榜第十三位，实现了冬奥会金牌零的突破。

4月12~13日
博鳌亚洲论坛首届年会在海南省举行。

5月12日
中央电视台西部频道（CCTV-12）开播；2004年12月28日，该频道停播。

6月3日
河北人民广播电台开办的舆论监督类热线直播节目《阳光热线》开播。

10月
中央电视台首次启动"感动中国2002年度人物"评选活动。

11月8~14日
中国共产党第十六次全国代表大会举行。

12月31日
中央电视台大型新闻综述性节目《中国日记——我们的2002》播出，主持人白岩松、和晶尝试用大型新闻脱口秀的形式与全国观众一起迎接2003年的到来。

2003年

1月3日
《纪事》脱离《东方时空》进入央视新闻频道；2008年与《百姓故事》合并，后改为《新闻纪实》。

1月10日
中央电视台长篇人物专访节目《面对面》开播。

3月20日
美国发动伊拉克战争。中央人民广播电台、中国国际广播电台、中央电视台均以快速丰富的报道形式全程追踪报道伊位克战争。

3月28日
中共中央政治局要求新闻报道要实现"三贴近"，即"贴近实际、贴近群众、贴近生活"。

4月20日
党中央、国务院决定对"非典"疫情进行全面的信息公开，中国步入了灾难性突发事件报道的新时代。

5月1日
中央电视台新闻频道开播；《东方时空》栏目由中央电视台综合频道、新闻频道并机播出。

5月1日
中央电视台的《社会记录》、《新闻会客厅》和《央视论坛》开播，白岩松担任《新闻会客厅》的制片人；《社会记录》于2008年1月停播，《新闻会客厅》于2009年8月停播，《央视论坛》于2006年6月停播。

5月3日
《中国周刊》（2007年年初更名为《新闻周刊》）开播，白岩松任制片人兼主持人。

5月
全国广播电视系统抗击"非典"宣传达到高潮。

5月
中央电视台国际新闻杂志型深度报道节目《世界周刊》开播。

7月5日
由崔永元主持的电视访谈节目《小崔说事》在央视新闻频道开播。

6

2003-2008

转身：我从未跨越新闻的边界

从 2003 年辞去制片人到 2008 年 3 月 24 日《新闻 1+1》开播。

这一阶段是伴随新闻频道成长的阶段，我重新回归主持人的角色，然后尝试一些新的东西，比如说《央视论坛》、《新闻会客厅》等，尤其是把《新闻周刊》做得比较成熟，包括中间出现的《360°》。

这是一个转折期，意味着我从制片人转回到主持人，再由主持人慢慢地开始向评论员的方向发展。

印象最深刻的节目

在《新闻会客厅》中采访航天员时与航天员合影

2004 年

2004 年我觉得印象最深的节目是《新闻会客厅》和《中国周刊》（2007 年年初改名为《新闻周刊》）。

这两个节目从 2003 年的时候开播开始接近成熟，但是，在 2004 年的时候还在继续进行着很多探索。比如说，在 2004 年的时候，《新闻会客厅》已经开始尝试着做"决策者说"，其实就是想探索如何让更多更高的官员能够进入到这个"会客厅"里来跟民众进行交流。那是我们最初的尝试，包括《中国周刊》，也开始相对成熟起来了。

所以，要说具体的哪一期节目那一年印象不是特别深，但是在努力让这两个栏目变得成熟一些，我觉得是比较有价值的。

2005 年

2005 年最重要的是"岩松看台湾"。因为它开启了后面"看"系列的先河。

当年我们《时空连线》这个栏目是整个大陆媒体跟台湾媒体第一次进行合作的栏目。在 2002 年时华航有一起空难，我们也是撞着撞着居然撞成了，直接连线台湾的东森台，然后就把这事给做成了，并报道了这起空难。后来正好赶上 2005 年的"破冰之旅"，连战访问大陆。当时我们就觉得，居然连战来了，"破冰"了，海峡两岸跟过去不一样了，我们能不能去做一下"岩松看台湾"啊？

结果就在连战来访的两三个多月之后，我们就成行了。

那是大陆媒体第一次全方位地、不带太多的意识形态的概念去拍摄台湾。而且我们一下子在十天时间里采访了十个台湾最顶尖的人，包括连战、宋楚瑜、证严上人、余光中、侯孝贤、王永庆、柏杨，等等。大家可以想象，一看这些名字就可以知道这个收成是巨大的。同时我们又拍了十几集专题，包括诚品书店、台湾的义工，等等。台北"故宫"博物院也是第一次向大陆媒体的摄像机开放，后来，中央电视台拍《故宫》纪录片时，台北"故宫"博物院都没让拍。所以，我们的那一次是唯一的一次。

后来又正好赶上台风"海棠"，我们在那儿又直播了好多场台风"海棠"，所以在那儿一共待了11天。我觉得"岩松看台湾"开了一个先河吧。这是2005年应当来说最重要的。

2006 年

2006年印象最深的是我第一次去做世界杯，去德国做世界杯，做了20多天的世界杯。

我觉得那也是像悉尼奥运会一样，是我职业生涯中非常愉快的一种经历。而且，在那次世界杯当中，我创建了一种新的专题片制作方式，悄悄地影响着我们周围的人群。这种专题片制作方式就是用现场采访和叙述完成所有的解说，回来一分钟解说都不配，这样的话就使我们专题片制作时间变得飞快。它建立了一种全新的制作专题片的方式，当然这一点对于现场主持人、记者的要求是非常高的，你现场立即观察完之后就能够把相关的描述录出来，不是转录，是你在描述，回去只要把语言组建起来，把画面一弄，这个专题片就成了。

要知道，我们在这种大赛制中，寻找如何更快速地制作专题片，跟上节目的需求是非常大的挑战，过去这种方法一直都在寻找之中，但是这个方法的创建我觉得是一个非常有趣的现象。后来，我把它用到了2012年伦敦奥运会我做刘翔的那期节目里，也是一句解说都没有，全是现场的叙述，所以就会很流畅。包括我去看男篮比赛，也都是用的这个方式。我希望这个东西能够慢慢影响越来越多的从业者，提高自己的能力，变成一种大赛型的专题片的制作模式，甚至包括一些大的新闻事件的制作模式。

在德国世界杯期间，我还用全新的语态去做每天30分钟的体育新闻，但是完全是用我的风格在做。这个非常放松的语态的改变我觉得很有意思。其实那一年印象不深的反而是《360°》的开播，伴随着世界杯，我觉得它就是一个过渡性的产品，没什么可谈的。

2007 年

2007年印象最深的是"岩松看日本"。

2005年在台湾的最后那个晚上，因为台风，哪儿也去不了。憋在酒店里头，大家在那儿聊天,说"看台湾"看样子成了。那咱们下一把"看"哪儿？当时我说,看日本啊！很多人特惊讶：看什么日本啊！为什么啊？因为2005年的中日关系正在最低谷。正是在那个时候,上海等很多地方都在游行,都在反日。我说,为什么看日本？因为新闻在那儿。

我说,这么多年,由于愤怒,或者其他的一些东西,遮蔽了我们的双眼。我们了解真实的日本什么样吗？如果你不了解它,将来你怎么去面对它？我觉得作为一个媒体你必须要打破这方面的一些东西,日本有很多值得你借鉴的东西,你也要研究日本到底在想什么？正在干什么？你将来怎么去面对它？否则,在不了解的情况下,我觉得不能用爱和恨来遮蔽双眼。所以,我当时提出的宗旨是,把爱恨先放一边,先去了解。那么正好,巧极了,当我们开始策划这个东西之后,安倍上台,他第一站就跑到北京来出访。当他到北京的时候,我就拿起电话给制片人刘爱民打过去说："看样子,我们可以去日本了。"结果就促成了2007年春天我们去"看日本"。

现在回头看,当时在日本拍摄的大量东西都很有价值。比如说我们拍的靖国神社,全方位地去了解靖国神社和日本的历史观；拍日本《读卖新闻》的老总,拍防震减灾,哪想到我们在日本拍了防震减灾之后,在汶川地震时再一次被发酵；我们拍的垃圾分类、环保、养老等很多问题,后来被媒体不断地转引。我们还采访了无数的日本的知名人物,也做了十几个知名人物、十几个专题,当时引起了巨大的反响。

所以,我觉得2005年和2007年,为"看"系列打下了两个最重要的点。于是,后来又有了2009年的"看美国",包括未来我们要去"看印度"、"看巴西"、"看欧盟",等等。

人生和职业的转折期

央视屏幕第一次出现了"评论员"这三个字

2003 年到 2008 年这一阶段，是我人生和职业的一个转折期。

首先，从我的角度说，辞掉了制片人，三个栏目也都给带上路了、做成熟了，一支大队伍也交给组织了，我抽身离开了。

但是，其实这个时候的新闻节目样态，对我自己来说，正处在从主持人到评论员之间的这条道路上。因为当时在 2003 年也开办了一档节目《央视论坛》，但不是我挑头弄的，我参与了，也号称评论节目。其实，我真正打上本台"评论员"这几个字是《央视论坛》2003 年 5 月 1 日那一天，也就是新闻频道开播的当天晚上。第一次在中央电视台的屏幕上出现了"评论员"这三个字。

现在回头去看，《央视论坛》只是一次有益的尝试。虽然当时是想开办一档纯粹的评论性栏目，但是，在新闻频道中，它的功能却相当于平面媒体的主题"时评"，显然不成熟。所以，光有新闻是不够的，光有专题也是不够的。那么，一个电视台能不能借鉴报纸的方式，也有自己的评论或社论这样的东西？

《央视论坛》在 2006 年停播了，但是它是一次有益的尝试。

为什么不成功呢？主题先行，话题不够新闻性，环境也不相对宽松。因此，我做了一两年的时间，自己就慢慢淡出了，也就不愿意做了。

过渡期：旧的没去，新的没来

2006 年开始，我去做了《360°》，晚上八点，也是所谓一个黄金时段，我和水均益轮流做总主持人。其实《360°》跟现在的《东方时空》是一样的，但是对我来说，它已经不太过瘾了。因为这个时候我更多地扮演了主播加适当评论的角色。但是由于做任何一个东西，仅有一个人是不够的，必须与周围的环境、新闻的制作方式、周围人一致的制作理念结合，才能共同去做成。

我觉得那个时候，大家还是想把《360°》做成一个新闻资讯节目，就是一个评论部做的资讯节目，跟其他的节目有区别，但是区别不太大。所以，我觉得这是个过渡期，首先是自己的职业定位处在过渡期，其次是自己的心态也处在过渡期。

这段时间，也不都是我自己挑头做东西，因为我辞掉了制片人。我的想法是要把机会让给新上手的我过去的部下，我一走，一下子提拔了三个制片人。如果我总在那里晃，会给他们相当大的压力。因为毕竟是我开的山头，所以，我基本保持距离感，是为了让他们成长。因此，我去做跟他们没关系的节目，一个是《央视论坛》，再一个是《360°》。

所以，这几种因素搅拌在一起，我觉得是过渡期：旧的没去，新的没来，也不是自己主导，大的新闻环境也处在一个相对"平台期"。

真正的主持人中心制
是内容中心制

在电视节目的制作过程中，如果你有足够的内容设置能力，你还是中心，你还是管理者，只不过不是吃喝拉撒睡的管理者。从某种角度来说，这三个栏目的管理者都是我提拔上来的。在我辞掉制片人以后，我当然把权力都交给他们了。

《新闻1+1》开播，一上来就确定我不是制片人，可是节目是我研发的，我带领我这帮人研发的。到底国外说的主持人中心制是什么？

内容中心制

我们中国把它理解错了，认为主持人中心制就是，当一个主持人达到一定的水准之后，就让主持人成为制片人，这是主持人行政中心制。我觉得，真正的主持人中心制是内容中心制，我只要决定内容，我不去想那些吃喝拉撒睡的事情。所以，我觉得我要走出这条路来。

在《新闻1+1》和《新闻周刊》，我相信我想要确定的内容，还是能够确定的，虽然我不会是那种专制的人，但是他们都明白，当我哪天一定要做这个节目的时候，肯定是要按照我说的来做的，包括"'十八大'观察"、"新常委们的十五天"等。

《新闻1+1》的"'十八大'观察"特别节目在北京大学电视研究中心被评为"年度致以掌声电视节目"，与《舌尖上的中国》

白岩松在节目中用四个"平"字来评论新常委们十五天来的工作（视频截图，源自 CNTV）

等并列。理由是"报道党代会的创新语态"。

11月8日，第一天，我在仔细听完总书记的报告，和认真研读之后，我把"民"确定为当晚"'十八大'观察"的"关键词"。就是人民的"民"，民生的"民"，民主的"民"，民意的"民"。当时身边的领导和同事都有些担心，建议改用"五位一体"或"魅力中国"。我说，那就不是《新闻1+1》了。就用"民"。

11月29日，"新常委们的十五天"。我用了四个"平"字来评论新常委们半个多月来的工作，直接说"用习近平的'平'字"：

> 第一个是平常的声调。没有去拔高，就像平常说话一样，这是第一个"平"。
>
> 第二个是平实的语言。当时我的一位中央人民广播电台的同事说过这样一句话："习近平的这番讲话可是一个特别好的广播稿的典范，因为口语化。"这里稍微有个别人需要查字典的只有一个词就是"夙夜在公"，也就是时时刻刻都想着公事。剩下的全是老百姓的语言，因此是平实的语言。
>
> 第三个是平实的工作作风。透过李克强副总理参加会议的时候，打断别人念稿的那种汇报方式，以后恐怕其他领导得习惯，不能总念稿了。另外，在参加艾滋病防治座谈会的时候，宁可让官员等着，也要跟民间很多防治艾滋病的积极人士更多地座谈。
>
> 第四个是给了大家一种不同平常的感受，那是改文风、改会风。

接下来，新常委二十天的活动，我们的节目也进行了评论。

这样直接评论新常委的节目，而且是这样放松、这样个人化的评论，在过去的中国内地电视屏幕上是从来没有过的。

我们是第一个做"新常委们十五天"的，当时从上到下全懵了，媒体也懵了。《人民日报》的官方微博是第一个转载我们节目的，刚播完没多久就转载了。

别人会问，我就说这东西就是我定的。别人会想到这吗？不会啊！如果有问题，就找我。当然，后来不是问题。

这种自信我还是有的，并不需要主持人行政中心制，而是要走出主持人内容中心制的这条路。

主动要走这条路

真正的主持人中心制是内容中心制。而且，我的经历也诠释了这个说法。

我是主动要走这条路，从被迫尝试主持人行政中心制，到发现它其实会有很多不好的影响，比如，它会影响你做节目的自主、独立，这就是我说的那种困惑。但是，当我一辞掉之后，就又相对独立了。很奇怪，辞掉制片人后一路上都在得奖，我当制片人那两年是得奖最少的。当我不当制片人了，其实外界并不知道，不到一年时间，又开始得各种奖了，所以这是一个很好玩的事情。

足球对我来说就是新闻事件

《新闻1+1》的编导刘楠说，岩松酷爱足球，遇到"中国足球打黑"、"审判足球官员"的新闻，《新闻1+1》的节目是绝不会漏过的。他会一遍又一遍，表达他的愤怒。

当然，白岩松也是一个全方位的球迷。所谓"全方位"，指的是他不光自己踢了二十多年球，也看了二十多年球，而且每当有重大足球比赛，他还经常有机会发表自己的评论，尤其是2002年的世界杯期间，还与刘建宏、黄健翔共同制造红白黄三色的《三味聊斋》。

一时间，我们几乎可以在各种类型的节目看到白岩松，包括春晚。那么，主持人是否有边界？白岩松说："我的边界就是新闻和人，足球对我来说就是新闻事件，奥运也一样。"

世界杯期间，足球就是最大的新闻

你说中国唯一一次进入世界杯，这是多大的新闻事件啊！

2001年三件大事，我基本都参与了：加入世贸组织，我做的直播；申奥成功，我做的直播；那足球，我也做了好多节目。对我来说，这都是新闻事件。可是很奇怪，因为大家不会把加入世贸组织称为经济事件，如果要是称为经济事件的话，可能又会聊白岩松又涉足经济事件了。不对。对于我来说，新闻可能在各种领域里头发生，但是当它足够大的时候，你就要关注。所以，只不过那一次是中国一百多年来唯一一次进入世界杯嘛。那是新闻事件。

2006 年，参与报道德国世界杯

特奇怪，你比如说，莫言获得诺贝尔文学奖，我们关注莫言，那是不是白岩松怎么涉足文学了？不会。所以，我想都没想，关键看这些问题是不是新闻事件，是，就关注它。发生在哪个领域，那是另外一回事。

因为大家潜意识里把它当做一个与新闻无关的独立领域，可是别忘了，每当四年一次的奥运会时，它就是那 20 天里最大的新闻。

近百年来，中国唯一一次进世界杯的时候，它就是最大的新闻。它跟发生在哪个领域无关，体育不是与新闻完全无关的另外一个领域，当它这里的某些重大事件发生的时候，同样是大新闻。阿姆斯特朗服用禁药的问题，你认为是体育事件还是新闻事件？全世界的媒体都关注，而且不只是在体育栏目里关注。

所以，我的边界做得很明确，我一直都在做新闻。

说到春晚主持。那是因为我要承担那两年春晚里面的新闻版块，比如，汶川地震、雨雪冰冻灾情、建国六十周年等。

我也是被迫的。我连着找了两个台长，要求坚决不干，后来才终于推开了。

今年（指 2013 蛇年）春晚还找我，当然是开篇的节目，我也推掉了。我早就说过，我不适合春晚，我也不会给春晚带来什么东西。可能别人会喜欢上春晚，但我不喜欢，那不是我的菜。但

是你毕竟是台里的一个职员，当台里需要你做的时候，那你怎么办？你就只能做，哪怕你认为是一种折磨，也要被折磨。所以被折磨了两年。

我的边界就是新闻和人

我跟自己确定的边界是新闻和人。我这么多年，从来没有变过。

奥运会难道说不是大的新闻事件？那是全覆盖的新闻事件。而且奥运会也是一种推动力，我有机会进入到奥运会里面，我就能够有机会改变开幕式和闭幕式的语态，由散文化的向新闻化的方向改变，那你就是一次推动。2012年是有史以来第一次开闭幕式跟以往不一样的，而且你做了，就逼迫原来的模式也要发生改变，多好啊。

这种模式开始于亚运会，是白话版。它跟正版的区别在于我是新闻化的，原来是散文化的。很简单，"十月的广州，流光溢彩"，就是散文化的。

谈到白岩松在广州亚运会和伦敦奥运会的"白话版"解说，张泉灵这样评价道："我觉得这是带有他的极其典型的风格和特色的（表达）。"

张泉灵说："我们有一套官方习惯的表达模式，其实岩松一直希望回到更有信息量而不是更饱满情绪的、更有个人的观察和视角的、更接触到细节的（表达模式）。我觉得他在回到这种更新闻的、更本真的表达方式。所以我觉得这个是非常典型的他的表达，会跟任何人都不一样的，跟传统的语言模式也不一样的。"

"另外，作为新闻节目主持人，我们非常清楚的一点就是，其实你在生活里是什么样的人，你在节目上就是什么样的人。你能演一次，但是你不能演一辈子。所以，你能在节目里看出你是什么样的人。所以岩松在所有的采访类节目中，他在跟被采访对象交流的过程中，你能看到属于他性格的那种关切、表达。比如，大家可以看看2008年地震后央视做的《爱的奉献》赈灾晚会，他是怎么面对这些采访对象的？哪些是一个主持人在提问？哪些明显是岩松和一个小妹妹或者他敬重的大哥的人际交流？我觉得这是年轻主持人很难拿捏的一个分寸。年轻主持人，他把自己身体里主持人的身份拿得太重了，他一旦要表现人文关怀，他就会变成一个演员，他不是从骨子里透出来的人际之间的交流，而是角色之间的交流。"

2010 年 11 月 18 日，《南方周末》第 1396 期专门报道了白岩松在广州亚运会上的这次"编外"直播。白岩松在接受采访时说："我在开幕式直播解说前就想好了，一场两个半小时的开幕式，大家想听什么我就说什么，提供资讯给他们。我还特别提醒自己，该说话的时候说，不该说的时候坚决不说。我当了多年大型开幕式的观众，过去的开幕式直播里，在节目进行当中，主持人还在喋喋不休，电视机前的观众经常听不到完整的歌。我就想不管台上唱的歌好还是不好，你起码让大家听得完整，把我当观众时候的种种期待放到开幕式里头，避免以往的那种抱怨和尴尬。解决好这两个问题就行了。"

11 月 15 日下午，中央电视台领导班子会决定，对白岩松的亚运会开幕式的解说给予通报表扬，理由是他的解说改变了以往国家重大活动中的语态表达。16 日上午，孙玉胜把这个消息转告给了白岩松。

白岩松说："高层领导对亚运会开幕式解说的肯定，恰恰证明了一点，有的时候可能阻力来自新闻工作者自己，来自我们自己的内心。我们其实应该去做我们该做的事情。"对外界的赞美和高层肯定，白岩松把功劳归结于新闻频道整个团队。

《南方周末》第 1396 期还专门登载了广州亚运会开幕式有两个完全不同的版本，即"文言"版和"白话"版。下面是两个版本的开场阶段：

【白话版】

2010 年 11 月 12 日，中国广州，这里是中央电视台新闻频道为您现场直播的第 16 届广州亚运会开幕式的实况。

我们今天将用 5 个时间的维度去关注这个开幕式。第一个是 2000 年，广州这座城市的建城历史是 2 224 年，它将怎样浓缩在这个开幕式里面？第二个是 200 年，今天是在室外举办的开幕式，承载这个室外舞台的是海心沙岛，它是被珠江水冲积 200 年形成的。第三个时间是 20 年，中国人的记忆当中，从 1990 年的北京亚运会到 2010 年的广州亚运会，走过了 20 年的道路，这 20 年我们在变，中国在变。第四个是 2 年，从 2008 年的北京奥运会到 2010 年的广州亚运会，总导演就是当初北京奥运会的副总导演。

开幕式会带来什么样的创意？最后一个时间段是 2 个多小时，那就是 8 点将要开始的开幕式了。

在北京奥运会以及多哈亚运会已经形成精彩的印象之后，它究竟会有哪些独特？会否在 2 个多小时之后，这精彩的瞬间就成为我们记忆的开始？在这 5 个时间维度当中，我们走进广州，走进这座重新会给大家带来新的亚运记忆的城市。

【文言版】

中央电视台！中央电视台！各位观众，欢迎回到第 16 届亚运会开幕式的直播现场。刚才为您转播的是第 16 届亚运会的开幕式序曲——珠江巡游，稍后，我们将在广州海心沙岛为您现场直播开幕式的仪式和文艺演出的盛况。夜色下的广州，华灯初上，交相辉映，璀璨耀眼的灯火闪亮了一座城市最清澈的眼眸。夜色下的广州，楼宇林立，相互映衬，高高耸立的楼群绚烂了一座城市最自豪的表情。夜色下的广州，珠水如镜，穿城而过，奔流入海的江水打开了一座城市最包容的胸怀。夜色下的广州，大桥跨江，沟通两岸，坚实稳重的桥身挺拔了一座城市最坚硬的脊梁。这是一个值得纪念的夜晚——从今晚开始，欢腾的广州将向亚洲人民献上一场"激情盛会"。这是一个值得珍藏的时刻——从现在开始，发展的中国要把"和谐亚洲"的讯息向世界传递。此时的海心沙岛，盛满了欢乐与祥和，再过一会儿，亚洲 45 个国家和地区将在这个美丽的小岛上实现团聚，共叙友谊。此时的中华大地，承载了激情与梦想，未来的 16 天里，亚运健儿将在这片生机盎然的土地上拼搏努力，同创奇迹和辉煌。2010，广州欢迎你。

2010，中国欢迎你。

伦敦奥运会的"绯闻"

2012 年 7 月 27 日晚上（伦敦当地时间），伦敦奥运会开幕式在"伦敦碗"

盛大启幕。白岩松在继 2010 年广州亚运会后再次以新闻视角解读奥运。

当晚，当日本运动员入场的时候，白岩松既没有介绍日本这个国家，也没有介绍他们本次奥运会的参赛情况，而是淡淡地说了句："1948 年伦敦奥运会时，有两个国家被拒绝参加奥运会，一个是德国，另一个就是日本！"

这句话在微博上引起了网友的大量吐槽，有人支持，有人批评，也有人认为：公开地，我会批评你的狭隘，在奥运会，你就不要提阶级仇、民族恨了。

之后，在越南、菲律宾运动员入场时，他依然没有出声。白岩松霸气又不失搞笑的吐槽在网络上引发了一阵热捧，网友大呼："老白的吐槽很犀利啊，你绝对听不出老白是吐槽，越南、菲律宾走过的时候老白装睡不吭声太霸气了。"

我该说什么呢？本来两百来个运动队，我就有大比例地可以不说，因为占时间很短。那我不想说，又不能直接去挤对人家，沉默是一种挺好的选择，何况，沉默的时间又不长。

其实我没想那么多，因为毕竟是我在做开幕式，我有我的选择，建立在我的新闻客观立场上。原本没有黄岩岛事件，菲律宾进来，我有可能不说。因为的确它只占几秒时间，可能我要准备介绍下一个运动队。因为有二百多个代表团，我只能说三四十个，就差不多了，因为大部分是没什么可说的。只不过，这一次遇到菲律宾的黄岩岛事件和日本的钓鱼岛事件，大家会以为，哎呀，白岩松这段时间沉默了。

当然，这次我做奥运报道跟以往不同。以前我做奥运会报道的时候，我是完全进入到五套的系统中，等于被"借"走，比如2000 年的悉尼奥运会、2008 年的北京奥运会。但是，也不存在"借"这个概念，因为本来就是台里的人。那两次我是在五套的大系统中。这次是有意识地尝试一下没有去五套系统里，我独立在新闻频道里做，这是不一样的。我就是一个系统，但是在五套我要服务一个大系统。

在新闻频道里，我就有独立的空间，我有我的《奥运 1+1》，我有我的开闭幕式。我可以更独立地发出自己的声音和观察，所以这也是一种尝试。等到巴西奥运会的时候，非常有可能我又回到大系统当中，为全台服务。不一样，都要尝试。

我觉得这一次有意识尝试一下这个独立系统，很有价值。

影响力下降
是进步的标志

白岩松在接受媒体采访时，曾说自己是一名"电视栏目研发人员"。在《幸福了吗？》中也说："总见新人笑，不见旧人哭……不断有新栏目诞生，也不断有旧栏目消失，只是后者常常被人忽视。"那么，为什么曾经红极一时的《东方时空》、《焦点访谈》忽然间没有了高收视率呢？再比如《新闻会客厅》、《360°》后来为什么停播了呢？

舆论监督不再是垄断

因为《东方时空》现在还在，但是跟过去的节目不是一回事，《焦点访谈》现在也还在。我觉得，影响力下降是进步的标志。因为过去的《焦点访谈》之所以拥有巨大的影响力，是因为它垄断了舆论监督，当然也就可以拥有巨大的影响力。

但是，后来由于舆论环境和整个社会各方面错综复杂的关系，使《焦点访谈》做舆论监督越来越艰难。最惨的时候一年 365 天才做了不到六十期舆论监督，那它的影响力自然就下降了。那是它自身在舆论监督方面没有上升的势头，反而是下降的势头。当然这不是栏目本身的问题，而是新闻管制，加上周围各个部委的公关和斡旋。

其次，之所以我觉得它是进步的标志，因为舆论监督不再是哪个栏目垄断的东西了。各地报纸、互联网，包括各地的广播电视栏目，大家舆论监督的属性都在，连《新闻联播》偶尔都会有舆论监督的东西，那么《焦点访谈》的优势也就被淡化了。所以，我觉得从这个角度去看，这种影响力的下降是再自然不过的东西了。

我不认为《焦点访谈》还能回到鼎盛的时期，除非它真正开始一如既往地去做舆论监督的节目。如果不打破垄断，它就不可能恢复到一个比较黄金的时期。因为节目的播出时段和人们的重视程度还在这呢，更何况选题要变呢。如果你过去打的是苍蝇，那么现在你是不是可以经常拍拍老虎？你是不是可以从体制、机制、民主、自由，乃至整个国家需要的一些新的大的方向上的东西去进行舆论监督和推进？那你当然还能有更大的影响力，但是我觉得现在很难。

最重要的是新闻内核

至于《360°》那样的东西，在我看来，因为中国很多是这样，决策者的改变就会带来节目的改变，一朝天子一朝臣，这背后错综复杂，没必要说。就是这种理念，因为新闻中心在那几年经历了变动，领导层在换，台长都在换，自然会有这种节目的变化，因此像一朝天子一朝臣这样变化的节目，一定是在出发的时候就想得不清楚。

回头去看，《360°》在出发的时候就谈不上清晰，再加上后来新领导又来了，就把它废掉了，把《东方时空》恢复了。其实内核都基本差不多，在我看来，不管你叫《东方时空》还是《360°》，你只要把内核做好了，都没问题。

也谈《中国好声音》

我觉得《中国好声音》不能叫栏目，这是一个完全新的概念。它其实是个电视行动，或者叫电视特别节目。它借鉴的是美国电视剧季播的这种理念，因此我从来没有把它当成电视栏目现象，而是一个电视现象。

我觉得，如果从电视现象来看，它毫无疑问是成功的，它迎合了当前这个时代下人们新的需求，比如说，最初选秀节目我就是支持者，而不是反对者，但是选秀节目自己走了两年就进入了瓶颈期。那么，《中国好声音》很重要的一点，就在于它的几个"真"：真的声音、真唱、真的情感，另外真有实力的评委，对吧？《中国好声音》如果没有这四个真有实力的评委去做点评，那么它的影响力会小一大半。另外，真用心的制作，你能看出它的投入是巨大的。过去电视有一个惯性，就是尽可能地小投入，换大产出。我觉得到了现在，你蒙观众蒙不过去了。你是真做得好，是精良的，是大制作的，就会得到观众的认可，否则你和互联网拼什么呢？

所以，我觉得《中国好声音》是这几个"真"加在一起，迎合观众的真需求。

新闻的内核
必须是严肃的

2005 年，《三联生活周刊》的记者曾对白岩松进行过专访，在被问及如何理解选秀节目的火爆时，白岩松支持"超女"的存在，并强调现在的电视节目不是太娱乐，而是"严肃的不够严肃，娱乐的不够娱乐"，白岩松说，今年的电视、娱乐出现了很多争议，各种声音比较多。你说过去是不是太正经了，我非常不同意，我们还远远没达到该正经的地步，严肃的不够严肃。你们说白岩松不爱笑，我们的新闻节目太严肃。

美国真正严肃的节目比我们严肃多了，50 岁以下的人都不会去当新闻节目的主持人，现在 ABC《夜线》的主持人替补都 50 多岁。去年大卫·莱特曼要跳槽，当时 ABC 要挖最火的脱口秀节目主持人去顶替《夜线》节目，要把《夜线》节目调到黄金时段，但《夜线》不干，它说我们的观众在这里，深夜 23点半，大卫听说挖他去顶替《夜线》，要赶走《夜线》的时候说，那是我尊敬的节目，我绝不会干这样的事情，要是以《夜线》为条件的话，我拒绝。因此最后没谈成。我说我们是娱乐的不够娱乐，比如说，娱乐，经常要为教师办台晚会，为警察办台晚会，一定要在每一个小品每一个故事里头，让大家欢笑的过程中，都要承载某种意义，可是，严肃呢？我们很多严肃的节目又要承载很多收视率的因素。我特别害怕这样说被误解。我希望严肃的严肃起来，娱乐的真正娱乐起来。

时隔七八年之后，白岩松依然认为，新闻的内核必须是严肃的，一百年之后还是这样。

新闻的内核必须是严肃的，这一点不管放在哪儿？也不论你是谁？你跟我说你多么新人类，你如果想要颠覆这个东西，滚蛋！而且我相信，一百年之后还是这样。新闻最核心的东西必须是严肃的，它指的是你必须是真实的，你必须保有一定的客观性。

这两条就决定你必须要严肃地看待它。

新闻语态鲜活化

但是，如何把新闻以讲故事的方式传递到受众？或者从读者的角度应采用什么样的方式来传递？那我觉得不必板着新闻严肃的面孔去传递吧。

在传递方面应该有更多的新方式，甚至可以借鉴娱乐的因素。虽然我始终对新闻娱乐化持一定的怀疑态度，但是，从语态方面，我是坚决的新闻语态鲜活化的支持者，我从来讨厌刻板的新闻语态。这可以从前段时间《新闻1+1》的"'十八大'观察"特别节目看到，我们创新了报道党代会的新闻语态。我为什么要变革啊？就是因为厌倦了那种散文化的新闻语态，有时候我们开玩笑说简直是散文联播，哪是新闻联播？什么阳春三月、乍暖还寒，等等。

对"严肃"的侮辱

我是坚决讨厌这些东西过于严肃化的。其实，用这个词，都是对"严肃"的侮辱，这不能叫"严肃"，我觉得可以叫刻板、空话、套话，类似这样的东西。不要去玷污"严肃"这个词。

但是，另一方面，新闻的内核，本身必须是严肃的。因此现在这个社会，最可怕的东西就是我们会有一些人，甚至包括我们业务行当里面的人，也因为厌倦它表现形式有时候的刻板，或者说不够鲜活或怎么样，他甚至敢于推翻新闻内核的严肃，这是两回事。

如何保有新闻内核最严肃的东西，同时改变传播方式过于刻板的局面，这是我们要做的。我们可千万别往外倒污水的时候，把孩子一起倒出去了。我觉得目前中国很多事情其实都是如此，大家都是在泼着污水的时候，把孩子一起倒出去了。

为什么你会记住我的严肃呢？

伦敦奥运会期间，《新闻1+1》改成了《奥运1+1》。正如现代奥林匹克之父顾拜旦所说，奥运重要的不是取胜而是参与，人生重要的不是凯旋而是战斗。白岩松说，《奥运1+1》是以参与者的热情、战斗的节奏，去轻松地享受伦敦奥运。当然，看奥运的心态可以很轻松，但奥运留给我们的记忆与触动却并不一定都轻松。

说是轻松，其实我们的内核甚至更尖锐，甚至更严肃地思考了很多东西。有很多人说，奥运思考什么？不，这里有很多很多的思考。

但是，你用大家更喜闻乐见的方式传递出去，比如说平行逻辑的概念。在《奥运1+1》和"'十八大'观察"中我就在尝试使用平行逻辑结构，结果收视率就反馈给你了。新闻内核和表现方式是两回事。

就像有好多人说，白岩松特严肃。我说，你在犯一个错误，我的脸是特严肃的，因为我很少笑。可是，为什么你会记住我的严肃呢？是因为我从来不用严肃的方式去传递严肃的内容，因此，我的严肃才被你记住了。如果我要用严肃的方式传递严肃的内容，你早换台了，你根本记不住我的严肃或者大家所说的深刻。大家一想，是这样。我说你听我讲话，什么时候枯燥过？这是两回事。

在美国，最核心的新闻人都要强调两个概念：故事和人。

也有人却认为，新闻只是了解事实和背后的原因。谁说的？那么是不是美国的新闻理念就全部都要推翻？为什么美国所有的新闻记者最开始做实习记者时，都要从跑两辆车开始？一个是救火车，一个是救护车。为什么？因为他们认为这两辆车，永远跟人、跟生命紧密相关，而这是新闻内核中最重要的东西。当然，老派的美国新闻人现在也都在感慨，美国的世风不在了。因为现在在培养年轻的新闻人时，都不跑这两辆车了。

在中国，有个很糟糕的逻辑，就是非A即B，非黑即白，非

对即错。谁说的？新闻到现在为止，都是一个没有学位的行当。我拿的是法学学士学位。现在的新闻人要不拿法学学士学位，要不就拿文学学士学位，没有一个人拿新闻学学士学位。为什么？因为新闻学是一个不断变动的学科，它永远要跟着时代去前行，它的理念不断地在变化。

我是一个学新闻的人，科班出身。那么，我也不认为，我二十多年前学的东西，我今天还需要坚持。有很多东西我今天都要主动地去放弃。比如说，我们那个时候讲，报纸画版是不许画通栏的。可是从《中华工商时报》的版式革命开始，不画通栏是落后的。所以，关于新闻理念，最核心的我已经说了，需要严肃。另一方面，需要适当客观；从表达的角度说，要关注人，学会讲故事。

华莱士难道不是新闻人嘛？否则；他怎么会在退休时说，很高兴，我给美国人讲了一辈子故事。

我就是要做一个
长跑的人

我二十年以来的前行理念：要做一个长跑的人。

2005 年，我在李长春面前做过一次演讲，叫做《在长跑的路上》。后来领导可能觉得不错吧，让我把演讲稿登在了（11月 11 日）《中国新闻出版报》上。我说：

好的新闻往往是长跑的结果，而一个从业者，从入门到优秀，更是一个寂寞的长跑过程，除此，没有捷径。

今年，我和同事有幸介入两件大事的报道之中，一是海峡两岸的密切走动，从春节直航包机到连宋大陆行，再到《岩松看台湾》成为大陆第一次对台湾的大规模电视报道，直至前不久的《两岸看神舟》。第二就是"神舟"六号的发射，这两件大事从准备到介入再到报道，无一不是长跑的结果。

从春节直航包机开始，我们《东方时空》栏目就开始大规模地和东森电视台合作，很多人问我们：这次合作是如何完成的？其实，没有临时抱佛脚的合作，我们之间的走动，来自于三年前的"华航空难"报道，完成首次两岸演播室的对接，被《亚洲周刊》称为"三通未通而媒体先通"。之后，我们没有因为事件结束而停止沟通与合作，也因此有了今年春节直航包机的合作。这次合作也得到从中央领导到普通观众的欢迎与认可，并在台湾岛内引起巨大反响。在这个基础上，我们开始酝酿去台湾采访拍摄，没想到幸运的是，由于大陆的诚意，连战与宋楚瑜接连来到大陆，我们又迅速完成与东森电视台的合作，两岸共同报道。这之后，等到我们摄制组到达台湾，拍摄《岩松看台湾》时，天时地利人和，拥有了最好的时机。在离别的头一个晚上，我们又大胆地提出"神舟"六号合作问题，最后在各方的支持下，顺利完成了《两岸看神舟》报道，成为台湾岛内看"神六"的首选。

您看，就像一次漫长的接力比赛，一棒又一棒地向下传导，才有了更加有效的合作。如果不是用长跑的心态去面对每一次合作，或许，好的创意就夭折了。

在我们"神舟"报道组中，有的人是从"神舟"一号就开始了采访，有的人从"神舟"二号开始，而我是从三年前的"神舟"三号，以后的四次飞行我都介入其中。从最初的扫盲，请专家讲课，到之后走进航天城和酒泉卫星发射中心，再到与一个又一个系统的老总变成朋友，甚至都和航天城的工作人员踢过一场足球比赛，也因此在这样的过程中，关于"神舟"的点点滴滴被我们熟悉，正是这种不间断地准备与积累，才使我们在直播报道中敢于面对各种变化与挑战。"神舟"五号返回时，突然开始的直播一下子就持续了近19个小时，并在过程中采访了七大系统的老总，很难相信，如果不是之前的积累，这直播怎么做？而这次"神六"更是如此，五天的飞行，持续时间长，变化多，又不能简单地重复，这时候，之前的寂寞长跑就显现出优势来，很难想象，像百米一样的奔跑，怎样去应对漫长的路程。

……

很奇怪，其实过去我是玩短跑的。我在广院玩的全是短跑，包括踢球，我踢前锋。可是，我做新闻，一直抱着长跑的观念。我发现当你是长跑的时候，你就不要在意谁领先。不为别人的忽快忽慢而受干扰，不争一时的第一。

你研究奥运会的长跑比赛，比如，万米比赛，最后获冠军的并不是一开始就领先的那个人。轮流有人领先，但是，最后获冠军的人都是从头到尾在第一方阵里的人。他很少领先，但是最后他是冠军。为什么？在这样一个过程中，这个圈你第一，下个圈他第一，都风光了一小圈。但是过后不久有的退赛了，有的受伤了，有的被落到后面去了。然而，那些有韧性的，始终在第一方阵的，最后成为最终的赢家。我一直认可或者约束自己的就是去实践长跑之路。

举一个例子，2012年八、九月份在做《新闻1+1》时，当时有那么一段时间是这样的，只要你的选题是日本或者钓鱼岛，收视率就翻番。本台很多栏目都在做，但是我一直是有克制地在做。我不止一次，起码三次到四次明确规定不许再做了，你给我隔出十天再做。这就是简单的一个情绪化的东西，围绕着日本，围绕着钓鱼岛没有那么多新闻。但是，你依然可以天天骂，解决问题吗？

我在最关键的几个点上都做了节目，但是不允许我的栏目的另一种迎合。我坚决制止，而且的确在制止完之后，我们的收视率回到比较正常的范围内。那组里有很多人会觉得，只要做日本就翻番，我说坚决不可以，因为它败坏了节目的品质。你在跟随，你在迎合，你是明明知道这里没有核心的新闻了，就是玩情绪。

同样的话题，你看有很多栏目，一直在做。尤其是跟钓鱼岛类似这样的事情，连做两个月。其实是同样的话题换着嘉宾聊，因为收视率高啊，老百姓一骂日本就解气啊。那我们媒体会成为什么啊？

《新闻周刊》：卖选择

《中国周刊》2003 年 5 月 3 日开播,2007 年年初开始更名为《新闻周刊》。在 45 分钟的时间里，整理一周内国内最重要的新闻、最关注的人物。对一周新闻进行回顾的《中国周刊》，不仅仅要告诉观众过去的七天都发生了哪些新闻，更希望和观众一起，站在七天的高度，用七天的视点，来看待过去一周的新闻。

在信息同质化的今天，如何做出"异质化"的内容来呢？

我们卖选择

在信息同质化的今天，你如果更加勤奋，拥有更独立的思考，你的天地和优势就更大。

进入互联网时代，我获得资讯的空间不仅没有减少，反而是增长的，虽然我和互联网是保有一定距离的。为什么？因为在获取资讯已经非常容易的时候，获取有质感的表达和对这个东西的整合，就变成了一个新的更大的需求。

过去我们的需求是知道，现在知道已经是非常容易的事了。现在重要的是，这人怎么说，他有什么新角度。可是在十年前，我们就开始朝这个方向走了。我们的《新闻周刊》就不卖新闻源头，不卖新闻速度，而是卖新闻角度和思考的速度。因此，我们本来就卖选择。我们卖我们的选择，卖我们对这个事情的选择。

现在，新的独家新闻时代已经不再是独家占有，而是独特的表达，快速时间所能到达的深度和独家的角度，共同构成的新独家新闻时代。

所以，《新闻周刊》到现在依然是生命力旺盛的一个栏目。其实你回头去看，我觉得《新闻周刊》的内核，更具有互联网时代的某些属性，比如，碎片化，卖选择，不拼速度，而是拼我对这个事情的角度和看法，然后更有水准的制作。所以《新闻周刊》随时可以"切割"。

现在来看，《新闻周刊》的确具有前瞻性。你看，它在互联网上的可传播性也很强。它不是完整的、沉重的，需要哪块都可以切割出来，而且它本身拼的不是我独家拥有资讯。我一上来就知道这资讯你们都是知道的，我卖给你的是选择，卖给你的是整合。

最遗憾的是《中国周刊》的改名

《新闻周刊》开播也十年多了，这十年中，我觉得《新闻周刊》很难说印象最深的东西，因为它就是七天一页的中国历史。我觉得我最遗憾的事情是《中国周刊》的名字改成了《新闻周刊》，因为它的个性不清晰了。当时叫《中国周刊》就很棒，我们头两三年在新闻频道平均收视率第一。

但是改成《新闻周刊》后，我们依然是整个新闻频道在全部节目的评价中排名老二，而且是全台的前十名。那么我觉得，这是它岁月累积下来的质感。因此，我非常遗憾它的名字被改变，因为一个有个性和凸显出来的名字对一个栏目非常重要。

但是《新闻周刊》显然不如《中国周刊》，后来有一天我突然看到市场上冒出来一本杂志叫做《中国周刊》，我特郁闷。我们改名是因为"被改名"，按当时上级部门规定，所有带"中国"两个字的名字都要"被改名"。可是在中国，什么都一窝蜂，该改的没改，不该改的改了。现在还不到处都是"中国"？

我们当然叫《中国周刊》，因为礼拜日播出的是《世界周刊》，让我们叫《新闻周刊》多搞笑啊！新闻里头难道不包括世界吗？

理论上我们也可以做世界啊，但是我们自己也自觉自愿地只做《中国周刊》。我觉得印象比较深的还不是所谓它的独家，而是某个新闻在当周播出的时候本身并没有产生很大的影响力，但当《中国周刊》又做了这条已经不新鲜的新闻时，由于有了新的角度和新的表达，让所触碰到的那些行业或者部委或者人，产生了更大的反映。那我觉得这就是一件有趣的事情。

《新闻周刊》的另一种价值

当然，不是所有新闻在新闻本身就有那么大的影响或者说压力，但是当你通过这个新闻看到另外的东西、有了新的角度，它就会对希望被改变的事情产生推动力或者压力。在《新闻周刊》的历史中，有很多这样的事情。

在中国的电视界中，人员这么相对稳定，而且持续了十年，品质不仅没降，还一直保持在非常高的水准上，这样的栏目还几乎没有。所以，我觉得这可能是《新闻周刊》的另一种价值吧。

不过，自打做《新闻周刊》以来，每个周五我是不可以离开北京的。这十年，连这几期都算上了（指2013年一、二月份的几期节目），也就是十来期没主持，原来一个手的手指头就能数过来。但是，这一个半月是我有意识地在保持一定的距离。

有时候保有一定距离，可能看得更清楚。

"我要保持一定距离，让他们自由地生长"

《新闻周刊》的制片人王力军曾说："《新闻周刊》可以说是为白岩松量身定做的，有着白岩松鲜明的个性风格，白岩松也成了这个栏目的一个符号。"谈起这个问题，白岩松说，正因为这样，我反而要有意识地跟它保持距离，因为我只要一说话，他们就会听，这是毫无疑问的。因此，我要保持一定距离，让他们自由地生长。

我和《新闻周刊》的关系只是个特例。

因为这个栏目是我创办的，有的人是我招来的，我带起来的。因此，它反而会产生另一种问题。所以，我反而要有意识地跟它保持距离，因为我只要一说话，他们就会听，这是毫无疑问的。因此，我要保持一定距离，让他们自由地生长。

但凡我必须要说话时，他们是一定要听的。那就是我认为他们的选择有问题，是错的。这种情况有过几次，这没有任何商量的余地，那就得按我说的做。因为他们的方向有错误，可能是迎合，可能是热炒，或者撒一口气。

我印象很深，从伦敦奥运会回来以后，他们突然有一天，说这周我们要做个特别节目，是关于"7·21"大雨的。其实已经过了一个多月了，为什么做？因为奥运期间没播出，他们积攒了一肚子的情绪想要表达，我坚决给制止了。我说，你可以做人物，但是不可以把整期做出来。为什么？因为你如果在当时做，是可以做整期的，但是现在再做，新闻不在，是你的情绪还在。我也理解他们，但是你在当时做是对的，因为新闻在那，但是一个月后已不是那个新闻的环境了。但是，由于你的情结还在，你想做，这肯定不行。

后来，我只许做一个版块，在"视点"版块："7·21的遗产"，8月18日播出的。这是由于那个内容有新闻由头。我觉得新闻就是应该这样面对啊。后来他们也想明白了，我是对的。

你能这样吗？比如说，我在做一个新闻栏目，当时领导没让做这个选题，隔两个月，突然领导出差了，我觉得我要解气，做了。可是，当时更重要的、值得记录的真实存在的新闻你主动放弃了，那不行。

在2012年8月18日播出的《新闻1+1》中，白岩松这样评论道：

7月20号那一天，由于要参加伦敦奥运会的报道，我们从北京启程去伦敦。到了伦敦的第二天，一直在下雨的伦敦晴了，而没多久却传来北京下大雨的消息。刚开始没太当回事儿，以为就是"北京四处可看海"这样的尴尬或笑话而已。但是又没过多久，事情就不太对了，死了人，而且不是个位数。

一场雨，即便是暴雨，怎么会造成这么严重并让人悲伤的结果呢？记得当时感觉不对的我的众多同事们，一时间纷纷打电话回家，脸上带着不安的神情询问家人的安危。一转眼一个月快到了，回到北京仿佛什么都没发生过一样，但是我们知道，不变是不可能的，或许这一个月的变化赶得上过去几年的。这是补课吗？我们可以对今后放心一些了吗？《新闻周刊》本周"视点"关注大雨过后的日子。

现在的距离是合适的

在演播室主持《新闻周刊》时的工作照

我也不清楚，《新闻周刊》我会不会一直做下去，我想现在的距离是合适的。

毕竟，《新闻周刊》是一个有质感的东西。其实，回头来看，《新闻周刊》这几年会有一些小小的失落，觉得我把更多的精力扔在《新闻1+1》身上了。但是反过来，如果现在要让我做一个抉择，我要扔掉一个栏目，我可能扔掉的是《新闻1+1》，而不是《新闻周刊》。

《新闻1+1》是一个每天都可以做的东西，但是《新闻周刊》已经用十年的时间累加起来它独特的价值。到现在为止，中国都没有第二个，《新闻1+1》随时可以奉献给所有的电视栏目。所以我将来要开新节目，假如我必须要做抉择，我必须要在老的栏目中选择留一个，我肯定留的是《新闻周刊》。虽然《新闻1+1》在五年里给中国社会的推动力和给舆论环境带来的改变更大，但是其实我在做最后的抉择时，还跟他们想象的不一样。

至于《新闻周刊》还会否改回《中国周刊》的名字吗？我想很难，而且我觉得一个栏目，改完六年了，再改回去，又要付出代价。就跟加多宝和王老吉花了十几亿的广告，为了改名，如果有一天，又可以改回王老吉，问他改不改，他还真挺难抉择的。

节目很火是危险的

我认为，《新闻周刊》是中国现在最棒的一个新闻栏目之一，最棒的栏目不在于它火，火是危险的。

我一直在克制我的节目去走向一个火态。因为在当下这个时代里，任何火都是扭曲的，都一定会有它扭曲的东西，而且都是在局部的时间里。

我的节目不要求特火，我也给儿子写文章，说别做第一。他今年毕业期末考试全班第三，我说 OK，你要是敢考第一，我就跟你急。还开了个玩笑，你要敢上北京最牛的高中，我就跟你断绝父子关系。

在他出生的时候，我就给他写了一篇文章，其中一个小标题就叫做"不争第一"：

人生不是竞技，不必把撞线当成最大的荣光。

当了第一的人也许是脆弱的，众人之上的滋味尝尽，如再有下落，感受的可能就是寒凉，这样一来，就将永远向前，可在生命的每个阶段，第一的诱惑总在眼前，于是生命变成苦役。

站在第一位置的人不一定是胜者，每一次第一总是一时的风光，却赌不来一世的顺畅。时代的风向总在转变，那些被风吹走的名字，总是站在队伍的前列。争第一的人们，眼睛总是盯着对手，为了得到第一，也许很多不善良的手段都会派上用场，也许每一个战役，你都赢了，但夜深人静，一个又一个的伤口，会让自己触目惊心。

何必把争来的第一当成生命的奖状，我们每一个人，只不过是和自己赛跑的人，在那长长的人生路上，追求更好强过追求最好。

这个自然跟我做节目的想法是有关的。

想把一个东西做长，就不要去追求第一，眼下任何的第一在目前的动荡、焦虑、诱惑和浮躁的时代下，一定会出问题。因为，让你成为第一的那个标准是有问题的。当下的时代本来就是不平静的，今年人们喜欢这个，你一下子就火了，明天人们喜欢另一个呢？

比如说，你能告诉我 2012 年最好的歌曲就一定是《江南style》吗？但它是第一。2012 年最好的歌曲，前一百名它都进不去。可是，这个歌怎么就火了？谁都不知道。

"看"：中国电视的开创性工作

2005年7月，《东方时空》特别策划了系列节目《岩松看台湾》，在11天的台湾行中，调动的不只是眼睛的功能，还有鼻子、耳朵和嘴，更为重要的还有心。

2007年3月，又策划了系列节目《岩松看日本》，对于这次"行走在爱恨之外的旅程"，网友"仗剑走天涯"这样评价道："这个节目透露出的信息是非常明显的，他在告诉你一个真实的日本，一个多面的、多种势力的日本，背后是日本的国民特点，它在启发我们是否该更理性地看待中日关系，面向未来如何加深两国的了解，因为这是个在经济文化上与我们有千丝万缕联系的邻邦。他在告诉我们，对对方来说，双方都是不可忽视的重要国家，尊重对方的崛起，寻找双方战略层面的共同利益。"白岩松说，做《岩松看日本》，"现在回头来看好像很轻松，其实当时心情非常沉重"。

2007年，白岩松还主持了《焦点访谈》系列节目《岩松看香港》，以庆祝香港回归十周年。2009年3月，特别策划系列节目《岩松看美国》。

白岩松说："我这个人闲不住，正是因为2003年到2008年处在过渡的状态，我也不做制片人，撒手掌柜了，我觉得一个重要的收获就是'看'系列。"

"看"是中国电视开创性的工作

如果客观一点回头去看，"看"是另外一个对中国电视开创性的工作。比如说，在那之前，大陆从来没有客观地去看台湾，我们敏感地抓到了一个机会，策划完成了《岩松看台湾》，其中很多选题，包括人物都是我选的。我们一共四个人去台湾，在十天的

2005 年,《岩松看台湾》时, 与卢秀芳一起制作节目

时间里（由于台风的原因，我们呆了十一天），我们做了十个人物、十几个专题，还有多场直播。怎么做出来的？当然，因为这是与台湾东森电视台大力合作的结果。他们给予了我们大力的支持，在我们去之前，人物给我们联络好，给我们排了一个紧凑的时间表。所以，那十天，我们吃饭好多次都是在车上，转场的时候吃。但是，它开辟了一个新样态，开辟了一个新视角。

"岩松看台湾"

我觉得，中国人需要走出去客观地看一看，比如台湾的这十几个人。除了陈水扁没有采访到外，代表台湾最牛的人我们基本都采访到了，如政治界的连战、宋楚瑜，经济界的王永庆等，这是非常难得的。对王永庆和柏杨的采访，是两位老爷子生前最后一次最重要的采访。柏杨去世以后，台湾的媒体还过来要采访我。王永庆去世，现在研究王永庆的人反而要采访我。台湾的媒体反而要回来，说，最后一次采访是我做的，包括柏杨，余光中、侯孝贤等。还有，宗教界的慈济证严上人，大陆的电视之前是从来

《岩松看台湾》时，采访作家柏杨

都没有采访过的，因为过去不让采访宗教界的。再比如专题，如诚品书店、邓丽君，等等，以前从来不让播邓丽君，邓丽君以前就像是禁区一样。我们是大陆的电视媒体第一次拍她的墓地，做专题。还有，台北的"故宫"第一次为大陆媒体的摄像机开放。

所以，有了这个"看"之后，忽然打开了这个视角。

台湾之行的最后一天的晚上，台风肆虐，我们出不去。就在酒店里闲谈，有同事提出：接下来，看什么？我说：看日本。

"岩松看日本"

2005年是中日关系最糟糕的时候，他们说，为什么？

我说，新闻在这里。因为两国关系正处于僵局，媒体可不可以做些什么？同时，日本依然了解我们，可我们并不了解日本，面对未来，这是危险的！

果真，2006年安倍晋三上台，十月初安倍首次出访，首站是北京。当天我与刘爱民通电话，说，"看日本"可以干了。

第二年三月，我们启程"看日本"。《岩松看日本》影响是巨大的，从来没有过。所以到现在，在两国之间，各方都还经常在谈论这个东西。我们也是采访十多个人，做了十多个专题，其中很多专题对中国产生了很多影响，比如防灾、养老、垃圾分类等节目。

比如说，垃圾分类的问题。他们的垃圾要先在家里分类，分十几种，很细的，一个礼拜才回收一次，取瓶子的、取塑料的、取废纸的，他们都是分着来。虽然垃圾放在家里会有味道，但是大家都很自律。有一次我们在路边看到一个妇女走到马路中间，突然转身又回去了，我们的记者就追过去，问她为什么又回了呢？她说，回收垃圾的人已经走了。我们问，那怎么办呢？她说她只能把它带回家，再放一个星期。这件事情让我们非常感动。

这次我们"看日本"，并没有绕开敏感话题。但是，让我觉得有趣的是，不光我们在看日本，日本媒体同样也在看我们。

在日本采访靖国神社和神风特攻队和平会馆的时候，有三家日本电视台记者跟着我，刚采访出来我就被他们采访了。一方面，我不能放纵自己内心的情感，否则，那就该骂娘了；另一方面又不能过于理性，那我们的观众又该骂我了。在这两者之间同时要兼顾更理性的判断和多元的认识，面对日本应该是更理性的认识和思考，而不是简单的爱与恨。所以我说，在爱和恨之间要先了解，后来《岩松看日本》把这句话作为节目的主题词。

NHK（日本放送协会）说，这是这么多年来，中国媒体首次大规模报道日本。后来NHK做的《激流中国》也多少受一些影响。他们说正式开始做"看中国"的节目，每个月一期，每期45分钟，第二期还采访了我，是关于中国媒体变化的，他们的节目一直做到2008年奥运会之前。

我觉得，这是两国媒体之间产生的一种互动。

2007年，《岩松看日本》时，采访日本垃圾分类

　　《岩松看日本》播出后，当时引发日本各大媒体高度关注，日本各主要电视台及主流大报均对节目内容予以转载和积极评价。《产经新闻》刊发长篇评论，认为《岩松看日本》以客观公正的立场报道了日本的发展和现状，为中国总理温家宝访问日本营造了良好的舆论环境。此间，日本NHK电视台、朝日电视台、日本电视台、富士电视台、读卖电视台、TBS电视台等，均在黄金新闻时段对《岩松看日本》进行了转播。日本五大主流报纸《读卖新闻》、《朝日新闻》、《日经新闻》、《每日新闻》、《产经新闻》也都针对节目刊发了专门评论。

　　《岩松看日本》结束后，刘爱民曾在《电视研究》上撰文《我们到底收获了什么》。文中提到：时任中国驻日本大使王毅，从国民外交的角度这样评论说：《岩松看日本》表现出了中国媒体的勇气和真诚，对增进中日两国民众之间的了解非常有帮助，同时也会影响日本社会和媒体，带动更多的日本民众以更加客观、善意的态度来认识中国。

　　刘爱民介绍说，日本影响最大、发行量最大的报纸《读卖新闻》，也于（2007年）4月12日发表题为《重现媒体客观报道意在改善国民感情》的专评称："中国最大的电视机构中央电视台在日本采访制作了特别节目《岩松看日本》，并在每天下午的6点，连续三周在著名节目《东方时空》中播出。该节目对于日本多元

170

化的历史观、老龄化社会、防灾以及环境保护等方面都进行了详细的报道。另外，还采访了安倍首相夫人、前首相中曾根康弘、读卖新闻集团的社长兼主笔渡边恒雄、作家渡边淳一、歌手滨崎步等各界名人。该报道不仅适度地改善了中国国民对日的感情，而且防止了对日舆论仅限于反日言论，反映了领导层想要改善中日关系的意愿。"

　　早在 1978 年，当时的央视播音员吕大瑜陪同邓小平访日。吕大瑜一身白装、白色西服裙、白色皮鞋，报道访问的实况，以其美貌和才能成为了轰动人物，刮起了一阵"白旋风"。当时，日本的媒体也关注了这个中国的美女记者。可是，日本对中国的看法，就像对这个同去的记者一样，更多关注的是她的外貌。2007 年，《岩松看日本》，日本媒体争相报道的就不再只是记者的外表了。正如白岩松所说："我在看日本，他们也在看中国。"

再"看"日本？

　　2007 年"看日本"是一次破天荒的事件。

　　"看日本"对于新闻人来说，关注的点很多。当然，我们首先要去关注日本的历史观，然而那一次，我们用了一个 45 分钟的节目，已经把它解决了。

　　当然，作为新闻人，日本永远有可看的地方，比如说，我现在依然关注日本的一个城市，一个废弃的城市，由于矿业枯竭，这个城市废掉了。但是，这个城市却自发地选择坚守，全日本都选择支持它。这跟我们这边的模式不一样，我们这边的模式是转型。可是，日本的模式是，当地人自发地留下来，然后全国各地自愿捐赠，支持他们慢慢地从废墟中重新站起来。我一直很感动这个选题。

　　还有，我特别想做的是日本的集约农业。我们现在都说日本大米好吃，其实日本有几块地啊。但是，它是怎么样在这块土地上把大米做到最高附加值的？它的农业到底是个什么样的模式？还有日本的牛肉，比国外卖的贵得多得多，它是怎么把自己本国产的农产品和畜产品做成最高附加值的？所以，类似这样的选题多好，包括它的养老，还可以再做。再比如，日本的核电问题、灾后重建问题……选题无数。但是，我觉得跟第一次相比，重量

2008 年，第二次拍摄日本时，在早稻田大学报道

再次前往日本拍摄节目时，摄制组与日本首相福田康夫合影

级已经完全不一样了。

类似这样的事情，不要总是白岩松去干。我去做了，我去捅破了那层窗户纸，那我刚才说的选题，其他的电视台在干什么？其他的主持人在干什么？可以去做啊。

我该去"看印度"了。今年是"小年"，不管从新闻还是体育来看，都是小年，新闻就是全运会，除非突发。

"岩松看美国"

在金融危机时，我们"看美国"。

我们看美国，采访了很多重要的人，也策划了很多选题，比如枪、校车、图书馆的开放等。校车直接发酵成现在高度关注事件。所以说，有的时候，做一个"看"，能把外面的经验拿进来，真的能产生更重要的触碰，然后去推进和改变很多东西。

可是，遗憾的是，这两年"看"停止了脚步。这也是我这一段要停下来思考的东西。我觉得，2013 年或 2014 年我要启动"看印度"。接下来，还有很多可看的东西，比如说"看欧盟"，我们都知道英国、法国、德国，但是"欧盟"是什么东西？它是一个什么样的逻辑？

《岩松看美国》时的工作照

拍摄《岩松看美国》时，采访骆家辉

拍摄《岩松看美国》时，采访默多克

当然，我首先更兴奋的是"看印度"。印度是我们熟悉的陌生人，而且是你庞大的邻居。

所以，"看"，我希望它将来可以陪伴我，双年展。

"看"的更新

我觉得"看"这个系列，将来我要采用新的模式去做。我要把专题和大量直播衔接在一起。

过去我们更多的是做专题，到那里拍完然后回来播。但是现在，我身在那里的时候，为什么我不跟新闻频道大量地合作，我去做直播呢？及时地把很多专题性的东西藏在直播中来完成，而回来再把精心制作的节目放在一套播出。我觉得，这样的传播效果是更好的。

你要有及时性。不能像过去那样，全是纯专题制作方式，做完了拿回来，编完了再播，那种时效性等都会弱一些。所以，我觉得这是需要改变的。

谈到白岩松的"看"系列节目，张泉灵这样评价道："我觉得这是岩松接地气的方法，他一直告诉我们，演播室的主持人要接地气。"

她说，我觉得这是他接地气的方法，他找到了一个明显带有他自己品牌、特色和行为方式的接地气的方式，同时也是他解读世界的新视角。其实，他未必像一个游客那样去浮光掠影地看新鲜。岩松所有的"看"，都看到了未来中国的可能方向，比如说，他为什么要去看日本的养老？为什么要去看日本的环保、垃圾分类？其实，他是为未来的中国看。

我们现在不是老说"中国梦"吗？这个"梦"有一个可能的方向，有一个蓝图，比如说，现在的中国可能要直面老龄化的问题，那显然未来中国的社会公共服务提供上能做些什么呢？他其实不是很盲目地去"看"，他是带了好多问题去"看"。我记得，他在看日本的时候，专门有一个中日媒体的圆桌会议，这就意味着对于中日之间来说，一个最大的问题是，当对历史不那么清晰的人，在面对中日之前的情感鸿沟的时候，我们是否有交流的机会？这可能是未来的中国要面对的。你要面对你的邻居，你要维持整个东北亚的平衡。其实过去的一年，我们应该能够意识到民众的情绪对于外交关系的影响。所以我觉得，白岩松的"看"系列，有他对未来中国发展的思考，是有前瞻性的。

但是，他又不是坐而论道，他很轻松，他能让每个人接受。他既可以在电视上传播，也被他变成了书的系列，用文字作为载体进行传播。我觉得，他创下了自己很有个人品牌的一种思考和观察方式。

大事记

2003年

10月5日	中共中央、国务院发出《关于实施东北地区等老工业基地振兴战略的若干意见》。
10月15~16日	"神舟五号"载人飞船成功升空并安全着陆。中国成为世界上第三个独立掌握载人航天技术的国家。中央电视台围绕我国首次载人航天飞船发射进行了及时充分的报道。
12月26日	中共中央、国务院发布《关于进一步加强人才工作的决定》，强调实施人才强国战略是党和国家一项重大而紧迫的任务。

2004年

1月2日	中央电视台新闻频道《每周质量报告》栏目报道了湖北省荆州市新生源工程股份有限公司利用人的毛发加工成水，并非法出售给一些酱油酿造企业的恶性事件，引起国务院副总理吴仪的重视，并做出专门批示。
4月3日	由崔永元策划、主持、参演的《电影传奇》开播。
5月至9月间	湖南卫视推出一档阶段性大众音乐选秀节目《超级女声》。
8月13~29日	中国体育代表团在希腊雅典举行的第28届奥运会上获得32枚金牌、17枚银牌、14枚铜牌，金牌数列第二位、奖牌总数列第三位。
8月24日	中宣部下发了《改进和加强国内突发事件新闻报道工作的若干规定》。
9月1日	《东方时空》移至晚间播出。
11月8日	中共中央办公厅、国务院办公厅发出《关于进一步加强互联网管理工作的意见》。
12月26日	印度洋发生地震和海啸。截至2005年1月10日，统计数据显示，此次大地震和海啸造成了15.6万人死亡。

2005年

1月18日	中国南极内陆冰盖昆仑科考队确认找到南极内陆冰盖的最高点，这是人类首次登上南极内陆冰盖最高点。
4月27日	十届全国人大常委会第十五次会议通过《中华人民共和国公务员法》。
4月29日	胡锦涛在北京与中国国民党主席连战举行正式会谈。会后共同发布"两岸和平发展共同愿景"。5月12日，胡锦涛与亲民党主席宋楚瑜举行正式会谈。7月12日，胡锦涛会见新党主席郁慕明率领的大陆访问团。
10月12~17日	载有两名航天员的神舟六号载人飞船成功发射并顺利着陆。
12月23日	中共中央、国务院发布《关于深化文化体制改革的若干意见》。
12月29日	十届全国人大常委会第十九次会议决定自2006年1月1日起，废止一届全国人大常委会于1958年6月3日通过的《中华人民共和国农业税条例》。

2006年

4月28日	中央电视台网络传播中心（央视国际网络有限公司）正式揭牌。央视国际（CCTV.com）经过全新改版后正式发布。
5月20日	长江三峡大坝全线建成，全长 2309 米。
5月26日	国务院发出《关于推进天津滨海新区开发开放有关问题的意见》，提出通过综合配套改革推进天津滨海新区的开发开放。
6月5日	《360°》在中央电视台新闻频道开播；2008 年初该节目停播。
6 月 9 日 至7月10日	德国世界杯举行。白岩松赴德国第一次参与世界杯的报道。
7月1日	青藏铁路全线建成通车。青藏铁路是世界上海拔最高、线路最长的高原铁路，全长 1 956 公里。
11月4~5日	中非合作论坛北京峰会在北京举行。
12月1日	中央电视台手机电视开始试播。12 月 11 日，央视手机电视与中国移动、中国联通合作签约暨开通仪式在中央电视台 400 平方米演播室隆重举行。

2007年

3月5日~16日	十届全国人大五次会议召开，表决通过《物权法》。
6月26日	杭州湾跨海大桥正式贯通，总长 36 公里。
6月29日	十届全国人大常委会第二十八次会议通过《中华人民共和国劳动合同法》。
6 月 30 日~ 7月1日	中央电视台连续直播庆祝香港回归祖国十周年大会等各项重大活动。
7月11日	国务院发出《关于在全国建立农村最低生活保障制度的通知》，提出 2007 年在全国建立农村最低生活保障制度，要求将符合条件的农村贫困人口全部纳入保障范围。
8月30日	《中华人民共和国突发事件应对法》正式颁布。这是国家首次以"法"的形式对"突发事件应对"作了规定。
10月15~21日	中国共产党第十七次全国代表大会举行。
10月24日	中国第一颗绕月探测卫星——"嫦娥一号"发射成功并进入预定轨道。中央电视台对此进行了持续 3 天的直播。

2008年

1月1日	中央电视台体育频道更名为"奥运频道"，台标增加奥运会五环标志。
1月	中国南方部分地区遭遇严重低温雨雪冰冻灾害。
3月中旬	拉萨等地发生打、砸、抢、烧严重犯罪事件。

7

2008-
评论：一个"脱敏"的过程

2008 年 3 月 24 日，《新闻 1+1》开播，这是我带领自己的团队研发的。在节目中，我的身份被打上了"评论员"。

新闻评论员，是我自那以后乃至未来主要的身份。

印象最深刻的节目

2008 年，北京奥运会的火炬传递

2008 年

毫无疑问，2008 年印象最深的是汶川地震的直播报道、《新闻1+1》的正式开播和北京奥运会期间的《全景奥运》。

汶川地震的报道不用多说了，那是所有中国人的共同记忆。我真的希望作为新闻人，永远不要再有机会做这样内容的新闻。

北京奥运会的时候，我策划的、我跟欧阳夏丹主持的《全景奥运》成为了整个北京奥运直播期间收视率和好评度最高的、排名第一的专题节目。而且，还因此开创了一种大型赛事报道的模式，我觉得这还是非常有价值的。

但是从我个人的角度来说，印象最深的当然是《新闻1+1》。而且太巧了，《新闻1+1》开播的那一天，就是采集奥运火种的当天。有一些不和谐的声音已经开始出现了，因为当时北京市委书记刘淇在致辞的时候就已经有现场杂音开始出现了。所以，我觉得 3 月 24 日，《新闻1+1》开播的那一天，就是在一种非常非常新的舆论环境中开始诞生，当时我也没想过它能够走过五年的路程，结果走过来了。而且那一年我 40 岁，我的 40 岁生日是在奥运会期间《全景奥运》的直播中度过的，在直播中进入到我的生日那一天，24 小时后，在直播中这一天划过去了。的确，那一天印象会很深。

2009 年

2009 年印象最深的是国庆六十周年的直播。

这个因为以前没有去说过，其实国庆直播的这种挑战是蛮大的，因为这是中央电视台大的直播。国庆五十周年的直播就是我做的。国庆五十周年我在做直播的时候，其中有一个环节的要求是必须正负是零秒。零秒，你作为一个主持人说话，正负必须是零秒。当然，因为我做了几年直播，这个东西已经慢慢积累出经验，现在没问题，现在我经常会去玩儿零秒，故意地玩零秒说话。但是，在国庆这样一种大情景下，零秒的挑战还是巨大的。

到了国庆六十周年，也就是 2009 年的时候，我记得做完直播出来，台长焦利、副台长孙玉胜居然一直还在。焦利很轻松地说："就是来听听你怎么说。"你觉得，哦，这个任务完成了。但是，请注意，大家回头可以去查，2009 年国庆六十周年的直播我从头到尾没有说过什么大话、空话，全是很具体、很鲜活的话语。其实国庆五十周年的时候，我也同样如此。

当你有机会去做一些事情的时候，你就有可能用你的方式去改变一种语态，慢慢让大家成为一种习惯。

2010 年

2010 年印象最深的我觉得是广州亚运会开幕式的白话版解说。

过去我们做大型赛事的时候，一直是只有一种声音，比如开幕式，我们可以称之为"散文版"。难得地，当亚运会在广州举办时，领导说新闻频道你们自己决定干什么吧。因为当时的决策者孙玉胜 2008 年奥运会的时候在管体育，2010 年亚运会的时候他回来管新闻了，因此他在奥运会那儿的有些梦想想在这儿去实现。一听说新闻频道不用并机，那咱自己玩儿吧。玩儿别的，大家那天也都在看开幕式，不如我们自己也玩儿个开幕式吧。他就找我了，来个白话版的吧，其实所谓的白话版就是新闻版。

当时，我们都没采访证，因为有这个想法的时候已经晚了，错过了报名时间。我去了广州一趟，用这张脸"骗"进去看了一次彩排，跟导演见了面，然后回来，在北京做的，并不是在广州。在做的过程中，其实很多的改革即便是决策者也有很多犹豫的地方，在我说的过程中，孙玉胜在耳机里跟我说："大点儿声。"就是声调高点儿。我没理他，继续说，还是心平气和的。隔一会儿，孙玉胜稍微有点儿严厉："声调能不能再高点儿？"说明他也在犹豫，这跟那种传统的、拔高声调的完全不一样，行吗？这么喜庆的场合，是不是应该再高一点儿？我那个时候的想法是，我要贯彻你的梦想，我也参与其中的改革，就要把改革彻底，就要回归到他该有的语气当中。所以我说，将在外——虽然将就在台内；将在外，军令有所不受。我坚持了自己的做法。

当直播结束出来的时候，他迎接我，我跟他开着玩笑说："我是对的。"他最后综合评价，也认为是对的。更有趣的一件事是，第二天早晨，刘云山把我们台长叫到桌子边儿，说："昨天晚上白岩松的开幕式解说得好啊，尤其那开场白。"唉，这件事情突然提醒我，过去我们很多事情不做，我们都会抱怨环境不允许等，但是有很多东西没做是不是障碍在自我啊？在我们的内心啊？这件事不就是这样的吗？过去我们一直没敢做，觉得好像不可能吧，结果做完之后，当时的中宣部部长直接肯定了。我觉得有些事情我们今后恐怕应该更有勇气去突破，不能把责任全部推走。

那个开场白，按以往的这种惯例应该是："此时的广州流光溢彩……万众瞩目……亿万人的心声……"那天我记得我说的开场白是："今天我们将用五个2来关注这场开幕式，第一个，这是拥有2000历史的广州。"然后我说了很多话。"第二个，举办这个开幕式的海心沙岛是200年前被冲击完成的。"也说了一些。"第三个，从1990年北京亚运会到2010年广州亚运会跨度是20年。"这20年中国发生了什么样的变化？"最后一个2是，这两个多小时的开幕式会给我们带来什么样的创意。"这是跟过去完全不一样的。没有它，没有那次的成功，就不会有2012年奥运会的所谓"白菜版"的开幕式和闭幕式。

所以，我觉得亚运会是一个标志性的东西。但是，我觉得大家要忽略亚运会这样的因素，而是要注意这种语体的改变。通过媒体的热烈反应和网友的热烈反应就可以感觉到，其实大家期待某种语态的改变已经很久了。因此，大家一下子就觉得好像必须这样。这种启示是很大的，我不认为这是一个亚运会的问题。

2011 年

我觉得2011年印象最深的而且我必须得提的是关于动车事故的那期节目。

其实，新闻不能够脱离新闻事实去直接发表态度，当动车事故发生了之后，每个人都会有自己的情感起伏，但是，你要去站在更扎实的新闻基础上。第二天，即7月24日晚上，铁道部新闻发言人王勇平开了一个新闻发布会，7月25日晚上我做了《新闻1+1》。因为在发布会上有很多的言论、说法是我完全不能够接受的，比如说"至于你信不信由你，反正我是信了"，还有"中国的高铁技术是成熟的"……我觉得，这是一个给你提供表达事实和观点的时候，我当时就说了，关于高铁技术这个问题，技术不是单纯的，成不成熟，它是一个综合的效应，就像一个人的健康是一个综合体一样，你不能说心、肝、肺体检的时候说它真棒，跟20岁小伙子一样，但他是弱智，你能说他是健康的吗？那我觉得这一点就必须得建立在新闻事实的基础上。这个发布会给你提供了这些事实。

可是另一方面，我想反过来去替王勇平说话，虽然那期节目是建立在他的这个记者招待会之上的，但是我觉得另一方面我们也要反思中国的政府新闻发言人制度。不同的新闻事件应该由不同级别的人来进行对应的新闻发布，就像今年（即2013年）4月15日"波士顿爆炸案"发生了之后，一定不能是白宫的新闻发言人，而必须是奥巴马一样。那么，像动车事故出现了之后，起步就应该是铁道部部长出来开新闻发布会。果真，后来是以温家宝总理在现场召开新闻发布会而告一段落，也就是从总理开完发布会后的第二天百度新闻的搜索量才开始下降。这是规律。王勇平在政府的新闻发言实践当中其实是一个非常棒的新闻发言人，努力、勇于面对媒体，还愿意冒着风险去说话。但是，在不合适的时机他成了替罪羊，被临时推上了这个火山口，结果火山吞没了他。所以我觉得一事两面，我的节目可能是在批评他的说法，可是反过来我要替他说话。其实，在那期节目的背后纠缠着很多中国现实该思考的问题。

今年是中国政府新闻发言人十周年，我现在一直在筹划，想做一个四到六集的纪录片，因为这十年来，你会看到它在中国从无到有，而后快速发展，现在到了低落期。我们第一批非常优秀的新闻发言人，像王旭明、武和平等都陆续退出了，但是新的新闻发言人根本没有给公众留下什么印象，王旭明之后教育部新的新闻发言人大家有印象吗？这里头的问题很多。

我觉得这一制度要推进。2013 年，我作为政协委员提的其中一个提案就是，建议国务院各部委还有各省市自治区的新闻发言人以后每月定期召开新闻发布会。必须要用制度去解决这个问题，否则很难。

2012 年

2012 年印象最深的是"新常委的十五天"，这是在过去的中国媒体中从来没有过的。

这期节目是作为我们整个"'十八大'观察"的一部分，因为"'十八大'观察"我当时确立的就是用《奥运 1+1》的方式去做，五个版块，跟欧阳夏丹合作去做。这已经出乎很多人的意料了："啊？十八大怎么能用奥运的那种带有轻松性质的方式去做？"我说为什么不可以呢？结果非常成功，收视率比平常高了百分之四十五六。作为收尾的那期"新常委的十五天"在媒体圈里产生了非常巨大的震动。因为从来没有想到会用这个方式去做，"新常委的十五天"这个标题也是我起的，当然节目播完之后，刚播完就得到了很多的非正面反馈，也就是压力很大，我感受到了，可是现在我依然觉得那是一个正确的操作。它改变了过去类似这样的时政新闻的表达方式，以一种更平等的、更放松的语态去表达。当然，里面还有一些更接近于新闻事实的归纳和梳理，以及提炼出来的新的东西。

我觉得中国的新闻人要去思考，随着中国的这种民主进程和透明公开的这种进步，我认为我们将来不是躲避时政，而是在时政新闻里有更大的新闻富矿。在全世界都是把时政当成一个大的新闻富矿，但是在我们这儿因为禁忌，大家都躲得远远的。因此，在传统的时政报道中变革不大，包括《新闻联播》被很多人抱怨，说不过瘾，等等，这也跟它必须每天有很大比例地表达时政，导致语态不好发生改变有很大的关系。但是，抛离意识形态，从纯新闻的角度来说，哪个国家的时政新闻里头不蕴藏着大的新闻富矿呢？所以，我非常期待将来我们的时政新闻能提供更多的转变。

我觉得，"新常委的十五天"是一个代表，我整个的"'十八大'观察"都是用这种方式去做的。我第一天的节目选择的关键词是"民"，当时周围有很多人不理解，应该选"五位一体"，但是我说，就是"民"，你看没看报告？！结果后来总书记第一次露面的时候讲了19个"人民"，而且后来参与起草报告的人也说，这里的核心就是"民"。所有的媒体当中就我选择了"民"。所以，勇气的背后是你是不是认真地在学习，当你前瞻性地把很多事情做出来时，大家总是简单地把这当成是真有勇气或者什么的，我一直认为这是一个非常错误的说法。干新闻，勇气是建立在学习和思考以及准确判断的基础之上的。否则就是赌博了。

我看电视评论节目

2001 年，在中国广播电视学会评论节目（电视）研委会组织的首届学术研讨会上，白岩松发表了《我看电视评论节目》的演讲。演讲稿后来登载在 2001 年第 11 期《中国广播电视学刊》上。在这次演讲中，白岩松系统阐发了他关于电视评论的看法：一是，讲事实是评论的一种表达方式，而不只是用事实为评论提供保证；二是，提问是评论的一种表达方式，在很多层面上，提问本身就扮演了评论的角色；三是，角度是评论非常重要的组成部分；四是，素材组合也是评论非常重要的组成部分，不同的组合，会导致陈述出来的事实给大家不一样的主观感受；五是，个性化的语言特征，是构成评论的重要组成部分；六是，态度也是评论的重要组成部分；七是，评论在电视节目中所占的比例。电视评论是一定要建立在事实的基础上的，而且比例非常重要。

最后，白岩松提出一句话与同行共勉：在我们这样一个美丽的时代里，我们如何能把我们很多的想法，通过美丽的方式传递出去，真的让评论性的节目也成为让受众非常喜欢的娱乐节目，那就更好了。

那个时候我已经开始思考评论节目的问题了。因为当时我在研发《子夜》，我就是想把它打造成评论节目。这就是三部曲：好的记者、好的主持人、好的评论员。这是孙玉胜曾经提到的：从记者到名记者再到主持人，从主持人到名主持人再到新闻评论员。我一直记着这条路。

我认为，我从最初做记者，到做主持人，尤其经过很多年直播的历练，慢慢还算是称职的主持人。2000 年到 2001 年停下来的那一年，我就在思考，我怎么样从主持人向评论员的方向转变？所以，看我这十年的道路，应该感谢的就是我那一年的停顿。如果没有那一年的停顿，我怎么完成从主持人到评论员的转身呢？

因为，我要思考很多问题，要研究很多节目样态，要面对很多原来没有想过的事情。

所以，静下来，跟转身、转变有很大的关系。

何为电视评论？

何为电视评论？新闻评论部最早创办的《东方时空》、《焦点访谈》、《新闻调查》和《实话实说》，尽管都在"评论圈"里活得滋润，但在学界一直有争议：这种产品叫不叫电视评论？电视评论该怎么做？是什么样的？这种争议现在也没有完全平息。但在实践层面，大家一直认为电视新闻评论就可以像《焦点访谈》或《新闻调查》那样做，尽管从严格意义上说它们其实是新闻深度报道类型，只不过借用了"用事实来说话"的一种评论语态。谈及这个问题，白岩松立马打断道："当然不叫了。不能因为它们归属在新闻评论部里面，就说它们是评论节目，两回事。"

虽然，我们可以笼统说评论包含几种方式，但评论不像我们想象的那样。评论的概念起源于报纸，在报纸上看到是言论、观点、论据、论点、观点、结论，到了电视上，我们可以拓宽它。

其实，从某种角度来说，评论就是新闻事实的重新解读和开掘，它也包含着制作者的评论。如果要从这么宽的角度来说，你可以说《东方时空》、《焦点访谈》、《新闻调查》和《实话实说》都是评论节目，但我们都知道这外延有点太宽泛了。

我觉得，我们还是用小概念再去说它更靠谱。评论节目指的就是新闻发生之后，你对它的看法、它的相关背景以及对背景的分析，是对新闻的分析和点评。我觉得这样组合在一起，才叫新闻评论节目。如果我们都用太宽泛的概念，有很多学术问题没办法做。因为大家一矫情一绕，都可以绕回来。那你说什么不是新闻评论节目？那我跟你说，《新闻联播》也是新闻评论节目，因为它是精心选择过的新闻事实，更何况有的时候有编后语，可是你认同《新闻联播》是新闻评论节目吗？

所以，这个观念如果扩得太宽，这个话题就不好谈。我可以

2008 年 3 月 24 日，《新闻 1+1》开播，每周一至周五晚 21:30 在央视新闻频道首播。该节目从时事政策、公共话题、突发事件等大型选题中选取当天最新、最热、最快的新闻话题，还原新闻全貌，解读事件真像，力求以精度、纯度和锐度为新闻导向，呈现最质朴的新闻

认为那些节目也是新闻评论节目，但是我们还回到一个小概念，小概念就是针对一个突发新闻，或者针对一个新闻事实，我们进行一个相关的分析、点评和提供看法。

评论不是观点满天飞

很多人认为只要是电视评论节目就全都是论点，全是观点，全是思想。我说，二八开吧。八要叙述，二要适度的点评。如果观点满天飞，人们就没办法看了。因为评论包含着对相关背景进行组合和分析，给大家提供新的角度，然后适当的观点，借力发力，或者叫油然而生，这是最舒服的一种，我们还是要尊重电视评论的特点。

这几年打造《新闻 1+1》，我不断地在跟节目组的人磨合的是，不要认为这仅仅就是评论。《央视论坛》为什么死？在众多原因中，其中有一个原因就是：专注于作评论，忘了这是电视评论。你的电视元素是什么？电视评论的特点是什么？

又比如说，电视具有跟报纸最大的区别是什么？报纸评论如果我看着比较晦涩，我可以拿着看一个小时，我可以重复阅读；电视是一条单行线，只要几句话没听明白，观众就可能跟不上了，就换台了。

所以，电视评论的语言不能是晦涩的和过于刻板的，而是要鲜活的，让人印象深刻的。同时。电视评论语言还要借助大量的电视语言、电视元素和画面，要有节奏。因此，在《新闻1+1》中我硬性规定，电视画面不得少于十分钟。因为，从电视制作者的角度来说，你知道他们有时候怎么偷懒吗？反正白岩松在那，让他说吧，这时候就有可能把电视短片、相关画面元素做到三分钟。我是能说，可是时间长了观众会看吗？这就是为什么我要硬性规定电视的画面和片子要保证到这个比例，必须到这个比例，想偷懒都不成。电视的这种东西要符合电视的特点，所以电视评论的确不能简单地套用报纸评论。电视这两个字会给人很多约束，当然也会给人丰富的创作空间。

观点已经成为新闻了

声音已经成为目前社会的一种画面

孙玉胜曾在《十年》中说："还是在《焦点访谈》创办的初期，我就提出要'多报道、少评论'，其实这就是一种选择中的平衡。我一直坚持一个观点：中国电视新闻还只是处于报道阶段，是'述'与'评'的平衡关系。"

如今，十几年过去了，现在的很多电视节目也已经引入观察员、评论员。中国电视新闻的评论时代来临了吗？

我说过，中国传媒的评论时代早已经到来。那么请问电视是不是中国传媒的一部分？

在一个互联网已经快速进入中国的深层结构当中时，请问评论躲得开吗？互联网随时随地存在，我们的网友都可以去发表自己的声音，声音已经成为目前社会的一种画面，你想想当下的中国，会不会想到"众说纷纭"呢？当然会有这样的一种概念。

观点已经成为新闻了

因此，在这样的情况下，我当然认为，电视的主体功能不是评论，电视的主体功能还是要承载娱乐和新闻资讯的提供。但是，在新闻传播的过程中，评论已经必不可少地要成为传播的重要内容。我甚至说过这样一句话：观点已经成为新闻了。

过去的评论是纯粹的依附，要依附于新闻的后面。现在你会发现，有的评论甚至能独立生长。有的时候，这个新闻本身没那么大影响力，但是，对这个新闻的评论却成为第二天的头条。

到最后，大家可能都忘了我说的是哪条新闻了，但是，我说的"总理说了不算，总经理说了才算"，又生长为一条新的新闻。

《新闻1+1》前制片人王力军说，在《新闻1+1》的样片参加台里编委会审查时，他曾总结道：让观点成为明天的新闻。他说，当时副台长罗明听了之后，说，就是要让观点成为明天的新闻，就凭这一点，就应该让它通过台里编委会的审查。

在2010年3月16日播出的《新闻1+1》中，针对北京在一天之内出现了三个地王这一事件，白岩松评论道："是不是总理说了不算，总经理说了才算。"

于是这句话就变成了新闻，2010年3月19日的《武汉晨报》甚至还以《总理说了不算，总经理说了才算？》为新闻标题，发布了一条新闻：

据中央电视台《新闻1+1》报道，今年两会上的第一议题就是房价，居高不下的房价让人们对于这个现象发出了一致的指责，但是就在两会闭幕之后的第一天，北京就在一天之内出现了三个地王。就此现象，央视主持人白岩松表示，房地产市场究竟是总理说了算，还是总经理说了算。在两会期间，大家都记着总理的工作报告说要遏制部分城市房价过快上涨这样一种趋势。但是第一天就给总理的报告上眼药，三个地王接连创出高价，而且还没盖楼，价格就已经高出了二手房，甚至旁边的商品房，是不是总理说了不算，总经理说了才算？

白岩松说，北京一天出三个地王，他突然产生了一种轻松感，为什么轻松？其实在北京也好，或者说是上海也好，对于普通的、绝大多数的中国老百姓来说，当房价超过一万五之后，其实涨不涨跟大家没关系了，大家的注意力恐怕不再关注，你说三万涨到四万有什么区别，反正买不起。

《新闻 1+1》
所卖的选择

白岩松在《幸福了吗》一书里说,《新闻 1+1》是一个我很喜欢的栏目名称,因为它又简单又复杂,你可以为它添加很多的联想和解释,作为一档天天直播的评论节目,让我总有如临深渊、如履薄冰的压力感,不过,即便有风险有压力,我还是会时常想:它能做多久?它会有助于这个社会变得更好吗?

2008 年 3 月 24 日开播的《新闻 1+1》,是中央电视台新闻频道唯一一档时事新闻评论直播节目,每期节目从国内的时事政策、公共话题、突发事件等大型选题中选取当天最新、最热、最快的新闻话题展开评论分析。

《新闻 1+1》打破传统的新闻播报方式,大胆地采取现场直播形式,向观众展现当天新闻话题的事件全貌,解读事件真相,更首次引入了"新闻观察员"的全新概念,采用"1+1"即一位主持人和一位新闻观察员的双人谈话模式,由白岩松、董倩联袂搭档主持,第一时间跟进评论直播,深入解析新闻幕后错综复杂的背景脉络,还原新闻全貌、解读事件真像,更力求以精度、纯度和锐度为新闻导向,呈现给观众最质朴的新闻。开播以来,不仅得到了广大电视观众的一致好评,同时也得到了众多新闻媒体的高度关注与肯定,并获得了社会上几乎所有重要的传媒奖项,比如《新周刊》年度电视栏目、《南方周末》年度十大评论之首、腾讯网评出的年度电视栏目……

《新闻 1+1》突破了央视以往新闻节目的模式,尤其涉及突发事件的探讨,直播意味着极大的难度。

2011 年 8 月 1 日,《新闻 1+1》栏目改版。节目在形态上寻求突破,由主持人与评论员的一对一访谈模式,改为由主持人承担评论员职能,对新闻热点展开个性化的评论与报道。在报道风格上,强化了"丰富的信息量"、"明快的报道节奏"与"鲜明的主题性"的融合,突出评论内容的多元化、深入性与媒体性特色;在关注题材上,强化了热点新闻的跟进,依托各地应急报道点资源,第一时间采访新闻当事人,突出热点新闻的即时延展。

2008 年 3 月，《新闻 1+1》开播不久

《新闻 1+1》的研发

《新闻 1+1》的创办首先来自于我内心的一种冲动，很久以来我就很想做这样节目。在《新闻周刊》里就开始在训练，但是它的确又来自于一种顶层设计，台里也觉得，我们也要打造自己的评论节目。当时的台长赵化勇、罗明，找到新闻中心主任梁晓涛，罗台和梁晓涛都给我打电话，我就接了这个活儿。

我就开始组班子，进行研发。当时做这个节目，在选题上我有两个要求：第一个是，要记录变动中国的所有特性。目前的中国正处在急剧的变革之中，我们要记录这个变革的时代和人心，这样的选题要优先选择。第二个是，我们要嵌入中国民主的进程中去，这样的选题我们也要优先选择。

《新闻1+1》名字的典故

当时在征集这个栏目的名字时，是民主的方式，让组内随便提供。王力军当时给我四五个，我一眼就看中了《新闻1+1》。《新闻1+1》本身就包含着我们既关注新闻，也关注新闻背后的相关评论。

就像我前面说的，新闻评论应该是针对某一个突发的、已经发生的新闻事实所提供的背景分析和相关观点，以及新的角度，或者对它的分析、判断，等等。因此，我觉得《新闻1+1》符合我们的看法，评论难道不就是一个1又加了一个1吗？第一个1可能是指新闻本身，第二个1指的是我们对这个新闻的重新关注。而且我很喜欢它，这跟我总说的一句话有关系。也就是关于常识的问题，我一直在举一个例子，1+1=2谁都知道，脱口而出。但是，只要变成既得利益者，有些人脸都不红地就说1+1=3。因为总举这个例子，我还觉得《新闻1+1》拥有常识的概念，当然这是我自己对它的解读。你当然还可以说《新闻1+1》还有节目样态的因素，就是一个主持人和我，我是新闻评论员。

说起《新闻1+1》名字的由来，曾任《新闻1+1》栏目制片人的王力军说，他当时在编导中设立了一个"有奖征名"活动，"重金悬赏2000元"。编导刘楠发来了很多名字，其中就有《新闻1+1》。

当时刘楠刚刚从被撤销的《社会记录》栏目过来，正和光头叶闪熬夜做样片《仇和还是求和？》，为3月24日的开播做准备。她说："为了表达我对新东家的热情，我想出的几十个名字，写满了一张A4纸，最后的一个名字，是大脑一闪出来的，叫《新闻1+1》。"

那么，新闻学视野下的1+1＝？

公元1742年，德国的哥德巴赫提出猜想，其最高问题即"1+1"；公元2004年，英国科学杂志《物理世界》评选"1+1"为最伟大公式，理由是它有一种妙不可言的美感，还尽力孕育出更多科学突破。

刘楠说："同事叶闪摸着他的光脑壳说：'中国人讲究阴阳五行，一个好节目要阴阳和谐，1+1，是阴性加阳性，一能派生出好多东西，万物复苏，万物归一。'"

......

她说，这些当然是天马行空的发散思维，对于一档电视节目来说，自身的原则、准则、底线都是不容戏谑的，是从一开始，一心一意，一如既往地前行，做出不拘一格、别树一帜的新闻，不只是风靡一时，而是追求首屈一指。

至于这个名字后来如何 PK 胜出，经历过什么唇枪舌剑，最后入了几层领导的法眼，刘楠说她没有见证，总之，2000 元的奖金发到了她的手中。

对于刘楠"阴差阳错"地贡献的《新闻1+1》，王力军对其进行了解读：这个 1 代表主持人，那个 1 代表受众；这个 1 代表电视，那个 1 代表非电视；这个 1 代表现场，那个 1 代表言论……于是王力军就给梁晓涛和白岩松发短信，然后梁晓涛发给台长，这个名字就获准通过了。

在刘楠的手机里，依然还存着 2008 年 3 月 1 日傍晚，王力军发给她的短信："新闻1+1，两个最小的数相加，要追求大于 2 的效果。1+1 是演播室＋现场、事实＋观点，是对话，是平等，1 是开始，还有第二落点，内心＋时代、电视＋受众、镜子＋窗户、内容＋形式等等。"

她说："后来王力军也提到了名字入选的'科幻'色彩，他说，当年《东方时空》这个名字，也是提交纸上的最后一个备选名字，最后入选，希望《新闻1+1》也能像《东方时空》一样，在电视界开天辟地。"

选择顺序背后就是你的价值观

《新闻1+1》每天要面对大量的选题，但是节目中的话题只能有一个。比如，《人物》杂志曾报道说：2012 年 8 月的一天，下午 1 点，《新闻1+1》节目组在开选题策划会，初步拟定有三个选题：邹恒甫告北大淫乱、保钓事件、哈尔滨阳明滩大桥坍塌。按照白岩松的规定，选题会放在中午 12 点开，这样可以保证晚上直播的内容是当日最热的话题。通常，三个选题以短信或电话的形式递交给白岩松，经他确认，选定一两个再报领导终审。这一天，白岩松对三个选题都认可，从节目展现效果考虑，主编王晓琛选择聊"邹恒甫"。

当天晚上直播时，直播的文字稿件与下午的策划稍有出入，白岩松加入了在"邹恒甫告北大淫乱事件"一事中对梦桃源的女服务员的关注。

说到节目的选题问题，白岩松说："在众多当日新闻中，每天都会有两三条新闻，我们觉得做哪个都可以，当然我们会有自己的选择顺序，因为这个选择顺序背后就是你的价值观。"

有的时候选题不是孤立的，它还有这样的因素，比如说这个事情是新鲜的、热乎的，而另一个选题是昨天已经发酵，明天做也还没问题，因为我们会从动态去分析新闻。最新发生的可能价值是最大化的，包括今天又有新的由头的、我们拥有某些独家的东西。

那天做"邹恒甫"时，就是因为我们拥有新的独家的东西。那天早上，把邹恒甫的相关邮件公布了，而且那天我又有了新的角度。我觉得北大的名誉不如梦桃源的那些服务员的名誉更重，这要回到最核心的问题。其实最被伤害的人是最被忽略的，那天的节目果真因为这个观点，互联网第二天立即转发，而且北大第三天就改口了，说我们要捍卫服务员。这就回到了新闻最本质的东西：要去关注人，去关注人的尊严。

在 2012 年 8 月 30 日的《新闻 1+1》节目中，白岩松对"邹恒甫告北大淫乱"事件的评论如下：

> 从 8 月 21 日一直到现在，大家在关注着三拨人的形象，第一个是北京大学作为大学本身的形象，第二个是北大院长、教授们一群人的形象，第三个是邹恒甫个人的形象，但是这三个形象也许很重要，但是在我心目当中不是最重要，最最重要恰恰是在爆料当中梦桃源餐厅的 68 位工作人员，尤其是其中的姑娘们，为什么？她们的清白非常重要、她们的形象也非常重要，再回到刚才的调查，你相信邹恒甫的爆料吗？98% 以上，16 981 人相信爆料，那么在这样一个相信的过程当中，梦桃源餐厅的工作人员，尤其是那些年轻的姑娘们，她们的形象和声誉就受到了极大的损伤，谁来维护她们的尊严？谁又该来安慰她们？我觉得跟北京大学的形象比较起来，这些姑娘们的形象更加重要，为此我们要举起法律这样一个利剑吗？

做《新闻 1+1》每天都有选择，在我们的舆论环境中，你今天的选题中，有百分之百满意的，有百分之八十满意的，还有百分之六十满意的。有的时候百分之百满意的不让你做，你就做百分之八十满意的，也没做成，就做百分之六十，起码也是一种进步。

因此，《新闻 1+1》卖的就是选择，这跟《24 小时》和《东方时空》是不太一样的。《24 小时》和《东方时空》更多的是一种新闻资讯和报道，它们不能只卖选择。比如说，《24 小时》和《东方时空》

2012 年 8 月 30 日播出的《新闻1+1》（视频截图，源自 CNTV）

如果遗漏了太多今天的重要新闻，那你是不成立的，因为你是新闻资讯栏目。《新闻1+1》是评论节目，在《新闻1+1》中，别人都关注的，我们可以不关注，我们卖的是选择。当然，更卖的是这种选择背后的价值观，但它一定是安静地藏在选择的背后。

《新闻1+1》的节奏

《新闻1+1》在直播过程中最关键的是什么？我觉得就是一个节奏的掌握，把你最想表达的东西比较充分地表达出去。

我干了这么多年，我时常提醒自己，作为一个新闻评论节目，最怕的是，你最核心的事实和观点，等你想表达时，没时间了。而那些价值不那么大的次观点，被你占去了太多的时间。也就是说，你的节目呈现出一种不平衡，布局不平衡，这一点我会提醒自己。干了这么多年，我不会犯相对低级的错误，但这的确是直播中要考虑的。所以，直播中最重要的是，我前方必须要有块表，任何人挡着我的表，我都会跟他急。

对于白岩松的这块表，曾任《新闻1+1》制片人的王力军感慨道，白岩松是我经历过的这么多主持人中最准的，可以说是零误差。他说："我觉得岩松对时间的掌控力很强。你把时间给他，可长可短，我说给你三分钟也行，给你三秒钟也行，你从三秒钟突然变成三分钟，他也能马上按照三分钟来进行，这你换别的主持人就不行。这是矢量伸缩的零误差，很难。"

有质感的表达：
内容为王

在 2012 年的第八届北大电视研究中心的记者节公益论坛上，当时的搜狐公司总编辑刘春说，电视作为一个平台或者作为渠道的衰落是必然的，……但是电视人的春天反而来了，因为电视的原因，拥有制作专业内容的优质人才，因此未来电视台里作为内容输出的那一块非常有优势，以《中国好声音》为例，《中国好声音》是内容提供，在浙江卫视播出也在互联网传播，所以在互联网上很受欢迎，所以在此我也认为，请电视台的人好好做内容。白岩松说，确实，我们都该明白一个道理，内容为王。

未来屏幕的融合属性

我一直关注互联网的变化，但是，我从来不关心大家谈论的所谓互联网会取代电视，一个屏幕取代另一个屏幕的问题。作为内容供应商，都是一样的。如果能取代，赶紧取代。因为在没有取代的时候，只有中央电视台。如果取代了，互联网就天然打破了这种垄断。那个时候，互联网这种屏幕，说必须用 CNTV？必须用新华社的网站？要成为国家的大网站，很难。因此，它一出生，就具有民主性。我喜欢。但是要说取代，不可能，至少短期内很难。

我一直在用一个角度来观察这样一个方向，那就是，技术人员在干什么？硬件供应商在干什么？他们决定着未来。我们这帮人都在讨论谁取代谁，谁是新媒体，谁是旧媒体，可是你看硬件供应商们，都是把这些东西融为一体的。生产未来电视的人，是把互联网和电视融为一体。iPad 是怎么来的？它变成了一个移动的屏幕，变得更便捷。它只关注屏幕，不关心你看的是电视剧还是互联网上的视频。你看，所有的硬件供应商都看准了未来屏幕的融合属性，只有我们自己要分成电视屏幕还是电脑屏幕。

几年前我就看清了这种趋势，只不过将来你要在哪个屏幕出现而已，而且这种界限一定是你中有我，我中有你。我觉得，将来一定是一个逐渐融合的过程。归根结底，就是由一个屏幕转换成另一个屏幕。那么，我要去想的是，我作为内容供应商，我怎么样去制作更符合未来需求的内容。

比如说，在《新闻1+1》几年前改版的栏目策划会上，我第一个提出：这是一个在电视上首播的多媒体栏目。我已经不认定它是电视栏目了，我的理念早就变了，包括接下来我要做的节目，我正在研发的节目。这些节目一定不是用传统的电视方法在做，我采用季播的方式，而且跟互联网高度融合与合作，甚至有可能让它首播，包括投融资，等等。我觉得它当然会改变我做节目的方式。2014 年的《新闻1+1》也会有极大的变化，就与这种思路有关，它一定更符合新的传媒时代的需求。

但是归根到底，我最后的完成，我才不管你在哪里播呢，但它必须是好的内容。

新的表达、新的观点、新的角度

我觉得《新闻1+1》所有成功的节目都有一个共同属性，就是在广泛被大家关注的、被所有媒体关注的新闻事实中，你最后发出了独特的声音，而且最后证明这个声音依然是对的、有价值的。比如说，2011 年 7 月 25 日播出的节目中，关于"动车事故"的报道。当时，全中国的媒体都在关注，可是为什么到了晚上我还是有新的内容呢？

我首先提出了几个质疑：关于信与不信，关于技术是先进的不代表高铁是先进的，对人的尊重是否先进，管理是否先进，监督是否先进……其实，这个事件媒体关注了那么久，可还是给我留下这个空间：

......

今天，我们都得到了这样一个消息：铁路 7 月 23 号的事故路段，可以说今天恢复了通车。但是恢复的仅仅是通车，由于近一段时间以来，接连出现的各种各样的铁路事故，让我们对铁路的信心和信任恢复起来那可就大大需要时间了。可能也正是因为这样的原因，在昨天晚上，铁道部的新闻发言人王勇平在举行新闻发布会的时候也意识到了这一点。我帮他统计了一下，他向所有的记者和在场的人员提出这种反问：你们相信吗？一共提出了不少于三次。他的回答是"我相信"。是，我相信，他必须得说"我相信"。但是你要问我呢？我的答案是，一个多月之前我愿意相信，但是现在呢，我不敢信，不能信，我就简单地信了，对铁路纠错也不一定很好，要想真信，有很多的工作要做。

在这一点上呢，节目开播之前，我看到了一个专栏作家宋石男建设性的微博，写得挺好的："谅解建立在真相之上，没有真相，没有谅解。部门要摆脱塔西佗陷阱（当一个部门失去公信力时，不论说真话还是假话，做好事还是坏事，都会被认为是说假话，做坏事），就必须深入调查事故真相，坦然道出事故。任何的遮掩或回避只能激怒民众，加深裂痕。"

这对于铁道部，以及相关部门的提醒就是，必须要坚持说真话。绝不能说你已经说了二十句或者三十句真话，觉得说一句假话也没关系，这一句假话就会把你前面的真话所积累的某种信任全部丧失殆尽。要不停地、不断地、永远去说真话，直到大家的信心真正建立起来。当然，仅有真话和真相是不够的，建立大家对中国铁路的信心和信任还需要做大量的工作，甚至有很多是处理这次事故当中的一些细节。

......

好了，就是这段话，现在我们可以再把屏幕定格在那儿。我为什么会不太认同呢？我们不能把技术是先进的，就等于合格，就等于我们拥有信心。话为什么要这么说呢？仅仅是技术先进，但是你的管理是否先进？运营整个给予的实践答案是否先进？监督是否先进？对人的尊重是否先进？所有的细节是否先进？归根到底，综合下来你的运行能力是否先进？如果综合下来的运营能力是先进的，我们才可以说，它是先进的，是合格的，我们才会有信心。

举一个例子，比如说我们形容一个人身体非常健康，怎么去说呢？说他心脏功能 40 岁像 20 岁一样，肝、肺都是 40 岁像 20 岁一样，你觉得他身体好极了，是吗？但是他弱智。你能说他是健康的吗？只有当他各种身体器官，包括智慧、大脑全部是健康的，我们才可以得出健康的结论。因此，仅有技术是先进的这一点不能说是合格的，也不能等同于信心，需要一个综合运营下来给予我们一种先进的感受。

很多人在这次事故出完之后，开始质疑速度，说速度是不是可以降下来？其实，跟京沪高铁的 300 公里每小时比起来，动车速度没那么快，尤其这次出事的是第一代的动车，它的公里数可能也就是一小时 200 多公里。针对这方面，今天我看到英国的交通事务学者胡德说的一句话："高速交通的关键在于调度和轨道维护。是否仅仅把速度降下来就能保证安全呢？2002 年的（英格兰）赫特福特郡脱轨事件后来被发现原因不在车速，而是路轨接轨处螺钉没拧紧。"

回到《三联生活周刊》副主编李鸿谷的这句话吧："速度，看来是我们必须面对并且认真思考的重要问题。不仅火车的速度、铁路发展的速度，甚至中国经济发展的速度……管理、制度、社会如何匹配高速度，我们至少要避免以生命为代价的磨合与适应。"

所以，我个人的感觉，不是我们的高铁太快了，速度不是问题，而是另一种速度有问题。什么呢？就是只求效益，只求政绩，一路向前走，但是忽略了以人为本，忽略了规律，忽略了科学，忽略了我们生活中很多乘客的感受，尤其忽略了科学的管理和监督。这样的一种快速度才是真正可怕的。所以，还是要给我们的铁路本身的速度正一下名，速度不可怕，但是另一方面的冒进可就太可怕了。

因此，所有成功的《新闻1+1》节目都具有这个共同属性。2012 年 6 月 28 日，我在做关于"审计"的节目时，审计报告公布时，也同样如此：

（播放铁道部宣传片《中国铁路》）
怎么样？大制作吧，导演张艺谋，而且画面也是一如既往的漂亮。但是，看这个片子的时候，我们想说的可不是表扬。在昨天最新的审计报告当中，还特别提到了这个片子。怎么提的呢？我们看看这段话。2009 年至 2010 年，铁道部在未按规定公开招标的情况下，投资 1850 万元制作中国铁路宣传片，未达到预期效果。这只是昨天的审计报告当中展现出来的一个小小的细节，这次审计报告出台之后，人们发现还是老面孔，还是那些老问题。来，我们面对这"二老"。
……
在十年前，"审计风暴"刚刚刮起的时候，大家看，很自然把"风暴"跟审计紧紧联结在一起，因为当时人们觉得新鲜、有力度，而且点名，好啊。"看家狗"这个说法一下子就在社会中流行开来。那个时候是审美，为审计部门的工作和精彩来鼓掌。后来慢慢过渡到审丑，看看都暴露出什么问题。到了今天，正在演变成审丑疲劳。为什么会有疲劳呢？还是那些老面孔，还是那些老问题，而且没见到多么严厉的处理啊。就像一份体检一样，每年都做体检，这一点当然很好，但是年年做体检从来不治病，也是，有的时候开药、治疗、手术,不由这个体检部门来办,但是医生也不说话,慢慢大家产生了无奈。

像今年审计报告出来之后,我看到很多媒体,非常平静地去报道它。但是,见不到像以往那样热烈为审计部门工作在鼓掌,也见不到为出现的很多丑恶的现象痛心疾首,那种极强烈的情感,而是一种平静。在平静的背后会不会有一种无奈?接下来该怎么办呢?真希望这一两年能是一个重要的转折点。不过,不要说总是老问题,也会有一些"新鲜的事"。我在这份审计报告当中就找到很多简直是匪夷所思(的事),像评书一样的内容,给您念几个,也让您不那么无奈。

农业部所属的规划院有 6 名中层干部,违规持股 100 多万,而且分红、报酬、奖励 230 多万,而且,人家底下的部门用他们这个名字每年挣到的咨询费 2000 多万。天啊,把我调这个部门去吧。

文化部,2011 年实际拥有车辆 94 辆,其中超过核定编制的配备就有 44 辆,快接近一半了。目前,还有 30 辆没有清退或处置。

再看国家人口和计划生育委员会,人家可真是会节约。所属的宣教中心以 0.2 万元,也就是 2000 块钱,从下属的部门购买了账面价值 34.89 万元的两辆轿车归中心领导使用。2000 块钱买两辆,也就是 1000 块钱买一辆。明天我打算给他 4000 块钱就让他帮我买一辆。你看,他还能挣点。

国家宗教事务局,一查,使用的软件当中有 70 套不是正版的,估计是盗版的,这也太没信仰了。

民政部,原价值 77.18 万元的小型普通客车,最后卖了 2.2 万元,我在这直拍脑门,怎么没卖给我们呢。

你看,这些事情简直是匪夷所思,只是被当成了很多很小的事情就藏在审计报告当中。但是,让你看完的时候触目惊心,更不要说那些大事情了。

我们再来看这样一些数字。2007 年的审计报告审计了 49 个部门,存在问题的部门是几个呢? 49 个,百分之百有问题;2008 年审计了 54 个,又是百分之百存在问题;2010 年审计了 54 个部门,又是百分之百;2011 年,终于有进步了,审计了 50 个部门,只有 49 个存在问题,毕竟还不是百分之百嘛。

这个问题很久之前的时候,我在演播室里问过当时的审计长李金华,为什么年年查,年年有?为什么都是那些老问题?我相信现在审计长也要面对这样的问题。咱们听听专家会怎么感受吧。

我觉得,这是长期以来,我在《新闻1+1》和《新闻周刊》里形成的思维方式。不怕别人说过,怕的是自己没说出新的角度和新意的东西。所以,凡成功的与《新闻1+1》节目都一样,都是广泛关注的新闻依然有新的表达、新的观点和新的角度。

评论是一个
脱敏的过程

所谓"敢说"

很多网友都觉得白岩松很敢说，也能把握说与不说的平衡。有媒体也经常问白岩松，你的边界在哪儿？他形容自己在"潜行"，并不能知晓边界。"这意味着我经常要试边界，就像探雷一样，有多少探雷的人腿是被炸断的。"他身体一向强健，除了腿上，双侧膝盖和右踝因踢球受伤留下长长的三条伤口。

张泉灵也说，"我觉得岩松在今天还非常难得地在做一件事情"，那就是，他"始终在坚持去探索我们能不能把我们的路走得更远一点"。"有的时候你知道这个空间会越缩越小，当你回到一个更安全的角落时，其实下一回，你想伸手，未必有上一次的空间。但是岩松始终在试着往外推一点，再推一点。"

2013年的两会期间，白岩松在接受《新快报》的记者采访时也谈到了评论的边界和分寸的把握问题。他说："一个新闻评论员让所有人都开心，那一定是做得很烂的标志。今天说这个明天批评那个，不同的部门不同的利益肯定会反感你，但要看最后你要追求的是什么，总体是在做建设做推动，这个职责永远最重要，不要为了简单地让所有人都开心而改变。让所有中国人都喜欢的只有人民币和大熊猫，我从来不指望做成这样，所以该怎么做就怎么做。"

其实，我觉得不是我敢说。

第一个是，说明在互联网时代，我们的很多网友和父老乡亲们依然内心还有一个自认的底线，稍微比他们的底线高一点，他们就想鼓掌，其实我们的自我解放还远远不够。我每天看到别人说我真敢说，说明在他内心里，悄悄地认为这个不该说。

第二，这个时代还是有博弈的空间。

第三，也是非常重要的，我做什么事情都是希望建设的。那我觉得长期以来建设性的想法应该在决策者看来也是清楚的。

第四，最重要的是，我必须在操作过程中掌握某种平衡，因为你是建设性的，这种平衡就相对好一点。所以，所谓的平衡，你得拿捏分寸，而且这不仅仅是跟中宣部、新闻管制有关。

我是学新闻的，你把我扔到美国，我也会克制自己。我不会只图嘴上痛快，自由不意味着自由使用，自由反而意味着拥有自由空间，同时拥有内在和外在的约束和控制，美国同样如此。是不是在美国什么话都随便说？在美国排第一位的新闻大忌就是冒犯，那不是说你拥有自由。在中国反而是种族歧视很严重，在中国经常对黑人用的词语不太敬，在美国你说一句试试？

过把瘾之后呢？

我觉得作为新闻人，大家不要理解成你会掌握一定的平衡，把狠话说了，然后揉两句。没那么简单，不能只图嘴过瘾。我觉得你把我放在哪儿，我也会思考这个问题。因为我是学新闻的，最重要的是，你要尊重新闻事实，而不是过把瘾。我经常跟我的同事说，过把瘾之后呢？那小说可是叫《过把瘾就死》。所以，我经常跟我同事开玩笑，你们玩过电子游戏吗？我现在就剩下一条命了，我得攒攒命。老的电子游戏，你有七八条命。闯关的时候死了一条命，再闯关的时候又死了一条命，最后剩一条命的时候，你要特别谨慎地闯关，你要通过不断地闯关，再养几条命。

这么多年来，我的这种感受是最深的。有的时候我经常觉得某段时间就剩一条命了，某段时间我又觉得已经养了好几条命了。就是这样一个过程。

让评论"脱敏"

《新闻1+1》会走多远？

我觉得它在未来会继续走下去，叫不叫《新闻1+1》不重要，这种样态被开创出来了，而且最重要的是，这是一个"脱敏"的过程。

刚开始开播的时候，台长都要过来，一方面说明重视，另一方面也说明担心。那个时候评论节目在中国电视诞生出来了，大家当然一看眼前一亮，但是接下来担心也在行业内部油然而生，到底能活多久？因为那个时候大家还格外敏感，尤其是一些热门话题：什么"瓮安事件"我们也评了，"石首事件"我们也评了，"上海杀死警察的事件"我们也评了，"乌鲁木齐7·5事件"我们也都评了……当时会有一种担心，可是当《新闻1+1》就这么一期一期往下做的时候，就是一个脱敏的过程。

对电视评论来说，慢慢大家会觉得，做这些东西很正常。所以我们这几年，慢慢也有了自己的特约评论员，《新闻联播》也开始在尝试了。这就是一个脱敏之后变得更从容的过程，我觉得这就对了，尽管还会有反复。因此，《新闻1+1》是不是还叫这个名字，还是不是这帮人做，这已经不重要了。这个样态已经在中国电视生根，最重要的是让评论脱了敏，在中国电视里作为一种正常的样态存在下去，这就够了。

在 2008 年 7 月 11 日播出的《新闻1+1》中，白岩松评论道：

我们其实由这样一个发生在贵州仿佛很偏远的瓮安事件当中会思考，并且应该收获很多东西。为什么要谈到最后说喜悦于一天呢？你看这样一个，在 5 号凌晨的时候，瓮安新任县委书记和代理县长走马上任，6 号仅仅一天的时间，就在公安局设立了信访日，上访的群众络绎不绝。

我觉得火山喷发产生非常严重的剧烈的能量，原因在哪里？能量慢慢地累积，最后爆破的这一下必然产生极大的破坏力，如果在火山能量累积的过程中有很多疏泄的渠道的话，它会累积成这么大具有破坏力的能量吗？我觉得这就是一个石宗源书记在 3 日的时候特别谈论到的，它背后的深层次原因表面上看，是少女死亡的导火索，但是背后深层次累积了那么多原因。这个事情历史惊人地相似，第一次世界大战、第二次世界大战，那么大的大战回头去看，我们都学会了"导火索"这个词，都不大，但是都是不大的导火索的背后其实是一个很长期累积之间的国家与国家之间的矛盾，具体的一个地方的概念不也是这样吗？所以我喜悦于这一天的变化，盖住了一个瓮安，可能就盖住了很多类似个瓮安有可能出现的隐患，全国各地有很多相似的地方，但是把它这个盖子打开了，可能就让很多全国类似的事也意识到问题，去为更多的老百姓做更细致的工作，我觉得这是瓮安事件应该留给我们的一个非常重要的遗产。

在 2009 年 6 月 25 日播出的《新闻 1+1》中，白岩松评论如下：

其实我觉得一是需要市里的政府和司法机关还要做大量的工作，因为还有很多的事实需要进一步地去提供。其实还有一点是进一步地放开媒体，让媒体把更多的真相展现出来，背后到底是什么。

另外，我再次强调，我们关注它不是为了仅仅关注石首，而是中国那么多的地方。其实最近我不知道大家有没有注意《瞭望》上面的一篇东西，中央也在做出相关的部署，省、市、县级的司法机关的负责人，将来主要负责人，每个月都要面对一次信访的群众，而具体里头的一些常委、司法机关的主要领导，每周都要见一次，把它变成一种制度化的因素。

而且还有，我们现在在面对社会上很多上访，对身边的人不信任，所以才要上访，过去采取的是硬，现在不敢了，尤其瓮安事件等很多事件之后不敢了。现在软也挺可怕的，花钱买平安，其实是按了葫芦起了瓢，甚至很多上访的时候替人买单，旅游。有一个真实的故事，有几个上访的专业户，在一个饭桌上吃饭，在一个饭店里聊接下来怎么上访，吃完饭之后讨论谁买单，于是给当地政府打了个电话，政府马上过来就把单买了，你们别上访。

在《新闻 1+1》2008 年 7 月 16 日播出的"杨佳袭警案再反思"中，白岩松的评论是：

的确，你发现最近一些年来，从国外一直到国内，这种非传统性的犯罪在明显增加，为什么叫非传统性的犯罪呢？心理缺陷、性格缺陷、人格缺陷，甚至无理由犯罪。

我举一个例子，比如说在日本东京我们看到，秋叶原 6 月 8 号，距离杨佳那个案件只有 20 多天。我们现在在 PPT 里能够看到，当时他自己去买凶器，监控录像都已经拍下来了，后来还在网上说，我就要去秋叶原去犯罪。大家都用一传统的思维，哪有人犯罪先告诉别人的。结果，他真的就到了现场，导致七人死亡，十人受伤，没有任何人认识，所以日本称之为无差别杀人事件。什么意思呢？如果用中文来理解的话，就叫无缘无故地残杀无辜。我专门针对这个事问了警察，警察告诉我最难破的案就是无缘无故的案。因为传统的侦破方案一定要找到千丝万缕之间的关系，但是，当由于性格缺陷或者人格缺陷甚至精神缺陷而导致的无理由犯罪的时候，你就找不到传统破案过程中的蛛丝马迹，你完全不知道他为什么犯罪。

我觉得随着犯罪的后现代感在增强，有多人孤僻、性格有缺陷等等，我觉得生活中要更加强化"以人为本"。看似这是一个很政治的四个字，其实非常重要。当你意识到生活中很多遇到需要排遣和性格有一些缺陷的人的时候，社会如果不是关闭大门，不是冷漠，甚至比如说在执法，刚才高教授也都谈到了，我们各方各面都是一种柔化的、和谐的，可能他的反应就不会过格。我也注意到有的公安机关已经在过去几年强调，要注意小区或者社会当中一些性格有缺陷，有孤僻的人等等，经常找他们聊聊，让他们有个宣泄口，我觉得这就是一种很好的转变的意识。

另外，其实大的背后还需要每一个人"以人为本"的意识增强，对生命有一种更高的尊重。我们每一个人如果说政府该不该以人为本？当然，该不该每一个生命都付出巨大的代价？都要去挽救它？该。但是一届又一届的政府都跟我们每一个人紧密相关，我们也有可能成为未来政府当中的人。如果我们今天是夸杨佳为义士，是这样一种生命观的时候，将来我们怎么能指望一个以人为本和完全尊重生命的政府呢？它就是我们，我们其实之间不是一个对立的感觉，今天的年轻人就是未来政府中很多的人。所以，这一点更让大家会有一种担心。我觉得从更长远的角度来说，杨佳案提醒我们，必须去考虑很多新的犯罪；另一方面，"以人为本"一定要落到最实最实处。

其实，《新闻1+1》自开播以来，节目组经常会承受来自各方面的压力。

王力军说，在《新闻1+1》时，压力特别大、疲惫、焦虑，甚至疯狂。他说，在《新闻1+1》，有两个节目将影响他一生，一个是"律师身陷造假门"，一个是"拆迁之死"。他觉得一生做这两个节目值了。

说到白岩松，王力军这样评价："他就是为新闻而生的。"王力军说，白岩松做事非常执著，团队一帮人都是为他而来，慢慢形成了一种气质。"我觉得在《新闻1+1》，他付出的最大，他是全身心投入，他受到的重创和伤害也是最大的。"

王力军还认为，白岩松不适合既做制片人又做主持人，因为他必须要面对节目之外的压力和阻力。他说："其实我们当制片人的，可以为白岩松做一些抵挡、保护、交涉和沟通。"

《奥运1+1》：
平行逻辑

《新闻1+1》也在不断地变化与创新，慢慢地它会变成对今天的评论，而不是对今天一条新闻（或一个话题）的评论。从某种角度来说，《新闻1+1》应该具有周刊日刊化的可能。我们在伦敦奥运会和"十八大"上都做了尝试，使用平行逻辑的结构，在《新闻1+1》也做了两个专题：《奥运1+1》和"'十八大'观察"，其中《奥运1+1》收视率提升了80%，"十八大观察"收视率提升了40% ～ 50%。这样的模式可能要比现在对一个话题或一条新闻的评论合理。

什么是平行逻辑？平行逻辑与传播规律是什么关系？

"我不再按照过去那种完整逻辑，设置一个很累很沉的作品，而是把我精彩的东西，平行分布到我的节目当中，你什么时候进来，都有这一时刻可以迅速把你拿住的内容，但是这里不建立传统的那种坑人的逻辑，如果晚进了3分钟看不懂，因为前边讲故事的部分，不搭头两个台阶，就无法跟随，因为你制作节目的逻辑是这样的。可是平行逻辑就无所谓，哪怕我25分钟节目，你在22分钟进来的时候，也可以看完这3分钟，好处在于2分钟进来的时候，有可能伴随一直看完。"这是白岩松在2013年1月底央视经济新闻部的一次业务研讨会上对平行逻辑所做的系统阐释。时任央视经济新闻部制片人的李德对此印象深刻，他说："这给我们的启发很大。"

电视人一直在犯一个毛病，做一条短新闻还好说，稍微长一点的专题和大新闻的时候，全世界的电视人从来是按照受众，从节目的第一分钟看起，一直看到完，来制作节目，对吧？但事实

《奥运1+1》：平行逻辑

白岩松在主持 2012 年 11 月 8 日播出的《"十八大"观察》(视频截图，源自 CNTV)

上呢，国外的电视人很多年前做了一个调查，坦白说，当我多年前看到外国人调查结果的时候，改变了我做电视的方式。他的调查结果显示，非常简单，观众不像我们想象的那样，从第一分钟看起一直看到完，而是随时进入随时逃离。那么，我们现在应该反思，我们的那种完整的逻辑，那种设计开始部分，然后如何推进，在什么地方达到高潮，最后收尾的电视制作方式，还靠不靠谱？这种做电视的方式，是作品性创作，但它不符合当代观众看电视的习惯。问你自己，你有多少节目是从第一分钟看起，一直看到完的？当你随时进入一个电视节目时，你因何而停留？当我看到这个结果，打碎我完整线性逻辑的概念之后，我用过去完整线性逻辑制作电视的模式，变成现在的"平行逻辑"。

《新闻1+1》以前是做一个完整的专题。但是，在奥运会时，在《奥运1+1》里，我设计的就是五个小版块：1+1瞬间、1+1关键词、1+1人物、1+1"冠军"、1+1期待，五个版块。今天如果"1+1人物"好，放大"1+1人物"。如果今天"1+1人物"和"1+1'冠军'"都好，把两块都放大。如果今天"1+1瞬间"好，放大"1+1瞬间"。最后永远像搭积木一样，这种平行逻辑可以保证今天把最精彩的东西放大。

因此，《奥运1+1》不仅获得了观众的收视率，也得到了业界的好评。光明日报出版社还专门将《奥运1+1》全部的文字结集

2013 年 3 月 4 ～ 17 日播出的《两会 1+1》也同样采用了平行逻辑的方式（视频截图．源自 CNTV）

出版，书名叫《照照这面镜子——岩松夏丹说伦敦奥运》。同时，《光明日报》还连续用了四五个版面的篇幅刊登了《奥运 1+1》全部的文字。

做"'十八大'观察"的时候采用了同样的模式，这是中央电视台历史上第一次，从来没有过，做如此严肃的节目开始采用这种平行逻辑的方式。我也设计成了瞬间、关键词、人物、声音，最后是数字，哪个强就放大哪个。这里头就是一种平行逻辑。谁能想到，我们"'十八大'观察"的平均收视率比日常节目高出了 40% ～ 50%，我想跟平行逻辑是紧密相关的。

新闻频道与
"拉玛西亚"

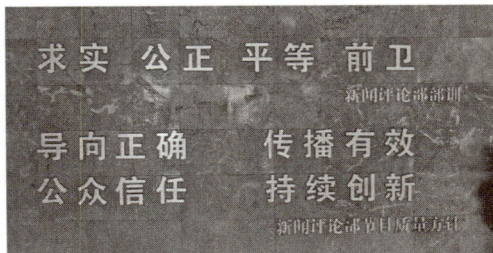

"'求实、公正、平等、前卫'，这个央视新闻评论部的部训，不仅是一个部门机构的凝聚口号，也是记录中国时代变迁的一种态度。"刘楠在《新闻撞武侠》中写道

在 1993 年的年中研讨会上，白岩松把"平视"贩卖给了评论部，成为"部训"的一部分。说到"部训"，英国的 BBC 也有内部工作手册，对于新入职者要进行为期两个月的培训。而对于央视新闻评论部曾经的"部训"，白岩松说，现在它只是回忆中的一个概念了。他说，1993 年评论部成立，到 2000 年之前，这个"部训"是真的把我们团结在周围，甚至成为我们共同的一种价值观，甚至一种追求。

"平等"、"平视"的理念，我们现在虽然还写在南院的墙上，但是已经和十年前是两个概念了，就像我们生活中有很多口号贴在那，其实它离你相距遥远，因为经过变迁、人物的洗牌，"部训"也慢慢不像十年前那么有凝聚力。

现在，"部训"是一个回忆中的概念吧。

"部训"是一种态度

从今天的意义来看"前卫"的概念，已经没什么前卫的了。但是那个时候却是前卫的，很多价值观是前卫的，人性化的表达、对普通人的关注、舆论监督，等等，都是在那个时代中国新闻界极其前卫的东西。

现在评论部有多少前卫的东西？我们现在是代表前卫的方向吗？所以这个词虽然还在，但是给人们留下的印象，已经变化了。那个时候，不仅我们把前卫写在那，别人也会认为我们是前卫的，现在前卫还写在那，但是还有多少人认为你是前卫的？

"平视"那个时候是一种态度，那种态度对当时新闻界来说非常重要，但是今天我们是否还在平视自己？在平视别人和整个社会？我觉得难说。别人是否在平视你？我觉得有时候甚至是俯视吧。所以，同样的词已经发生了变化。但是那个时候，它是统一的价值观，有那么几个字，平等、前卫、求实、公正等，都是对你的暗示，你觉得在这样一个团队中，就应该这样，这种平等不仅是你跟采访者，还有在我们内部，领导和群众没大没小，现在可以吗？现在平等，咱不说对外，就说在内部，领导的感觉越来越像领导，和以前是不一样。想要一个团队平等起来，这种文化的建设，首先是当领导的在骨子里先认同，并且用自己的作为让所有的部下看到。有时候会感触，社会大环境在变好，小环境却在变差。

现在看"部训"，我希望它还能在未来起作用，但是很难。也不能说是过去式了，起码不像过去那样具有凝聚力，不像过去那样是一种共同的价值观，现在我觉得是一个人一个价值观。

新闻频道的不足

中国中央电视台的新闻频道应该是什么样的新闻频道？

全国虽然还有一些叫新闻频道的，但是大家当然认为就这一个新闻频道，因为它还处在一个垄断地位上。因此，从这个角度去衡量，央视新闻频道就应当站在中国新闻的肩膀上，而不仅是央视的新闻频道，还是中国的新闻频道。我们很多新闻，是不是更具有一种方向性？这个我们内部应该去思考。这是第一个不足。

　　第二个不足，在做量的同时，我们的质做得好不好？现在新闻频道有了巨大的进步，每天提供的新闻资讯量是过去无法比拟的，大量直播成为常态。但是，当量足够的时候，我们的质够吗？每天特别有质感的那两三条新闻，被我们放大和关注的够吗？我们是不是还有雷同和相似的地方？如果用一个坐标来衡量新闻频道的话，我们的横坐标，也就是量的坐标做得非常棒。但是竖的质的坐标呢？跟量相比较，差得很远。所以国外好的新闻频道，一定是以量为基础，但是每天让人看到两三条很有质感的新闻，被放大，非常多元，而且真的在滚动。我每年都有一两天，一天内完整地看新闻频道，我看不下去。因为大量的新闻在重复，只不过换了个播音员在播同样的导语和新闻，这种滚动性太差了。我觉得滚动新闻每一个时段都会有增加和删减，它应该是变化的，可是在这一点上我们依然做得不好。

　　第三个不足是人才。这是两个方面，一个是我们吸引了多少人才进来？第二个，我们以此为平台，培养了多少新的人才？这十年，我们以新闻频道为标志去衡量，出现了多少优秀的新主持人？出现了多少优秀的响当当的大牌记者？又有多少响当当的栏目？我觉得如果要是用这个来衡量，这十年，我依然把它当成打基础，但这是接下来要去思考的，没有人，就没有未来。

　　中国现在传媒的现状，已经不像十年前那样：吸引优秀人才的能力极强。现在我觉得一流的人才已经不做传媒了，现在一流的人才都去中石油、中石化等各种垄断行业、科技公司，等等，二三流才进传媒，不像90年代真的具有向心力，全中国最好的学者团聚在周围，最好的年轻人愿意去做电视，去做新闻。我觉得现在已经不是了。

　　谈及新闻频道的不足，白岩松的同事张泉灵说，还有进步的空间。她说："其实需要进步的空间太多了，我们从单条新闻的处理，从整个新闻的量，从新闻的语态，从整个版块的编排，我觉得还是有很大的空间可以做。

　　"新闻频道，现在其实从工作量上来客观地说，对于每个人来说，工作量是十年前开播的三倍，最最起码三倍。其实你要回头去想容量，当时2003年的时候一天播多少片子，现在播多少片子，容量起码三倍，可能还不止，但是新闻频道还是有太多的内容要改进。"

张泉灵说："作为一个观众，我都在想，可能媒体你再不去改你的语态的话，你可能不仅跟不上受众的需求，你可能连这个时代的步伐都跟不上了。你再仅仅求安全，仅仅求不犯错误的话，你可能就不再被需要了。"她说，也许就是今年或者明年，中央电视台就不是最大的广告收益了，可能很快被百度超过了。新媒体的追赶不仅在它的传播方式上，它甚至在广告客户的认同上、它的盈利上、它的受众接受面上，它在变得越来越强大。所以，这是非常现实的问题，当然有人会说，即便有一天人们不看电视了，但是电视台依然可以做内容的提供商。内容的提供商，在这个平台上，语言的方式、长度、环境、表现方式，跟你在有一个垄断的平台的表现方式是完全不同的。"我不能想象，电视台目前提供的大多数的新闻，放在这个平台上，有人要看。所以即便做内容提供商，即便我们还一样做新闻，但是我们的方式不同，我们的语态不同。"

本土的"青训"

这个时候，我觉得作为全中国几乎唯一旗舰的新闻频道，我们凝聚人才的能力强吗？好的人才来了，为什么又走了？我们为什么留不住？我们本土的青训怎么样？从足球俱乐部的角度来看的话，一个好的俱乐部一定是青训特棒，就像巴萨的拉玛西亚一样，跟阿贾克斯一样。可是我们的青训营怎么样呢？培养出了多少人？

拉玛西亚足球学校初建时，球场非常简陋，都是人工草皮，巴萨四个年龄梯队的青少年队分享着拥挤的训练空间。然而，尽管拉玛西亚条件简陋，荷兰人克鲁伊夫却带来了世界上最先进的足球理念。1989年，在时任主教练克鲁伊夫的亲自主持下，巴塞罗那俱乐部建立了"拉玛西亚青训营"。在至今30年的时间里，先后有七代，总共503名球员从拉玛西亚走出，其中不乏像梅西、哈维、伊涅斯塔这样的巨星，这所青训营也因为培养人才成材率高而被誉为足球界的"西点军校"。

然而，拉玛西亚训练营的精髓并不仅仅是输出优秀的青年球员，它同时肩负着教育青少年的任务。"我们对待在这里的50名孩子就像对待自己的家人一样。"拉玛西亚负责训练安排的博阿德说。在世界上众多的足球青训营中，拉玛西亚的这个特点几乎是唯一的，巴萨的教练对待孩子看起来更像是修道院布施的修女。在这样一所大家庭里，孩子们吃的是家庭式的饮食，像被父

与孙玉胜、水均益、敬一丹、崔永元等一众《东方时空》元老的合影

母督促一样地去完成文化学习，以及亲情式的行为准则灌输。所以，在这里，有时候，当一名孩子因故不能继续接受训练而不得不离开训练营时，哭泣的往往是他的竞争对手，这是多么一件不可思议的事。

从拉玛西亚走出去的球星，他们依旧保持着在青训营时的本色，会经常回这个家去看看。

所以，人才，我觉得这个问题甚至比前两个更大，还是我们这批人，作为新闻频道最大的符号，在支撑着新闻频道，我们依然带着我们的好奇和冲劲在往前走。大家所谓的年轻人不年轻了，张泉灵做电视已经十年了，李小萌也是过了四十的人了，我们有几个年轻人？我真觉得这太可怕了，我们为什么没有形成一种特别棒的文化，让这里的年轻人能够不断地脱颖而出？

因为这十多年，没有太多关注这些事。没有真正的机制变革。

大事记

2008年

3月24日　《新闻1+1》开播；《东方时空》改为每天一期30分钟的深度报道专题。

5月1日8点　中央电视台高清综合频道正式开播。

5月1日　《中华人民共和国政府信息公开条例》正式实施,该条例将政府信息"公开"明确为政府部门的"法定义务",并要求以"报刊、广播、电视等便于公众知晓的方式公开",媒体终于被确认为政府信息公开的重要渠道。

4月18日　京沪高速铁路（北京南站至上海虹桥站）全线开工,全长1 318公里。

5月12日
下午2点28分　四川汶川发生里氏8级特大地震,造成69 227人遇难,17 923人失踪,受灾群众1510万人。

8月8～24日、
9月6～17日　北京成功举办第29届奥运会、第13届残奥会。白岩松主持《全景奥运》。

9月25～28日　"神舟七号"载人航天飞行获得圆满成功。我国航天员首次实施空间出舱活动。

11月5日　国务院常务会议召开。针对由美国次贷危机引发的国际金融危机,会议决定实行积极的财政政策和适度宽松的货币政策,确定了进一步扩大内需促进经济平稳较快增长的十项措施,到2010年底约投资4万亿元人民币。

12月15日　海峡两岸分别在北京、天津、上海、福州、深圳以及台北、高雄、基隆等城市同时举行海上直航、空中直航以及直接通邮的启动和庆祝仪式。两岸"三通"迈开历史性步伐。

2009年

1月1日　一档以"传播养生之道,传授养生之术"为宗旨的栏目《养生堂》在北京电视台科教频道（BTV-3）开播。2011年1月1日移至北京卫视播出。

1月27日　中国首个南极内陆科学考察站昆仑站建成。

3月17日　中共中央、国务院发布《关于深化医药卫生体制改革的意见》,提出了切实缓解看病难、看病贵的五项重点改革措施和建立健全覆盖城乡居民的基本医疗卫生制度的长远目标。

3月底至4月中旬　墨西哥、美国等地接连暴发甲型H1N1流感疫情。随后,甲型H1N1流感在全球范围内大规模流行。2010年8月,世界卫生组织宣布甲型H1N1流感大流行期已经结束。

3月31日　白岩松和央视《岩松看美国》摄制组赶往耶鲁大学,并发表了题为《我的故事以及背后的中国梦》的演讲。

6月16日　中国、巴西、俄罗斯、印度"金砖四国"领导人在俄罗斯叶卡捷琳堡会晤,胡锦涛对四国合作提出四点建议。

7月5日　乌鲁木齐发生打、砸、抢、烧严重暴力犯罪事件。

8月3日　《东方时空》再次改版,改为1小时长的新闻资讯类直播节目,每天20：00在新闻频道播出,综合频道不再播出该节目。

8月10日　《环球视线》和《24小时》开播。

8月17日　国务院印发《文化产业振兴规划》。

8月18～19日　全新型农村社会养老保险试点工作会议召开,提出2009年在全国10%的县（市、区、旗）进行新型农村社会养老保险试点,到2020年前基本实现全覆盖。

10月1日　北京举行盛大阅兵式和群众游行,庆祝中华人民共和国成立60周年。

11月15~18日	美国总统奥巴马对中国进行国事访问。

2010年

1月1日	中国－东盟自由贸易区正式全面启动。
1月15日	江苏卫视制作的大型生活服务类节目《非诚勿扰》开播。
4月17日	国务院发出《关于坚决遏制部分城市房价过快上涨的通知》。
5月1日~ 10月31日	中国 2010 年上海世界博览会举行，主题是"城市，让生活更美好"。
5月7日	国务院印发《关于鼓励和引导民间投资健康发展的若干意见》。
6月11日	南非世界杯开战。这是全球首届 3D 世界杯、3G 世界杯、移动互联网世界杯。中国网络电视台（CNTV）首次成为中国大陆地区世界杯独家新媒体转播机构。
7月25日	东方卫视《中国达人秀》首场比赛播出。该节目的版权购自英国选秀节目《英国达人》。
8月18日	中共中央办公厅印发《关于建立党委新闻发言人制度的意见》。
11月1日	第六次全国人口普查开始。
11月12~27日、 12月12~19日	第16届亚运会、首届亚残运会在广州举办。中国体育代表团居金牌榜和奖牌榜首位。白岩松以"白话"解说广州亚运会开幕式。
2010年度	我国国内生产总值达到 401 513 亿元，成为世界第二大经济体。

2011年

1月1日	中央电视台纪录频道（CCTV-9）正式开播。
2月22日~ 3月5日	因利比亚国内形势发生重大变化，中国政府分批组织中国在利比亚人员（包括港澳台同胞）35 860 人安全有序撤离。
4月10日	第八颗北斗导航卫星成功进入太空预定转移轨道，北斗区域卫星导航系统的基本系统建设完成。
4月10日	《新闻纪实》在中央电视台新闻频道开播。
6月30日	十一届全国人大常委会第二十一次会议通过关于修改个人所得税法的决定，自本年 9 月 1 日起，将个人所得税减除费用标准由每月 2 000 元提高到 3500 元；通过《中华人民共和国行政强制法》。
7月1日	中国共产党隆重庆祝建党 90 周年。
7月23日	浙江省甬温线铁路发生动车追尾事故，造成 40 人死亡、约 200 人受伤。温家宝总理 2011 年 7 月 28 日上午实地察看事故现场并召开中外记者会。
8月9日	中共中央宣传部等五部门对新闻战线开展"走基层、转作风、改文风"活动作出部署。
9月29日	中国自主研制的"天宫一号"目标飞行器发射成功。11 月 1 日，"神舟八号"飞船成功发射，3 日与"天宫一号"成功实现首次无人交会对接，17 日顺利返回着陆。
10月15~18日	中共十七届六中全会举行。全会审议通过《中共中央关于深化文化体制改革推动社会主义文化大发展大繁荣若干重大问题的决定》，明确文化改革发展的指导思想、重要方针、目标任务和政策举措。

10月22日	中央电视台新闻频道《共同关注》增设手语主播。
10月25日	广电总局下发《关于进一步加强电视上星综合频道节目管理的意见》，宣告将从 2012 年 1 月 1 日起正式实行相关规定。
11月28日	广电总局下发《〈广播电视广告播出管理办法〉的补充规定》，决定自 2012 年 1 月 1 日起，全国各电视台播出电视剧时，每集电视剧中间不得再以任何形式插播广告。

2012年

1月17日	国家统计局发布数据：2011 年底中国大陆城镇人口为 69 079 万，农村人口为 65 656 万。城镇人口占总人口比重达到 51.27%，首次超过农村。
4月5日	国务院公布《校车安全管理条例》。
4月19日	国务院印发《关于进一步支持小型微型企业健康发展的意见》。
6月16日	载有景海鹏、刘旺、刘洋三位航天员的"神舟九号"载人飞船成功发射，中国首位女航天员进入太空，18 日和 24 日先后与"天宫一号"实现自动和手控交会对接，29 日顺利返回着陆。
6月21日	民政部发布公告，国务院批准设立地级三沙市，管辖西沙群岛、中沙群岛、南沙群岛的岛礁及其海域。三沙市人民政府驻西沙永兴岛。7 月 24 日，三沙市成立大会暨揭牌仪式举行。
6月27日	"蛟龙号"载人潜水器最大下潜深度达到 7 062 米，实现了我国深海装备和深海技术的重大突破。
7月13日	大型励志专业音乐评论节目《中国好声音》在浙江卫视正式播出。该节目源于荷兰一档著名电视节目 The Voice of Holland。
7月21日	北京遭遇特大暴雨山洪泥石流灾害。
7月27日～8月12日、8月29日～9月9日	中国体育代表团在英国伦敦举行的第 30 届奥运会上获得 38 枚金牌、27 枚银牌、23 枚铜牌，金牌和奖牌总数均列第二位；在第十四届残奥会上获得 95 枚金牌、71 枚银牌、65 枚铜牌，居金牌榜和奖牌榜第一位。
8月6日	美国"好奇号"火星车在火星表面着陆。
8月22日	国务院常务会议决定取消和调整 314 项部门行政审批项目，批准广东省在行政审批制度改革方面先行先试。
9月10日	中国政府发表《关于钓鱼岛及其附属岛屿领海基线的声明》。同日，外交部发表声明，对日本政府宣布"购买"钓鱼岛及其附属的南小岛和北小岛、实施所谓"国有化"表示坚决反对和强烈抗议。
9月25日	中国第一艘航空母舰辽宁舰正式交付海军。
10月11日	莫言获 2012 年诺贝尔文学奖。
11月8～14日	中国共产党第十八次全国代表大会召开。
12月4日	中共中央政治局召开会议，一致同意中央政治局关于改进工作作风、密切联系群众的八项规定，涉及改进调查研究、切实改进会风、切实改进文风、规范出访活动、改进警卫工作、改进新闻报道、严格文稿发表、厉行勤俭节约等。

8

未来：电视知识分子

未来，评论员这个角色我会一直做下去。如果说过去的五年我是在单纯地做评论员，那么未来评论员的角色会占去我百分之六七十的精力；另外，我还会用百分之三四十的精力去做新栏目的研发，去关注这个时代，比如说人的生存状况与人群的内心挣扎、追求与信仰等。我可能会以纪录片和采访相结合的方式，在评论员身份之外以主持人的身份去做一点，或者以电视知识分子的角色去做一些栏目或节目。

我是一个喜欢不断开疆拓土的人，接下来还会开，人到中年的时候，不往上，就容易往下了，所以我觉得，还是要有重新出发的心态。

《感动中国》的录制现场

　　"一年到头，总会有一些不变的东西在等着你。正是当你意识到生活中有很多其实还不变的，你才能去扛得住那些变。"这是白岩松在《感动中国》2012年度人物评选主持人版的宣传片中说的话。

　　2013年2月19日晚，被称为"中国人的年度精神史诗"的《感动中国》2012年度人物评选结果揭晓，颁奖典礼在央视播出。2月22日，白岩松说，这11年来，"每年我因《感动中国》而结束，收官，因《感动中国》的播出而开始"。他还说："《感动中国》最重要的力量，在于让人们更有信心一点，因为知道生活中还有这样的人和你一起行走，然后你自己也会强烈感受到，我觉得你会收获一种信心，这种信心就是希望。"

我更愿意做
"希望新闻"

正好，前几天刚看完胡舒立好多年前写的《访美记》，这本书1991年出版，是她20世纪80年代末去美国呆了五个多月对美国新闻业的全景记录。其中，一个小细节很有意思，她写到了《今日美国》这张报纸，办这张报纸的人说：在美国，相当多的新闻都是"失望新闻"，也就是看完之后让人感到失望的，因为都是社会中各种糟糕的事情，但是他说我们《今日美国》确立的新闻是希望的。

这句话给我的触动非常深，昨天我还跟我夫人说：如果我们是生活在新闻自由的时代里，其实我更愿意做"希望新闻"。但是由于新闻不够自由，再加上干新闻就是要当"啄木鸟"，于是，你必须要去拓宽新闻的边界，你就当然要面对很多也许被别人贴标签的"失望新闻"，因为你正是通过这些舆论监督，去拓宽新闻自由的边界，但其实从骨子里头，我更愿意去做"希望新闻"！

《感动中国》最重要的力量，在于让人们更有信心

所以从这个角度说，这11年的《感动中国》对我来说，是一个非常重要的支撑，这种支撑就在于，你不管是《新闻1+1》，还是《新闻周刊》，还是《360°》等，你面对的很多是这个社会中其实让你不那么舒服的事情，也可以从某种角度说是"失望新闻"。但是这11年，我每年总有这样一段机会，去面对这些生活中所谓

226

的正能量的时候，你知道它是希望新闻。

就像今年《感动中国》的结束语：

敬一丹：奖杯捧走了，这里留下了什么？我想这里留下了两个字：相信。这些捧着奖杯的人，让我们相信，他们让我们相信，这是一个有爱的世界；他们让我们相信，我们面对的是一个有爱的未来。

白岩松：我们今天和曾经的日子里，一次又一次因感动而流下的泪水，就是这种相信的证明，而未来的日子里，一次又一次笑容的绽放，就是相信的最好收成。

我之前也说过，《感动中国》最重要的力量，在于让人们更有信心一点，因为知道生活中还有这样的人和你一起行走，然后你自己也会强烈感受到，我觉得你会收获一种信心，这种信心就是希望。所以我觉得《感动中国》于我来说是一种"希望新闻"。对于公众的影响先不去考虑，首先对我来说是非常重要的，是一种平衡，总是觉得一年因为《感动中国》而收官，又由于《感动中国》的播出而开始，我觉得我可以多少多一点心平气和的感觉去面对很多"失望新闻"，因为《感动中国》往往是我一年快结束的时候录制的最后节目，但是播出的时候是一年的开始。

当然我觉得更重要的是，作为一种离开个体的感受，对于社会来说，应该也是一种"希望新闻"。虽然每年只选取十个人，但是你知道有很多人，沉默的大多数，道德的基因、传统的东西、人性中最美好的东西，还在一拨一拨地往下传，你就会觉得好多了。那些"失望新闻"所带来的巨大的沮丧，也许会得到一定的平衡。

有的时候很奇怪，当我做新闻的时候，我会觉得新闻很重要，但是当我有的时候回到呼伦贝尔老家的时候，几天不关注新闻，发现没有新闻也挺好。这是一个很矛盾的事情。所以我觉得《感动中国》是一个"希望新闻"，社会也好，或者从我个人也好，都挺需要的。只不过在新闻不那么自由的时候，我们没办法大范围扩张这种边界。否则，新闻人都自愿或不自愿地成为"喜鹊"了。但是，如果真是在新闻自由的时代，我一定会选择做"希望新闻"。

我可能去关注人，去做音乐，其实生活中美好的东西很多，但是现在不是这个时代，所以我们这拨人有我们的幸运和不幸，幸运的是你正赶上一个变革的时代，正是在新闻有很大的价值和推动力的时候。但是不幸的是，其实有很多你自己喜欢做和想做的事情，未必可以做。因为，有的时候你要去做一些你未必喜欢，但是必须要做的事情，这就是所谓的责任啊。

"感动" 或许可以更纯粹

我觉得对于"感动"这个概念，它可以更单纯。有些入选的人物，非常棒，但是它也许用"震动中国"或者用"荣耀中国"更准确，可没必要进入《感动中国》的系列里，因为这是两个评价标准，我觉得"感动"还是要从内心、从人性这样的角度去衡量。

因此有时我会更喜欢《感动中国》中的那些普通人，那些甚至我们都不知道他们名字的普通人。即便我跟体育关系非常近，我也不认为突然完成了重大突破的某一运动员就应该进入"感动"系列，金牌已经奖励了他，各种各样的荣誉已经奖励了他，为什么还要进入"感动"系列呢？

类似这样的事情很多，因此，11年下来，一共110名《感动中国》人物，我觉得其中一定是有一定比例的人物虽然非常棒，但是不一定符合"感动"这个概念。因此，当然你会觉得有一些遗憾，不过这个东西也会慢慢改变。

2012年度的这10个人，相对来说，我觉得我比较能接受，因为他们都有感动。比如，老科学家林俊德，他给我们的感动不是因为他名气大，而是因为他临终前坚决拒绝治疗，一定要把工作做完的精神。包括罗阳，恰恰是罗阳，一开始我还很担心，一个已经被媒体反复报道了很多的人，到底还有什么？可是，当我们靠近他，了解了很多细节的时候，我们发现罗阳依然是一个我们熟悉的陌生人，这个时候我们的《感动中国》围绕这个人物往前发展就有了新的空间，尤其当我采访完他姐姐的时候，因为那是一种非常真实的情感流露。他姐姐是一位急诊室的医生，挽救过无数人的生命，但是却没有能够拽住自己的弟弟。他们家都是学医的，包括父母，你想偏偏在这样的家庭里……

可是，节目的容量有限，我们在现场采访的时候，每个人起码都有十分钟，但是最后一剪，也就剩两三分钟了，这种东西观众不会明白。比如说，我问罗阳姐姐的完整的问题是："我一直在想，对你一个姐姐来说，太难了，因为一方面是妈妈你要去照顾她，一方面是你最喜欢的弟弟走了，你在这中间这段日子是怎么熬出来的？"可是当正式播出的时候，我问的问题就变成了：你是姐姐，你这段日子是怎么熬过来的？被剪了很多，但是你又没办法，这节目已经播了136分钟了，如果都完整地保留下来的话，那得播到什么时候去？

所以，这的确会存在这种别扭的地方，只能是最大范围地减少这种别扭，可是即便这样，我在现场的感触依然很深：一个姐姐在讲述那种揪心的疼，那是什么样的感触，你想想。所以《感动中国》2012年这个人物的比例是合适的。

因为2012年普通人的比例很大，即便不是普通人，也捕捉到了人性中的东西，而不是概念化的东西。不是那种牌子非常大、细节不多，而又必须去关注它的那种。如果这样，那感人的力量就会非常少。所以就是回到"感动"这两个字，我觉得2012年就是因为"感动"这两个字感动得比较纯粹，它跟人性有关。

有的时候，11年总的来说没有问题，但是个别情况下有一些比例，比如说10个人里头有3个给你的感觉不是感动，是震动，是荣耀，是感慨……但是2012年更偏向于感动。我觉得这是2012年比较特别的地方。

一个多元的时代，每个人都有表达自己的权利

对于2012年的感动中国人物，我们在网络上听到了一些不同的质疑的声音。对于此，白岩松说，首先这是一个多元的时代，什么样的人都有，你不同意他，你要接受这种多元。

也有人在微博上说就是不感动，就是冷血，这时候，我对他完全不是生气，而是担心，每个人心中都要有一点柔软的地方，这样你的人生才能滋润和丰满一点。如果强调就是冷血或者愤怒，那你猜想他的生活可能有不如意。那天我开场说，老师平常是一种职业，但在关键时刻是一种德行，张丽莉在那一瞬间，就是一个下意识的作为一个教师的决定，我觉得已经足够伟大了，是这个社会缺少的东西，所以这个事让我觉得只有两个事情有德：一个是医德，一个是师德。至于说罗阳，他最后一个电话，是给他妻子打的，关注的是他女儿的问题……

我们有些人可能是安乐的日子过久了，有些事情便习以为常，都觉得一片祥和的样子，在这个世界上，抛家舍业的不仅是中国的科学家吧，即使在倡导着家庭观念和人性观念的国外，比如说美国，我们可以认为美国混蛋的逻辑，到全世界当警察，但是光死在伊拉克战场上就有多少人，我们可以说，四处做警察拿生命当炮灰不人性，但是美国一样把他们当成英雄。

所以，质疑是权利，对不对是另外一个事情。一个多元的时代，每个人都有表达自己的权利。

一个老党员的短信

这是一个七八十岁的老企业家，505集团的来辉武，他发来的一条短信：

"尊敬的岩松同志，我是一名老党员，看了你和敬一丹同志主持的《感动中国》，从头到尾泪流不断，甚至失声痛哭，希望这样的报道在全国所有的电视台反复不断地播，中国需要这样的人，更需要更多像这样感动中国的党员干部和国民，否则将亡党亡国。"

你看，这也是他在思考和忧虑的结果，我们都多少年没见了，但是你能知道他平时在忧虑什么。

我是央视的八哥

虽然从没做过《新闻联播》主播，但在央视每年制作的年历上，他经常出现在显著的"一月份"位置。于是，又有人叫他"央视一哥"。他自己却说：我是央视的八哥。

白岩松说，我觉得大家总不能拿挂历说事吧。挂历把我放哪儿合适，我觉得放在八月份合适，因为我的生日是八月。

我当不了一哥

央视的一哥？在赵老师退了之后，应该是毕福剑，因为毕老师岁数最大，因此不管年龄还是身高都不是我。要是身高的话应该是张斌，如果要用好看的话，应该是鲁健和水均益，所以无论是从身高、从年龄、从外表，我都当不了一哥。

更何况，我也不认为，新闻就一定是一哥，大家有时候会觉得，好像新闻比其他的高。我一直说，不管把哪个领域的主持做到最好，都一定是智商和情商一样高。想把娱乐节目做到最高水准，难道就比把新闻节目做到最高水准容易？不会，我觉得各有各的难，各有各的挑战。

我们是用嘴活着，也活在别人嘴里

因此，这种江湖地位从来都不是我要考虑的问题，我说过这样一句话："我们是用嘴活着，也活在别人嘴里。"

每天都有人议论来议论去，一帮人进来，找你签名，没找另一个主持人签名，那你能想到另一个主持人也很难过。如果做了这么多年的主持人，全国人民都不认识你，那你很失败，做这个行当，仅此而已。

我自己会很清楚，认识了就觉得我很好，不认识能怎么着呢？当然，还是相当多的人去认识你，可是给你带来的麻烦，给你带来的不方便也足够多。

要有重新出发的心态

很多年前我就开玩笑，拉条狗进中央电视台，连播一个月就成名狗了，然后呢？更重要的是，我觉得现在稍微可以稳定心神地去说的是，二十年了，我一直在第一方阵里头。因为我还在长跑的过程中，最后的冠军不重要，因为这个过程，你如果一直在做，而且你不断地开疆拓土，我觉得我可能跟好多人最大的区别就在这儿。

我是一个喜欢不断开疆拓土的人，接下来还会开，人到中年的时候，不往上，就容易往下了，所以我觉得，还是要有重新出发的心态。

主持人是中国最大的名利场之一

当然，有的时候，主持人这个行当，就是中国最大的名利场之一，我早就跟同行说过，这是中国最大的名利场之一和绞肉机，你可要掌握好自己的心态，别人夸你的时候，你别以为都是合理的，别人批评你的时候，你也别总觉得委屈。你凭什么不着四六的表扬你都扛得住，你就扛不住不着四六的批评？自行车前筐里装表扬，自行车后筐里装批评。你慢慢就心态平和了，这就是这么一个行当，躲不开，树欲静风不止，所以你就怎么把自己调适得好一点就行了。

我做到了这一步，别人会觉得你更多地得到的是名利这方面的好处，可是坏处也多了，举一个例子，《南方日报》的人去年年底问我，你会让你的孩子走你这条路？我说打死都不会。

我得多么恨他，才会让他走这条路。

让新闻有
不同的色彩

　　2007 年《南方人物周刊》曾经专访了白岩松，其中提到：很多人觉得他是一个电视体制的改革者，但也有人说他正在成为某种现有体制的维护者。六年后，再次谈到这个问题时，白岩松说：我觉得肯定做一个改革者，请问我维护了什么？

请问我维护了什么？

　　我觉得肯定做一个改革者，请问我维护了什么？我维护了从中得到什么利益？

　　说最简单的话，回过来，大家所谓的体制内的几大优势，第一个，比如说官职，我早就辞掉了，我比你在体制外更早地放弃了所谓升官这条路，我不是到这里考公务员的；第二，发财，现在体制外比我们更赚钱，体制外的主持人要远远比我们更赚钱，更何况我还有大量活动与节目不去参加，我拒绝了；第三个，我好像很少有作风问题，而且在体制内还不能交罚款生二胎，那我在体制内得到什么好处呢？

　　所以，有多少人在提问之前过脑子了呢？这就是一个最搞笑的问题，他可以写下这行文字，但是他接下来仔细去想这个问题吗？我维护这个体制，请问我在这个体制里得到了什么？如果我走上一条官路，那我可能去维护这个体制。如果我在这里有发财的机会，那我可能去维护这个体制。

那么起码到现在为止，我自己主动拒绝了这个体制拥有的某种升官的路径和天然不具有更多的发财路径，即便有，我在中央电视台，市场上有价值，可是市场上我不太参与。

那我得到什么，我维护它的动机是什么？

如何看待央视？

自由不取决你在体制外、体制内，取决你是否有一颗强大的内心。

我反而觉得我在央视里头，我还真的在不断地博弈，我拥有更大的自由和我的独立。可是在所谓的市场环境下，我怎么没见过几个在人民币面前的烈士呢？真要在资本的环境下，资本要比意识形态更无情，难道不是吗？所以我觉得太搞笑。

前几天听崔健一句话说得挺对的。别跟我分"90后"、"80后"，我"60后"，只要毛主席像还在那挂着呢，咱们都是一代人。我觉得很靠谱。

做传媒，如果有时候你换个角度去看央视，我觉得央视是这样，因为你老大，是传媒最大的航母，别人骂你那其实是在骂他们很多想骂的东西。央视干得对的事，你就要接受别人不搭理你，谁让你是央视，干得再对的也是正常。到现在，央视办纪录频道，还有十套科教频道等，但是我也没见过谁表扬过它。但是，央视如果你哪件事干错了，别人就要暴骂你。谁让你是央视呢？接受。你就要去接受。

可是，我觉得换一个角度，好多人也没用这样的态度对待我啊。我当然会因央视可能吃很多的瓜捞，可我也是央视的一部分啊。就像好多人原来挤兑《新闻联播》，我经常开玩笑说，《新闻联播》、《新闻1+1》都是央视的啊。不看《新闻联播》可以看《新闻1+1》啊！不愿看《新闻1+1》可以看《新闻联播》啊！还有《新闻调查》？还有《看见》呢？央视越来越成为一个多元的大筐，这里什么都有，挑你自己最喜欢的那部分，别总拿这个树立某种态度。

我觉得当下很多中国人太搞怪了，站队，可是站完队你会发现是如此的模糊和荒唐。啊，您站在央视的外面，请问您为中国的自由和民主做了什么？你独立吗？你有一颗强大的内心吗？你真正地自主吗？你在人民币面前不鞠躬吗？如果能做到，我们再来聊天。

所以这已经是一个伪命题，大家经常探讨体制外、体制内，我从来都不参与，我觉得太搞笑了，九百六十万平方公里土地上，找得着体制外吗？

中央电视台离新闻最近

中央电视台对我最重要的吸引力，从做新闻角度来看，就是它离新闻最近，这是一个到目前为止无法被替代的最大的黏合剂。我在这里拥有无数的郁闷和不值得，但是就这一点，我就必须在这个位置上。作为一个新闻人，当然希望拥有很大的影响力。所谓的影响力，不是个人的影响力，而是一种推动力。

但是前提是你得靠近新闻现场，请告诉我，做电视，在中国还有哪家媒体能像中央电视台这样靠近新闻现场？从1993年一直到现在，中国最重要的新闻现场，我都在其中，难道这不是一个作为新闻人最大的诱惑吗？这才是最重要的。

两家大的猎头公司找过我，什么样的原因能让我走？我明确地告诉他，多少钱都没意义。除非你告诉我还有一家传媒能像中央电视台一样，也可以近距离靠近所有新闻事实并拥有同样的传播力。那个时候，我会进行选择。所以，现在的一种痛苦也在于说我没得选择，我极其讨厌垄断，我坚决讨厌中央电视台目前在电视领域里所谓一股独大的垄断地位。说小了的话，我连个选择的余地都没有。

不是为了跟它成为对手，而是为了打破垄断

其实，我也希望出现一个跟央视竞争的单位。

为什么要去改革，要去推动？如果有可能的话，将来有一天，我多么希望，我能以新闻频道对手的方式做出一个新的频道。不是为了跟它成为对手，而是为了打破垄断，形成竞争，多元化，让新闻有不同的色彩。

我觉得那个时候的中国会是非常可爱的中国。

"岩松工作室"

现在越来越感觉，对于一个主持人真正困窘的地方。当你达到一定的水准，有一定的影响力，依然有梦想的时候，束缚你的东西就是生产关系，比如说，我做制片人时我有自己的团队，但是在我辞掉后，现在我的团队也分散了。我做《新闻1+1》，我与《新闻1+1》合作，我做《新闻周刊》，我又跟《新闻周刊》合作，我的人在哪里？围绕一个主持人的核心创作团队在哪里？我愿意不断地去实验的新节目又在哪里？

今年我就思考，在中央电视台内部，在体制内可不可以完成一种变革？可不可以我率先从做新闻的角度成立"岩松工作室"？我可以从央视内部和外部去吸引很多优秀人才，十几个核心的。依然在体制内，我们有新的投资渠道。这对于我们台的广告部来说，也希望你跟市场形成一种呼应。我可不可以把我最得意的合作者纳入工作室，反过来去完成《新闻1+1》，或者《新闻周刊》？关键是得有这样的合作人，才能去探究新节目。

举个最简单的例子，比如说，我现在想做《听证会》这样的节目，我去跟谁做？这个团队是否信任我？我熟悉他们的习惯吗？我空投到那里？

所以，不改生产关系，就很难具有新的生产力。所谓体制内，难处就在这。

　　《新闻周刊》的制片人王力军也说，原来《新闻1+1》还有一个标题叫："岩松评论"或者"岩松天下"。他说，当时陈虻推荐他跟梁晓涛谈。梁晓涛上来第一句话就问："做电视节目，靠什么？"他说，得靠制片人。但是，王力军的理解是主持人加记者，他说："如果没有好记者，绝对不是好栏目，如果没有好主持人，绝对没有传播效果。"王力军说，其实《新闻1+1》是为岩松打造的节目，这么多年，白岩松没有离开他的核心，以及他看新闻的一种角度，大家也慢慢找到了共识。王力军还分析，我们现在的电视很多不是为主持人打造节目，而是为类型打造节目。他觉得"这不符合传播的规律"。

"听证会"

中国电视新闻领域的节目一片空地

在新闻领域中，中国电视是一片空地，竞争严重不足。我们到现在为止，大家都以为电视竞争都白热化，电视都快死了的情况下，中国电视新闻领域的节目一片空地，还有无数的空白都没做。

我最近在思考，举一个例子，比如我很想做一个节目，叫《沟通》，或者叫《听证会》，我用的是周末上午10点到12点的时间段直播。我认为，当下我们天天在谈论民主。喊口号有用吗？如何去把它夯实，去做一次又一次的推进？比如说，在这个节目中，我们会讨论计划生育要不要放开，劳教要不要废除，黄灯要不要处罚，等等。请我们的决策者、反对者、媒体代表、网友、公共知识分子、当事人、电视观众可以用互联网或者短信的方式现场投票支持或者反对。

这样的节目在中国一个没有。我还可以说很多，我会慢慢去研发。

我全部立足在公共政策的讨论上

比如说，对于目前的社会，我非常关注两个东西。一个是全社会的沟通，带有民主色彩的沟通。因为只有更好地沟通，这个时代才向前走得更安全一些。说白了，就是如何从媒体的角度推动民主的进程，比如我很想做两个小时的直播，可以叫"听证会"，完成全社会的沟通。我全部立足在公共政策的讨论上，比如说该不该生二胎，劳教要不要取消，黄灯该怎么处罚。那我很可能会把政府的决策者、反对者、媒体代表、公共知识分子、网友都叫来，这里有话题设置，大家公开讨论公共政策，最后以举牌的方式投票，是赞成还是反对？

在这两个小时的直播中，通过互联网网友可以全程介入到讨论中。

我觉得中国快有这样的节目了，恐怕我做是非常合适的。因为我可以拿捏好分寸，让各界觉得安全。如果这个节目一不注意，做得不安全了，就有可能不是前进。要让它前进，就要拿捏一定的分寸。这是一个民主进程、社会沟通，我觉得接下来一定非常重要。

说到白岩松准备创办的"听证会"，可能很多人会想到凤凰卫视的《一虎一席谈》。对此，白岩松评价道："样态永远不是最重要的，你在探讨什么才是最重要的。"

因为家里收不到凤凰卫视，我看过个别一两期，他们也邀请过我一次，但是我没参加。这类似于《实话实说》，但是又前进了一步。样态永远不是最重要的，你在探讨什么才是最重要的。

"听证会"的形式也是乍一开始看一样，但是接下来完全不一样，这里头有很多限定。比如说你是围绕着公共政策，这里头有很多民主的东西，比如说，我们探讨中国是否要二胎，计划生育政策是否需要适当改革。人口计生委的负责人在这，同时反对的专家、中性的态度，可能是三个主嘉宾。那么你也同样不能因为是官员就夸夸其谈，你也只有几分钟时间，当然这中间你可以回应，这时候有媒体团，有公共知识分子团，包括民众的代表，在这个过程中，我们用投票的方式，这个人数始终在变动，最后我会选择现场200人对这个政策的态度。我们再通过网络，各个的态度是什么？

因此这是不一样，不是针对一个话题，而是针对公共政策。

新闻的第二、第三落点

陈虻曾说："其实拍新闻，确实也可以用记录的方式表现。但是，不一定表现在追求新闻的第一落点，即新闻的时效性。可以追踪新闻的第二落点、第三落点。"（详见《不要因为走得太远而忘记为什么出发——陈虻，我们听你讲》）

2013 年 1 月 30 日，在央视经济新闻部的业务研讨会上，白岩松说，新闻在深度角度里头，拼的不是终级深度，而是动态深度，这就需要以速度作为保障。为什么说一快遮百丑，如果快了，哪怕到二，你的都赢，因为别人刚出发，还一呢，你的二就是深度，等到别人到二的时候，你有足够的时间到四了，你保持领先。所以做《新闻周刊》也好，做《新闻1+1》也好，今年《新闻周刊》十周年，当年设计《新闻周刊》栏目的时候，我说终于告别了第一落点的竞争。我们卖选择，我们卖第二落点，但是我们要把第二落点和选择做成第一落点。

纪录片和访谈结合的方式

我还很想在未来做带记录性质的人物访谈节目，想叫"寻找100 个中国人"。比如举个例子，刘震云为什么写作？刘欢为什么歌唱？围绕着写作和歌唱，他现在的日子、生活、状态和他这个时候的感受都是什么？他现在的挣扎、困惑、信仰与解决之道都是什么？我觉得现在很多人物节目做得太不真实了，太虚幻了，播了一个他跟社会没有关系的节目，然后空中楼阁，就是聊，也还好，但是这里大部分是假话。因为你没有对他生活真正地记录，就不会展现他真正的一面。你问的问题本来就够虚了，他回答问题也同样虚着来。人都想要用语言包装自己，所以我觉得我要做的话，访谈一

定是最后一步，先记录、跟随，然后一个月之后，坐下来访谈。

最重要的是，要完成公众从每个人这能看到自己，因为不光是这些所谓名人，还有各个阶层，我希望每年能做二十个，然后做五年，按季做，这都是我当下最关注中国的两个问题。第一个问题是怎样去博弈、沟通、谈判，背后是民主的渐进；还有一个是，社会的心理焦虑、生活状态、生命状态。

呈现的信息和隐私

我觉得这个东西理论上很难界定，但实践上很容易界定。理论怎么去说，实践中你当然知道什么该拍，什么不该拍。就像你进一个人的家里头，客厅是安全的，你会进卧室吗？

我觉得这就是一个区别，他同意你进他家，他同意你进卧室吗？如果你觉得非要进卧室，才是全面了解这个人，那我觉得，你可能就越界了。有几个人欢迎摄像机进卧室呢？但是你如果因为不想进卧室，连他的客厅都不进，那你是否能靠近他的真实生活呢？一般情况下，客厅往往是一个家庭里头设置的早已经准备好的开放空间。

所以，我觉得永远没有所谓真实的记录，真实的记录只有心脏这种 24 小时带 Holter 的（即 24 小时动态心电图，俗称"背盒子"），24 小时完整地跟随。你能够跟随几个人的几个 24 小时？最后还是有选择性的，因此任何记录都达不到百分之百的客观和真实，而且也不是百分之百的真实和客观都是你需求的。上厕所你记录有什么劲啊？睡觉你也记录八个小时？你还是要选择和你有关的东西。

但是，你要记录的东西如何让它更真实而不是表演。我觉得首先你得跟他熟悉，最重要的是对他有一个沟通，让他意识到你这样做是有价值的，忘掉摄像机的存在。这是双方面的一个沟通的过程，所以实践中我很清楚该怎么做，但是理论它永远是灰色的。

至今无法被超越

在 2001 年 8 月由文化艺术出版社出版的《实话》一书中，登载了一篇央视新闻评论部内部对白岩松的访谈。那个时候，白岩松已决定停下来，并着手研发《子夜》。当时，采访者孙金岭问道："随着中国电视界的空前繁荣，一大批新人正脱颖而出，面对于此，你怕他们超过自己吗？"白岩松说："不怕！我反而高兴于对手越来越多。因为，人是需要对手才会被激活的，尤其是高水平的对手。在过去的几年里，非常庆幸的事中还有重要的一点就是，我身边有一群高素质的主持人。你想想水均益、敬一丹、崔永元、方宏进，我们五个人虽有竞争，但更重要的是一个互动的群体。你不能停下脚步，因为旁边的人素质很高，他们正脚步匆匆。对于新的或更新的主持人，我想用一句话来表达我的心情：'请用更快的速度超越我们。'"

随后，孙玉胜在《十年》中也说道，《东方时空》涌现出了一批优秀的主持人，"他们至今无法被超越"。时隔十几年后的今天，我们再次提出这个问题时，白岩松认为，这既有大时代的问题，也有小环境的问题。

大时代与小环境

大时代的问题，的确是从 1993 年开始的那次改革。任何新一拨人才的出现，都离不开大背景，我们现在有多少在江湖上赫赫有名的人都是受益于邓小平的南方视察。如果没有邓小平的南方视察，回头看就没有潘石屹这一批成功的人。没有邓小平的南方视察，怎么可能有《东方时空》呢？也不会有我们这一拨人。

可是这 20 年，我们改革的速度，没有想象这么快。为什么这两年呼吁改革的呼声非常强？那就是这个社会需要新的变革，这是大环境的问题。那么小环境的问题呢？我们这些年来，新栏目的诞生，相对来说不那么多。我认为，目前的新闻，从电视的角度来说，依然延续的是1993年那次改革的余温，而不是一个新层次的新的变革。我觉得新层次的变革一定与中国悄悄拉开的这种民主进程有关系，比如这种栏目设计，包括很多理念等一定与此相关。为什么我说类似"听证会"这样的东西，将带有民主气息和沟通的东西，一定会成为新的一次浪潮？没有这种变革，就不会有新栏目，没有新栏目，就不会有新人，主持人是栏目的动物，没有新栏目，怎么诞生呢？

举个例子，同样是《东方时空》，我们做下来，你让个新人去那主持，他怎么能走出我们的影子呢？除非是个新东西，就像崔永元，如果是被安排到《东方时空》里，那他也就是《东方时空》的传统印象。但是他作为一个新栏目《实话实说》，一下子脱颖而出。就是这个道理。新栏目的出现不是一个简单的栏目问题，它和大时代变革，跟新闻变革紧密相关。所以有的时候你也要说，这不是一两个人的问题。

我做《东方时空》的时候25岁，我第一次得内部奖的时候25岁，我得金话筒奖的时候29岁，我那年破格（晋升）高级编辑，这几年还有这样的故事吗？我29岁的时候，已经不是我们内部评价的问题，我在做香港回归，我在做三峡大江截流……这当然是幸运的，我们赶上了那次新闻变革。但是问题在于，只有新闻变革才会赋予年轻人更多的机会。现在一切都求稳定，这些老炮都在这，"维持会"会长，只有新的变革，产生了新的改革冲动，有新栏目出现，新的年轻人才有机会，才能超越。我就不信现在拿出一个年轻人做《新闻1+1》能做过我？我都做五年了，能做过我吗？但是你要做一个新节目，就不一定了。我是希望赶紧超越，赶紧变革。

几年前我就找我们的领导，跟他们谈这几个年轻人：柴静、欧阳夏丹、李小萌、张泉灵，我称其为四朵金花，应该给她们创造更多的机会。我也曾经跟好多新来的年轻人去谈，包括走了的人，邱启明，为什么他对我总在说好话？因为那个时候私底下经常去沟通，因为看到有希望的年轻人，就希望推他一把，但是也走了。

我接下来要创办的新节目，也不仅仅是为自己创办，我做不了那么多节目。举个例子，有的时候，我就会思考，按理我不应该去思考。张泉灵有一阵在《人物秀》节目做准娱乐，后来我跟她深谈过一次，我希望她去做最称职的现场记者，我说在中国做现场直播的记者里，没有谁能比你做得更好。果真，她在这领域做得非常成功，达到了很高的水准。可是，现在每天就是值《东方时空》的班，她自己的栏目在哪呢？包括我说做《听证会》，可能我扶上马送一程，头几期我去做，我把样打出来，但是我还是希望将来张泉灵和与她类似的主持人能去做这个东西。这按理说不该是我去考虑的东西，但是当有些其他的决策者不去考虑这样的问题时，你就要去考虑，因为考虑了，就有可能变现，比如对她这样的人，可能就有机会。就像我当初把柴静送到《新闻调查》一样，送她去新疆地震的现场报道，送她去《新闻调查》，那可能像她自己书里写的那样：突然那层窗户纸被捅破了，这就是一种进步。

那下一次是不是我依然有机会给年轻人去做这样的铺垫？

白岩松帮我把那层纸捅破了

提到白岩松与自己的那次深谈，张泉灵至今印象深刻。

她说，其实岩松在他的团队管理中一直强调，当你做一个记者的时候，你要做到的是怎么让自己最优秀，但是当你是领导的时候，你要想到的是怎么让更多的人变得优秀。其实岩松在主持人队伍里，是特别愿意跟大家分享他的经验和愿意并给你机会的人。因此，张泉灵说："当时有这么样的一个领导，是非常幸运的一件事情。"

张泉灵说，他还特别坚持一点，那就是坐在演播室里的主持人，是需要接地气的。她说："其实我们那次深谈之前，还有过其他的讨论，他觉得你应该接地气，去新闻的最前线，去了解新闻的发生。我们当然都是记者出身，然后回到这个记者的视角，去接触那些人。这样你坐在演播室里说的话，你的状态会不一样。这样你才不会只注意你的语言流，只注意你的修辞，而没有关注真正的新闻内核。所以，2002 年他当时告诉我说，你能去阿富汗吗？我说没问题，而后我就去了。"

"我从阿富汗回来没多久，他就让柴静去新疆报道地震，我觉得他是刻意安排的。他希望我们始终不离开新闻本身，包括后来他建议柴静去《新闻调查》，我觉得跟这个有直接的关系。因为柴静在此之前，做记者的经历有限，柴静一出来就在《新青年》做主持人，而在此之前，她在电台做的也是主持人，所以他觉得柴静要把记者的东西补上。我觉得这是后来柴静去《新闻调查》一个非常重要的原因，而且她再没离开过，再没来离开过类似的方式和岗位。"

张泉灵说："我记得那次谈话的时候，其实我们俩在这个问题上始终没有问题，不存在他需要说服我，但是我们认真讨论了就这个方向的可行性和接下来该怎么做的事情。我本人是非常有好奇心的人，你知道好奇心在演播室里是不足以满足的。只有你在第一线，好奇心才能足够被满足。也就是现场到底发生了什么？那些被镜头忽略的人，他们跟这些事情有什么关联？他们隐在镜头后面说的那些话是什么？若你不举起你的摄像机，他们是什么样的生活状态和感受你无从知晓。我觉得这是我本人一直感兴趣的一件事。"

"对我来说，一开始选择做记者这一行，就是因为你能够去很多别人去不了的地方，经历很多别人经历不了的事情，见很多别人见不了的人。这一点也是在演播室里完成不了的。所以，我们在这个问题上，从未有过分歧。但是我们需要讨论，当你已经是一个主持人的时候，你怎么来兼顾完成这个事情，我想他给了我特别多的经验。"

张泉灵还说，令她印象特别深的是 2003 年非典的时候，当时新闻频道刚刚开播没多久，一开播她就做非典的直播。那个时候每天带着巨大的不确定性，最早通知说要做直播时，说每天做两个小时，做三天关于非典的直播。后来做完三天，以为要结束的时候，领导说，事态没结束，这不能停啊，说接着往下做。但是做多久啊，说不知道，说什么时候让你们停，什么时候再停。

回忆那段时光，张泉灵说："你知道，在此之前，它不是现在，现在是窗口打开，只要有内容，我就可以继续下去。当时新闻频道还不是一个平台的概念，就我们做直播，特别是一个单一内容的直播，我们还要像之前做大直播特别节目那样，你得有足够的内容，你得提前去采到足够多的新闻，你得有演播室的话题，你得有一个专家，你得有一个严丝合缝的串联单……我们当年就是那么做的。但是，突然来了一个直播，你坐在演播室里，你完全不知道下面是什么，该有什么，嘉宾能不能来，一切都不知道，什么时候停都不知道……天啊，这对我们来说，当时是很难想象的事情。但是我觉得那对我来说，是最重要的演播室主持人的锻炼。在此之前，评论部的主持人的主要特点是没有人给你写词儿，你用自己的话来表达相关的内容。但是这回你连下面是什么都不知道，然后你也不知道要做多长，你也不知道要准备多少东西。所以，那一次对我是特别大的锻炼。"

在那次关于非典的直播中，张泉灵记得有一天，在节目最后的时候，她讲了一个故事。她说，当时好多医院都有护士、医生写请战书。当时 304 医院有一个医生，跟他的丈夫约好了，每天下午两点的时候，她丈夫和儿子会去香山，然后面对着 304 医院的方向，那个医生那一刻会跑到医院西面的走廊里，朝香山挥一挥手。其实他们互相是看不见的，但这是他们的一个约定。那时，爸爸会告诉儿子，你妈妈就在里面，她要救很多人的命，她在战斗……这是他们每天的一个约定。

张泉灵说，在当时的环境下，她讲这个故事，她觉得特别特别动情。她说："我记得我讲到一半的时候，其实我已经看不见摄像机了，眼泪完全在眼眶里面。讲完之后，因为你是一个主持人，所以我一直坚持着。主持人当然有正常人的情绪，但是，你要克制你的情感，而不是把它放大。放大是演员。我把它忍回去了，直到把那天的节目做完。我刚做完，一打开手机，岩松就给我打了一个电话，他说：'我觉得做演播室主持人现场的那张纸，你捅破了'，还说'我觉得你可以了'。虽然就一句话，但是对我来说，我觉得他帮我把那层纸捅破了——也就是自己的一个特别重要的标准和自信心的建立。他告诉你说，这个方向是对的，这个路子就应该这么走下去。"

9

凝望：镜头外的人生

有人说他是新闻的开拓者，他不拘一格的白式话语体系代表着央视语体风格。

有人说他是理性的守望者，他诲人不倦的言论与批评声彰显了一个媒体人的责任。

正襟危坐，西装革履，些许严肃，微皱眉头，黑框眼镜，这是他的公众形象。

在中国，很少有这样一位主持人，无论男女，无论老少，都能精准捕捉到镜头中他的国字脸。

聚光灯下，白岩松是眼光独到的记者，是侃侃而谈的主持人，是敢说敢言的评论员，他追寻着新闻的客观和准确，他践行和推动着新闻的改革和发展。

镜头之外，白岩松为人子、为人父，他是老师，也是兄长，他以最大的爱包裹着亲人和友人，他以最大的关怀给予年轻一代。

（看到以上的这几行文字，岩松谦虚地说："我不好修改这些文字，但后几行表扬得过了，这个世界上，没有谁是完美的，只是争取好一点而已。"）

"新闻私塾"

在《痛并快乐着》一书中，白岩松曾说："当老师一直是我的梦想，这可能和我的家人大多是老师有关。"这些年来，白岩松除了做主持、做评论员，他也经常去学校做演讲、做讲座，他不仅是有志于新闻的年轻人的良师益友，他更是年轻一代的偶像。

2012 年在由上海交通大学中国传媒领袖大讲堂组委会发布的《2012 中国大学生最喜爱的媒体调查报告》中，白岩松成为大学生最喜爱的新闻主播。

大学生群体，是中国年轻一代群体中不可或缺的一部分，白岩松关爱这一群体，他也想激励他们，让他们在这个略显浮躁的社会里保持着真诚、善良和不断的质疑与改变。他曾在清华大学、宁波大学、江西财经大学、重庆大学、郑州大学、哈尔滨工业大学、广西大学、安徽大学等做过演讲，他还在耶鲁大学做了《我的故事以及背后的中国梦》的演讲。他被媒体称作电视"老人"，新闻系的学生则把他当"精神教父"。

他曾在《幸福了吗？》中写道："在大学讲课，有一位站在最后一排的同学问我：'白老师，我在最后一排，您在第一排，我什么时候能和您一样？'我的回答是：'在我的眼中，现在的你才是在第一排。你有无数条道路可以走到我这儿，但我再也找不到一条可以到达你那儿的路，该难过的是我。'"

每一次讲座，都是从他忙碌的工作时间中抽出来的。他渴望与年轻人交流，他会带着他的想法、思考与大家分享，但是他也不希望年轻人就全盘接受，他希望的是一种互动的交流，一种批判的接受。他曾经讲过："2004 年回广播学院，母校成立五十周年校庆，一进校门不久，便不断面对师弟师妹合影与签名的要求。主持晚会时，我脱口而出：这不是广播学院的传统，我们那时候，不管谁来，迎接他的都是质疑的问题和怀疑的眼光，而不是签名和合影。"

从 2012 年秋季开始，白岩松也开始慢慢实现他的教师梦想，他开始在中国传媒大学、清华大学、北京大学这三个高校带研究生。首届十余名学生，是他自己挑选的，他说："我在挑学生的时候，更喜欢本科不是学习新闻的学

首届"东西联大"十名学生与白岩松的合影（照片由白岩松的学生小唐提供）

生。他们可能眼界会更宽、思维更灵活，这对于做新闻都非常有好处。"每个月，他都会特别空出一天时间，给学生们上课，教材和教案都是他自己准备。在课堂上，自己讲课，也会给同学们更多发言的机会。课后，他会带着学生一起吃饭，当然是他掏腰包请客。

那么，他的学生对他的第一印象又是怎样的呢？他的学生小唐说："第一次见他，觉得他比电视机前的白岩松要亲切，虽然他说话的声音语调和电视上差不多。后来再看电视，很多内容、观点恰巧也是他在课堂上跟我们讲的。觉得他很真实。与其他老师相比，觉得他挺认真，很有当老师和'传道者'的激情。不止是传授知识，更注重如何引导我们独立思考。"

"东西联大"

自2007年开始就有一个想法，当时和北大电视研究中心俞虹老师说，我特别想办一个"新闻私塾"，我希望这将来能在中国教育界里成为一个星星之火慢慢燎原的教育方式。我觉得我们虽然以传统教育为主，但是不是需要添加点新的元素？

通过四五年的努力，终于从2012年开始招生，在四个院系、三个高校招学生，即中国传媒大学新闻系招三个，播音主持艺术学院招两个，北大招了三个，清华招了两个，一共十个。都是研究生一年级的学生，两年在我这"私塾"里学习，我称之为"东西联大"，是因为东边、西边混搭在一起，每个月上一天课。而从

2013 年开始，又加上了中国人民大学，学生数也达十二个，不过，从 2014 年开始，正式固定为十一个，因为奇数更有利于民主投票。

"新闻 1+1+1"

首先这是一个混搭，过去没有，几个高校的研究生混在一起，本身他们的交流和互通有无就是一个很有趣的事情。接下来，我强调给他们做有益的补充，而不是说去讲正课。

所谓的"新闻 1+1+1"，就是我这堂课的三个 1。

第一个 1 是我讲，我每期有一个要讲的东西。比如说第一次讲我的新闻关键词，第二次讲采访，比如（2013 年）2 月 27 号，我要讲新闻中常有的"误解"，比如说逻辑，我们会完整地制作节目，但是收看不一定按照这个逻辑。还有比如说有人认为电视浅，报纸深，这都是误解，它是由传播方式决定的。包括中国新闻系的毕业生愿意做记者，不愿意做编辑，其实中国的新闻本身是有问题的。在国外是编辑为王，我们现在是记者有实惠，另外我们编辑太弱，等等。

第二个 1 是我要帮助并刺激他们上一堂课，让他们讨论一个主题。我说，你们十个人要去学会协商，自己定下一个主题，我们共同交流。那本身就培养这十个人要学会妥协，因为十个人一百多个主意，最后怎么样定下一个主意。但是很好，第一堂课他们定下来的是执政党的执政合法性问题，第二堂课定下来的是信仰与宗教，都很棒啊。我每期用扑克牌抽签的方式选出这个月的班长，他要负责去整理当月的资料，然后跟大家沟通、汇总。这是第二个 1。这个 1 是针对他们所关心的问题来跟我交流。在这里要训练很多东西，做功课、妥协、民主和表达。

第三个 1 是我要让他们看一个跟新闻有一点关系，然后又没那么大关系的东西。比如说第一堂课我让他们看的是影响了几代人的音乐电影《迷墙》。第二堂课我给他们看的是台湾一个民主示威游行纪录片，看看整个民主的过程是什么样的。第三次课我给他们看的是一个台湾的文学电影，是我认为华人地区最牛的诗人叫杨牧的纪录片。第四次课我给他们看的是达明一派与 90 年代的香港，通过他们的歌曲，去了解变革时代香港当时的情绪。那过去我们的新闻教学当中，只是专业化的东西，但是想把新闻干好，要对社会、对人性有一个充分了解。那我要补上这堂课，将来要给他们看的东西很多。包括一定还有一堂课，我要专门给他们讲古典音乐，这是三个 1。

但是，其实还有第四个 1，是跟第三个 1 相关的。我每个月会给他们推荐三本书，然后第二堂课之前他们每个人对每本书要写 350 字以内的读书笔记。因为我倡导他们写短文章，这可能和我们教学有一点不一样。其实长文章好写，短文章特别难写，但是问题是绝大多数新闻人在一生的新闻实践中写得更多的是短文章。我们经常训练学生，一写就是五千字，有多少个记者能成为特稿的记者？大部分情况下写导语，写解说词，写主持人的串词，几百字。因为他们没有受过写短文章的训练，你能不能在 350 字以内写得精彩，还写出层次？因此，我给他们推荐三本书，他们既要看，同时还要写，这几百字对他们也是个提升。

我上个月（即 2013 年 1 月）给他们推荐的书是熊培云的《一个村庄里的中国》，还有野夫的《乡关何处》，还有一个电视人拍的一年走玄奘之路，然后写了一本书叫《万里无云》。我为什么要让他们看《万里无云》？我强调一定要在大年初一、初二时看，因为中国是在过年的时候才拥有某种介于宗教和生活中的气氛，在那种情况下去看，特别会有收获。中国人平常都极现实，但是在过年时，有某种宗教的气氛。放鞭炮的时候那种祈愿，第二天去庙里、走亲戚，好像那种空气里都弥漫一种相对带有宗教气息的东西。

2013 年 3 月 29 日，我们首次走进了"东西联大"的课堂，亲身体验了白岩松所开设的"新闻私塾"，近距离地记录下了这一堂课的部分内容：

第一个"1"：以白岩松的讲述为主。在这次课堂上，白岩松以比较两任总理的政府工作报告（即 2003 年朱镕基总理的《政府工作报告》和 2013 年温家宝总理的《政府工作报告》）作为引子，跟学生讲述了创意的来源、新闻表达的独特性和新闻的选择等：

第一个，创意是怎么来的？大家有的时候往往是把创意给当成了天才的产物。在新闻这个行当里，或者说是生活中绝大多数行当里，以我的经验，创意来自于大量地占有事实。什么意思？只有当你大量地占有资讯和事实的时候，创意才会诞生。因为你知道 A 怎么做的、B 怎么做的、C 怎么做的、D 怎么做的，然后得出了你是怎么做的，这便成为创意了。没有创意往往来自于掌握的信息太少，掌握相关的可比较的东西太少，因此就没有独特的东西。请注意，创意来自于勤奋和掌握大量的事实。这是第一个。

第二个，我们总想求全，求全是一个最大的障碍。在我们的新闻表达当中，其实绝大多数状况是不求全，而是独特，尤其是在目前新闻竞争的情况之下。我不知道大家有没有了解一个最新的事实，由于互联网，尤其是这种推特、微博的影响，全世界的新闻写作正在急剧变短，现在国外平均是 700 字。你们去网上搜索一下，这个礼拜的最新资讯。（新闻写作）已经向一篇平均 700 字的方向发展了。那我估计离我说的这 400 来字不远了，看来我对你们的训练是靠谱的。

第三个，当时美国有三大男主播，其中有一个已经去世了，原来 ABC 的那个主播，叫詹宁斯。最年轻的，结果他最先去世了。他是 ABC 做《晚间新闻报道》的，相当于咱们的《新闻联播》。有人问他，你们的领导机构是什么？他说，我们是三个人，他一个、撰稿一个，还有一个相当于制片人。你们三个人的职责是什么？我们每天的职责是确定头条和新闻顺序。请问头条是什么？头条 30% ~ 40% 是天生的头条，不用我们确定，傻子都知道。比如说汶川地震了，比如说挑战者号爆炸了，比如说美国打伊拉克了，对吧？这是天生的头条，傻子都知道。那好了，剩下的百分之六七十呢？嗯哼，这个问题问得好，这就是每天对我们最大的挑战。我们的难度不在于拥有天生头条的时候，傻子都知道做那个，难度就在于没有天生头条的时候如何确立头条。那你的准则是什么？怎么确立这个东西？我们的难度不是确立什么是没有天生头条时候的头条，因为我们有我们的价值观、我们的准则，我们根据与其他对手的竞争状况去决定我们会选择什么。真正的难度是

白岩松在 2013 年 3 月 26 日播出《新闻 1+1》中评论道："在片子最后，我们就看到了发生在湖南长沙这起事件不是孤立的，往回倒几年的话，几乎每年都能有类似的事件发生，累加在一起的时候，就已经变成了一个巨大的问号。同时记者在调查过程当中发现一个小小的井盖可非常复杂，一个井盖有市政、供电、煤气、自来水、热力、广电、联建、网通、移动、电信、交警、公交、园林等 15 家责任产权单位，这还是一个媒体当中报道的，有的地方可能还会多或者说略少一点。但是多龙治井这样一个情况的确是存在的。今年国务院的机构改革把食品药品的相关机构都合到一块了，难道一个井盖也需要中央或者需要国务院，或者需要李克强总理来管这件事吗？难道明年李克强总理的记者招待会的时候，我们要问这个问题吗？地方能不能先把这个问题解决好，不麻烦中央呢？其实这样的问号会很多，因为它跟我们每个人的生命是相关的。"（上两图为视频截图，源自 CNTV）

我们确立了这个东西之后，如何拿出有说服力的内容和报道让观众认可我们的选择。

在未来的半年内我还会再重复一次这个故事，因为这个太重要了。我们真正的挑战，我们的思维经常就浅显地停留在了"啊，我们可以确定头条"这儿，这当然没问题了。我跟你说，在你们将来的职业生涯中，大多数的情况下是你有权利决定怎么写，但是你写完之后是否有说服力是另一个问题。你可以独特、可以自我，但是你的独特与自我的说服力够不够？那么，如果你天天都能让你的独立和自我具有说服力，你就强大了，你就成了。

听说微博上又在转我星期二那天（指 2013 年 3 月 26 日）节目上的那句话，我说："难道这事儿也要求总理管？"为什么去转？因为他们大部分觉得我说的是对的。国家过去食品药品的监管是 N 个部门，然后国家最后成立了新的食品药品监督委员会，把那些职能都合并了。一个井盖儿涉及 15 个部门，我说一个井盖儿难道也需要党中央、国务院来管？难道拿到明年的记者会上向李克强总理发问？地方能不能不麻烦中央，先把这事儿管了？所以微博上都在转我的话。那么，这是独特的方式吗？不是。但是，我选择这么说，我让它具有充分的说服力。因为当我列举了食品药品的这个监管过程的时候，这个井盖儿一下子就具有极强的说服力，受众就会接受。因此我们未来职业生涯中真正的考验就是，你在百分之六七十的时间里头，你做出的选择是否有说服力。

我们来看看 2003 年朱镕基总理的《政府工作报告》和 2013 年温家宝总理的《政府工作报告》。这两个《政府工作报告》都是一任总理最后一次做的政府工作报告，虽然年代不同，但是相似度却又很高。头五年都面临了很多很相似的东西，1997 年生产总值是从 7.4 万亿增加到 2002 年的 10.2 万亿，翻了 0.5 倍。对吧？过去这五年，也就是 2007 年到 2012 年却翻了一倍，是从 26.6 万亿增加到 51.9 万亿。更可怕的是，1997 年到 2002 年那五年总数才增加了不到 4 万亿，而这五年增加了将近 26 万亿。那么，这组数字一说出来，你马上就知道，我们进入了一个加速的阶段，当你的盘子越来越大的时候，哪怕是同样的增速，增量都是不一样的。那这都是两个政府工作报告首先会提出来的东西。

2003 年的时候，朱镕基总理不停地在强调基础设施建设，请注意今年有多少篇幅提到了基础设施建设？也就是说中国经济打底的阶段已经基本结束了。现在进入到了一个新的调整阶段，但是，十年前也在提调整。说明我们的调整一直没有找到好的方法。对比这两个《政府工作报告》，当你看到相同的字眼的时候就能知道哪些已经进步了，不提了。我们现在根本就不提基础设施建设的问题，可是那个时候，当成了第二大重点，第一大重点是经济持续较快增长，第二大重点就是基础设施建设成就显著。你再在 2013 年的报告中给我找这种当成大标题的，没有。它已经没有那么重要了。那个阶段过去了。

那个时候要强调所有制结构的进一步调整和完善。因为 1997 年的十五大是中国的一次转折，强调了个体经济、集体经济、私营经济都是社会主义公有制的多种实现形式。终于解决了这个大问题，因此，2003 年的这个报告离不开这一个基础。但是现在，我们都是司空见惯的事情，不会再提它了。城乡居民的这块儿，你们都不会去注意这样的一个细节，对吧？个人的数字，即居民可支配的收入。朱镕基的那五年城市的可支配收入人均增长了 8.6%，但农村只增长了 3.8%。也就是说，在 1998 年到 2003 年的时候，农村的人均可支配收入的增速远远落后于城市，因此问题就变得非常突显了。这也就导致 2003 年温家宝上任的第一天晚上请的就是农业专家。因为他面临的头等大事就是要解决三农问题。我们现在因为三农问题已经喊了这么多年了，每年的中央一号文件全是三农问题。但是回到 2003 年，它已经到了一个极其严重的地步了。那么，极其严重用什么去发现？请看看这两个数字。我再强调一下，1998 年到 2003 年，城市人均可支配收入增长了 8.6%，农村才增长了 3.8%。好了，十年后呢？太有意思了，十年后把它写在了第一页上，过去五年，城镇居民人均可支配收入增长 8.8%，跟那个时候的 8.6 差不多。农村呢？增长了 9.9%，跟 3.8% 的区别接近三倍。你只有看到了这些数字的对比才会说，我们这十年解决三农问题发生了很大的变化。

数字说明问题。那五年农村的增速 3.8%，这五年增速 9.9%。而且请注意，这五年是第一次出现农村人均可支配收入增速超过了城镇。只有这个增速保持下去，历史才会慢慢填平城乡之间的差距，这才是趋势。

……

我们要去做勤奋的工作。你要去把很多工作做得很细。举个例子，比如今天晚上我要直播的是总理记者招待会内容的节目。我已经迎接了三位总理了，朱镕基的第一次记者招待会是我直播的，温家宝第一次我直播，这一次李克强的也是我参与直播。但是不是因为跨度十五年，而我又有足够的经验，我就可以不去做很多的准备了呢？那我要告诉你们，我会去做什么准备。首先我把三次记者招待会的全文重新研读一遍，我做了很多我的归纳和总结。第一次是 1998 年的 3 月 19 号，是朱总理的第一次记者招待会；第二次是 2003 年的 3 月 18 号，是温家宝总理的第一次招待会，最后我还特意选择了一个 2012 年的，也就是温总理的最后一次总理记者招待会，把这所有的问题，谁问的等全部罗列出来。

那天，3 月 17 号，我做记者招待会的直播，就是拿着这些东西去的。因为之前的功课我全部做完了，他问的什么样的问题，大致有什么样的变化，节奏是什么样我都很清楚。所以直播我心里是超级有底的，这也是那天我在直播的时候所做的笔记。

2013 年 3 月 17 日，白岩松直播李克强总理中外记者招待会（视频截图，源自 CNTV）

　　所以，不要去相信天才之类的东西，不做扎扎实实基础性的工作，怎么可能会有你的创意呢？

　　未来的几个月我会越来越强调你们要会去做比较。20 世纪 80 年代的时候比较文学比较火，但是这几年我不知道在你们的教育中比较文学之类的各种比较类课程是不是不够多，比较才会出创意。

　　有很多东西你要有很多独立的发现，而且只要你准确了就够了。有感触之后要去追寻，然后再去表达。举个例子，李克强总理记者招待会直播那天，17 号、星期七、七常委之一、今年 57。我就开始去查大量的资料了。结果发现，李克强跟"7"简直是太有缘了。但是，这一切我开始都有点儿不确定，因为这些太八卦了。但当我知道这是中华人民共和国第七任总理的时候，我一下就知道了，我有趟底儿的了，我前面可以八卦了。那天我直播就是这样。我说，他是 2007 年十七大成为常委的，这是一个天生跟 7 有缘的人，他 7 月生人，巨蟹座的嘛，今年 57 岁，是改革开放之后上任的最年轻的总理，今天是 3 月 17 号，作为七常委之一的，他在礼拜日，大家叫星期七，第七天，然后还有很多个 7，最后我说，这一切 7 不是为了八卦，而是作为共和国的第七任总理将第一次举行记者招待会。这一下就把 7 给落住了。

　　但是当你有了最初的这种敏锐的感触之后，你如果没有接下来去查大量的资料，你能把这些 7 给很完整地罗列出来吗？不能吧。你为了要表达，就要在你感触完了之后去追寻，最后强烈地印证。最后人家看完了之后，说不定连总理自己都不知道。但是他一定会印象深刻，他跟 7 太有关系了。他在九常委的时候排名第 7，这个我没说。哈哈……但是没关系，最后只要有他是共和国第七任总理"罩"着，一下子就撇开了八卦的因素，现在没有任何人挤对我八卦了。

所以，这就提醒我们，在你做新闻和做表达的时候，感触完了要去做大量的工作。那你说，白岩松顺嘴就诌，那你知道我为此付出了多少时间呢？要把这些问题详细地一个问题一个问题地去捋，都是陈芝麻烂谷子的东西。比如，当时朱镕基是在哪个记者提问的时候说出那句话的，哪个外国记者提问是用的汉语，等等，我全给罗列出来了。外国的记者提问，十年前，1998 年的时候就只有一个是用外语提问的，大部分也都是用汉语提问。那不是说始于现在啊。所以这些细节当你都准确地把控了之后，你在做直播的时候心里才有底。我们的底不是天分决定的，而是你做的这种大量的实践工作决定的。

我要讲给大家的第三个例子是，今年因为作为政协委员，我第一次有机会去看这个"关于 2012 年中央和地方预算执行情况和 2013 年中央和地方预算草案的报告"。这是一个大事儿，大到什么地步呢？你如果把一个国家算成一个小家的话，每年挣多少钱、花多少钱，怎么花，往哪儿花，太重要了。所以，曾任国家审计署审计长李金华说审计是一个"看门狗"，看的就是这个门。

那么，你不做工作，你不敏感，只是粗略地一看，怎么可能知道呢？我在自己详细去看的过程中慢慢就会去发现一些问题。你比如说，我发现去年地方财政收入的增长是 16.2%，2013 年增长 9%，下滑了 7.2%。地方的财政收入下滑 7.2%。为什么要有赤字呢？总理记者招待会说了一个，今年一月份财政收入往这儿一放才增长了 1.6%。中国以前是两位数的增长，现在兜里钱的增速在减少。因为咱们现在在税制改革嘛，慢慢就少收税了。那你国家挣的钱越来越少，增速也就越来越少。那这个比例就出来了，我自己拿白纸在这儿列，有的时候不是所有的勤奋都会有答案。各位,这点你们不要有误区啊！好像所有的勤奋都应该有答案。

不是，不是所有的勤奋都会有答案，但是只要不勤奋就一定不会有答案。因为我养成了这种习惯，就是试探性地去作分析。

那地方财政收入由 16.2% 降到 9%，下滑 7.2%，中央财政的收入是由 9.4% 变成了 7%，下滑了 2.4%。也就是说中央财政下滑的速度远远低于地方财政下滑的速度。中央才下滑了 2.4%，而地方下滑了 7.2%。但是中央给地方的转移支付大约占到 30% 的比例。什么叫转移支付？因为中央从地方收完钱之后会有 20% 多会转移，从江苏那儿拿的钱弄青海去了，然后地方收的税要有百分之七点多返还给地方，以各种方式。也就是说，中央每年的钱是 30% 又重新划给地方了。但是在转移支付这方面没有明显增长，问题就出现了。地方财政收入的增长下滑得那么厉害，中央财政下滑并不是很大，可是转移支付又没增长，地方的日子将渐渐变得更难过。对吗？

地方的日子更难过就出现了三个问题，我当时马上就反应过来了。第一个，土地财政管得住吗？第二个，地方的欠债问题管得住吗？第三个，地方上玩儿命发展的欲望管得住吗？我由这个数据马上就明白一个道理，今年为什么会有十多个省市自治区的经济发展目标超过百分之十？它要发展，它要把盘子做大，才能抵消住收入下滑。那我这三个大担心就出现了。地方现在欠债率多高？土地财政泡沫怎么办？然后这种强调玩儿命增长，破坏环境，可是这是现实的困境啊。

所以，我就在 3 月 12 日的《两会 1+1》节目里把这个疑惑说出去了。我说，是，财政部今年强调我们的预算报告好懂，这里有很多的预算图表，等等。我说你让人看懂的是表面的现象，没人解答表面现象背后的困惑。而让我投赞成票还是反对票，是要你能够解决我的困惑我才能去投票的。第二天财政部的新闻发言人和预算司副司长来到我的办公室，跟我解释。因为他们压力也很大，那边人大代表正要投票呢。去年的投票通过率是 80%。那就说明有 20% 是投反对、弃权票的。那就是准确地看出了这个问题，扎在他们的腰眼儿上了。

那我又悄悄地在做一项工作，这都是我的草稿，当时都列着

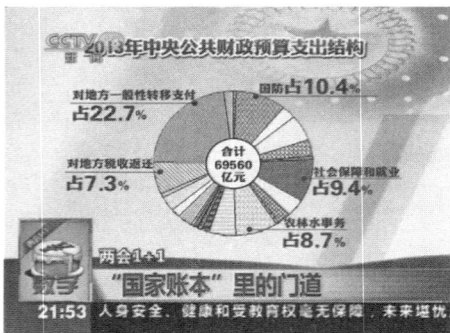

白岩松在 2013 年 3 月 12 日的《两会1+1》中评论"预算报告"（视频截图）

玩儿，但是这个问题就显现出来了。他今年做了一个特好的图表，我就来看看中央财政这一个大圆盘都把钱花哪儿去了？比如中央今年要花 100 块钱，当然中央财政是 N 万个亿了，如果把它比作100 块钱，都各占多大比例？我就在这儿列了表。一般人是不会干这种事情，我一边开会一边干这种看似无聊但是非常重要的事情。然后答案就出现了，我有一个排序：2013 年，中央财政的 100 块钱，排第一的是转移支付，22.7 块拿走了，转移支付，从江苏弄青海，从广东弄贵州；排第二位的是什么呢？排第二位的是国防，也就是说，在 100 块钱中有 10.4 块是用在了国防上；排在第三位的呢？是社会保障和就业，这就是保障，100 块钱里面有 9.4 块；排第四的是农林水事务，水利设施、农业各种补贴，一百块钱拿走 8.7 块；排第五位的是对地方税收的返还，就是从地方征税回来又返还回去，100 块钱还回去 7.3 块；排第六位的是教育，100 块钱花了 5.9 块。

这个时候很多东西就显现出来了。医疗卫生没排进前六位！我这个时候好奇就开始增加了，结果一看，医疗卫生才排第八。100 块钱有 3.8 块是花在医疗卫生上的，低于教育。但别轻易地得出答案，这是中央财政预算。医疗支出有相当大的比例在地方财政预算中呢！比如说新医改，农村的，它这个就需要地方也去出钱。这只是中央，那你就更加关心中央的这些东西。然后光有这个就不好玩儿了，那我接下来拿它跟 2012 年的中央财政进行对比，结果发现，前两位没有任何变化，排第一位的都是这样，但是一些微妙的数据变化就开始显现出来了。比如说在今年排第三的在去年才排第四，在今年排第四的在去年排第三。然后我就要去找很多的报表了，结果东西就显现出来了。今年增速最高的是什么呢？在今年国家要花的钱里头，增速最大的是医疗卫生，增27.1%，也就是说，2013 年国家要在医疗这方面，主要是新农合，因为要增加这个基数，中央财政一下子增速就达到了 27.1%。社保和就业增加了 13.9%。那我就想查排倒数第一的是什么呢？果真，排倒数第一的是交通运输。由于基础设施大致建得不错了，今年我们交通运输的增速才 0.01%。

然后，看这玩意儿都很好玩，有些东西就都显现出来了。再看，100 块钱里头外交花走多少钱呀？花走 5 毛钱，才占 0.5%。所以，任何一个东西，你只是看了它就轻易地过去了，不进行比较，就没有新闻。细节处才有真正的事实。所以，我不认为我是不聪明的，但是我不认为聪明是至关重要的。关键是聪明人做笨的活儿，最后你才会有智慧。这种智慧不是你的，而是你干了很多笨活儿罗列出来的。你们从来没有过像今天这样听你们原本会以为很枯燥的东西，很有趣吧？那就是因为它很直接。我会用浓缩出来的东西让你们听到。

那好，我能让你们觉得很有趣，我就会想办法让观众觉得有趣。因为我真的懂了它，才能通俗易懂。科普是世界上最难的事，因为前提是你必须先懂"科"，然后才可以"普"。记者同样如此，你只有真明白了这件事情，你才能跟老百姓一二三四地说清楚。

所以，还有一种东西是这样的，这些东西可能都很无趣，无趣是因为你认为它无趣，如果你带着好奇和有趣的心进去了之后，慢慢地它就变得有趣了。这也是一个过程。看似很无聊的东西，但是你真看到它的时候，多好玩儿，你比别人拥有更多的这种知识。然后一对比你才会有发言权。你比如说，在今年的人大闭幕会上，张德江的讲话当中，有一大段话非常精彩，我们"必须加强法制，必须使民主制度化、法律化，使这种制度和法律不因领导人的改变而改变，不因领导人的看法和注意力的改变而改变"。这就是一种新的说法吗？不是。这是十一届三中全会的时候邓小平的原话，所以，作为一个媒体，如果你不拥有这种大量的对过去背景的了解，你就真会把它当成新话了。

第二个"1"：学生根据先前自行确定的主题进行沟通和讨论，白岩松主要是聆听，最后进行总体的评论。在这次课上，讨论的主题是香港问题的由来与演进。十名同学按地域分为两组，即"东大"五人为一组，"西大"五人为一组。在讨论过程中，几乎每人都要发言，互有交锋。最后，白岩松进行点评：

> 首先，今天的讨论就意味着这半年多的一种成长。这也是我所期待的，为什么要有这个"1+1+1"这个1？这个环节，就是看看民主能生出什么样的果子。

> 那么，这个权利交给你们，最开始的时候选题都很棒，但是操作得很烂。但是不要用烂去衡量它。没有最初的那样一个过程的话，会一步一步成熟到现在这样一个地步吗？这是到现在为止，我认为最成功，关键是返还给你们东西最多的一次。

> 但我觉得这还只是由第一个阶段到第二个阶段的一个重要的转折点，那么接下来可能在这个阶段还要徘徊很久，再上升到第三个阶段。但是这样的一种模式，你们开始要做功课了，你们开始彼此要得到很多东西了。你们真的对香港、内地这样的一种磨合和历史沿革开始有了一个模糊到慢慢清晰一点，但不能说是一个标准的答案了。我们做这样的事情，从来都不是以最后的结果作为它是否获得收获的依据。好的讨论最大的价值往往就在于讨论本身，而不在于结果。哪个结果是对的呢？我们凭什么能认定我们将要得出一个对的结果呢？

> 我们为什么要关注香港问题？首先第一点，香港就在那儿，历史就在那儿。你躲得开它吗？这是在你们成长中的一份记忆。你们都出生于1997年之前。那整个香港回归我经历了全过程。如果要从行政主权来说，我是大陆第一个过去的。因为我要先到那边去报道这个军车过去那一瞬间。这是第一点，香港就在那儿，历史就在那儿。

> 但是，第二点说起来就要复杂了。我们今天为什么要关注它呢？

> 第一，理论和实践的问题。"一国两制"是个理论，从1997年到现在的16年是实践，今后还是实践。那么这个理论和实践给你提供了多么鲜活的一个例子让你去比对。如果大家是校园派，因为现在都没走向社会，那对理论就会有更多的迷信。因为我们

学的都是理论。可是任何理论在实践的时候都是很艰难的。那么香港这个例子也不例外。

第二，我们之所以关注香港问题，又存在一个 A、B 面。你拿什么去说服别人？最重要的是拿什么来说服自己？香港问题归根到底就是一个这 16 年来中央政府在想办法说服他们，慢慢面临越来越强的挑战和说服自己的问题。我们今后很长一个阶段还要面临这个问题。你拿什么说服人？中国政府曾经很长时间认为我只要对你好，我只要给你拿真金白银，我只要能帮你渡过难关，我就能说服你，现在好像说服不了了。就像共产党执政，尤其是改革开放，邓小平很重要的一点，我一定要让人们富起来！曾经以为只要 GDP 上去了，人民自然接受你。可是现在发现，GDP 都世界第二了，反而现在更说服不了。因为大家忽视了一点，当吃饱了、穿暖了之后的欲望才更难满足。香港，同样的问题。那么第一个挑战就是你拿什么说服别人。但是接下来发现这个问题还好解决，更难解决的问题出现了——拿什么说服自己？请问现在内地拿什么说服自己？我觉得我们内地现在遇到的最大挑战就是没法说服自己。包括在座的各位，不管你们多么前卫，包括我在内，我们已经有对香港人不太满意的一部分了。对吧？每个人都有！那么在这个过程中你又知道要做一些什么来说服自己呢？我们对你那么好！的确有很多我们不满意的东西。所以将来遇到的在香港问题上的一个最大的挑战是什么呢？就是怎么去说服我们自己。但是它的结果呈现出来的是，我们怎么样去说服香港。

第三点，考虑这个问题我们要从平民和精英的角度去考虑。我们听到的香港的声音是来自香港精英的声音。你们谁贴近过香港的平民呢？

第三个 "1"：放映一部跟新闻有一点关系然后又没那么大关系的影片。这堂课放映的影片是《颍州的孩子》。《颍州的孩子》是预防艾滋病宣传制作项目（CAMP）团队耗时一年，深入安徽阜阳市颍州区跟踪拍摄多个受艾滋病影响的家庭，对当地艾滋孤儿的生活做了翔实深入记录后完成的。该片获得第 79 届奥斯卡最佳纪录短片奖。

在放片子之前，白岩松这样介绍道：

让你们看这部片子，很重要的一点是让你们知道，纪录片不都是慢悠悠的长镜头，也可以借鉴商业片的节奏和剪辑技术。

高俊的眼神是我看了这么多年画面印象最深的眼神。而且影片中这种小细节的塑造，例如里面高俊的这种仇恨，你看他踢动物，他跟猪打架。但是他中间有一段最温暖的、最幸福的时光。哎哟，这个孩子的那种转变。

这种就是商业纪录片的代表。也就是说，你们要改变一下对传统纪录片的概念，其实现在这种潮流更明显。你想想，1分钟用这么多个镜头，这部片最后加起来才39分钟。

第四个"1"：白岩松每个月会给学生推荐几本书，上次推荐的是《访美记》，还有两任总理的政府工作报告对比。这次验收，白岩松对每个学生交上的350字以内的读书笔记进行了点评：

……

写得真正暴露你们现在能力弱项的当然是两任总理的政府工作报告了，我感觉你们极其没底，也不敢自信了。然后，这里有写得不错的，但是很少。不错也不是建立在大的不错，而是比较之下还凑合。就比如说其他的七位同学给那三位同学做了一个很好的分母，然后显得那仨不错。我说的不一定是那三个人，只是做了一个比喻。看《访美记》有一点我还是比较欣慰的，可以看出来各位都是有一定理想主义者的热情，都激发出了你们某种新闻的英雄主义情结。

……

（以上为不完全记录）

当天，白岩松推荐的三本书是《城市季风》、《孤岛访谈录》和《中国现代思想史论》。

4月份，白岩松推荐的则是《闪开，让我来歌唱八十年代》、《邓小平时代》和《八十年代访谈录》，目的是帮助学生研究20世纪80年代。

时隔两个月后的 5 月 31 日，白岩松说："我们最近的玩法更新鲜了，最近我让他们列出 80 年代的十大新闻事件和十大新闻人物。""这个月的作业是 20 世纪 70 年代的十大新闻事件和十大新闻人物。……我准备用半年的时间，以 80 年代为轴，让这帮孩子把从 50 年代到新世纪的六个十年了解一遍。这样他们将来干新闻才更扎实，知道这一路是怎么走过来的。"

大写的人的方式

原来我打算两年招一届，招了这批孩子，半年之后，我觉得我宁可辛苦一点，我一年招一届。你想想，等我到 70 岁的时候，我有二百多个耳提面命、"私塾"里走出来的学生，那个时候他们完全可以忘记我，但是对于中国新闻界来说，这是一个有趣的尝试，我相信他们会很优秀。

我一定会在两年的教育中，让他们在人性和人生的方面，会有很多的改变，不是拿成功去衡量，而是以一种大写的人的方式去衡量。还有一种小小的野心和渴望，仅我这么做，也就二百多，可是如果有一百个中国特牛的新闻人走进这个行列，那你说后果是什么？

每次课上完了，晚上我都请他们吃顿饭。我为什么选 10 个人？正好一桌人，加上我，11 个，正好一个足球队，然后一半男生，一半女生。如果不是我强行这样选择，招来的都是女生，现在高校中学文科的女生占了大比例。太可怕了。最后我是强行要求，这样来说相对平衡。

如果中国有一百个社会各界有一定影响的人通过"私塾"的方式走出去走进教育，那将是一个什么样的状况！将来不止新闻领域。

每天我们吃饭的时候，都是最开心的时候，因为大家可以把今天很多话题进一步展开。我在为他们打开一扇又一扇的门，我一再跟他们说，老师不是给你们句号，而是帮你们推开一扇又一扇的门。你好奇就可以沿着这门往里走得更深，而不是我把屋子里所有的东西都立即给你，而是帮你推门。

第一年对我来说也是新鲜的，但是慢慢我可能就会更有经验，就会更有意思。

作为白岩松"新闻私塾"第一批学生的小唐,她说,前两次课还是很紧张的,现在好多了。"白老师会认真点评我们每一个人的作业,会传授他在新闻行业几十年的一些经验和内容,在话题讨论的环节,他比较注重我们自己对讨论话题、讨论方式的设计。"

她说,这种由业内中坚力量设置的类似"私塾"的一个班级,还是很能点燃她对新闻行业的热情,有种"薪火相传,弦歌不辍"的荣誉和使命感。

通过半年多的学习,小唐觉得主要的收获有:首先是开阔了视野,如同开了一扇窗。她说:"让我可以看外面的世界,比如每次开书单,看书,有系统地读书,看不同层次不同领域的书,能加深对外界的认识。"其次是思维方式方面,比如越过表象分析水面下的内容,从多个方面综合认识,不贴标签,不按"左右"划分,不轻易下结论,摒弃"非黑即白",注重中间地带。

小唐觉得,白岩松在新闻领域工作二十多年,仍能保持一种热情。这给她的启示是,"学会如何把新闻梦变成实际,并且首先成为一个职业的新闻人"。

曾侃也是"新闻私塾"的首批学生,他说,能成为"新闻私塾"里的学生,当然是"最大的惊喜",但"也感到压力山大",因此必须付出"十倍的努力"。

经过了这半年多的学习,他说给他最大改变的是白岩松说的三句话:

一是,支撑我文字的有三样东西:摇滚乐、古龙和诗歌。我们总在说培养文笔能力与口语表达,但从未思考过是什么支撑着自己的每一个字。曾侃说,追本溯源,这句话启发他思考自己的文字基座,并如大树根须一般深深地扎根于他的生活与学习中。

二是,聪明的人下笨工夫做事情,因此而变得伟大。我自己不是一个聪明人,生活中不算能言善辩,但幸好敢于做笨的事情。但回头发现,笨需要方向,更需要方法。"笨"字构字巧妙,竹子下边一个本,可见笨人首先得需如竹子一般扎牢根本,方能破土而出,并因此中空外直。未来自己更要多做笨的事情,不信天分,只信勤奋。

三是,寻找第二条辅助线。在听到这句话之后,我开始学着枪毙掉自己的第一条想法,因为这样的想法人人心中有,也难以做到各个笔下无。于是我自己想:新闻需要三思而行:一思事实细节关键是什么,二思别人有什么没有什么,三思自己的核心表达。

曾侃说:"这三句话总是萦绕在耳边。其实白老师的话都很简单,大白话,道理人人都懂,但并不是每人都能做到。每一句话第一次听无非就是震动:仿佛相同一句话从白岩松嘴里说出来就是不一样;但这些话和自己贴合,深入地想下去,就会有无穷营养。"

他说:"白老师一直在说:'我是给你们开门的人。'但是看到不同风景后的路还是需要我们自己去走。在我们眼中,他就是一个普通的老师,只是每一句话都源于他多年的实践经验。"

教育是培养未来的中国人

2012 年国庆节，白岩松在北京十一学校的新学校论坛上发表演讲，在演讲中，他说：应提倡"人"的教育，注重过程而不是结果，"才"即是注重结果的教育。

这我跟温家宝总理当面说过，我说中国教育最大的问题，甚至都不是把应试教育改成素质教育，而是为未来培养什么样的中国人。我说只有把这个思维转过来，当你意识到教育是什么，教育是培养未来的中国人，你的很多的教育理念，包括教科书等，才会发生真正的正确的改变。我跟总理说，我们现在说人才，都把注意力放在"才"上，忘了"人"了。

我们全家都是搞教育的，我妈妈老师，我爸爸老师，我姑姑老师，我舅舅老师，我舅妈老师，我嫂子老师，全是老师，所以我在教育的家庭里长大，如果我要是管教育的人，我就会首先抓大，把大的想法想清楚，底下的做法才会做对。

整个社会要去思考，教育是什么？是培养什么？我觉得先定义，教育就是培养未来的中国人。这时候人就为先了，然后人才，如何在"人"加"才"方面再去综合平衡，但是大的前提一定是未来的中国人。

我们说现在的社会没有文明，不规矩等，我们的教育没有这个思路啊！不是按照如何培养未来的中国人这样的思路去设置教育，我们的教育是不是也存在急功近利？就是为了考试。所以大的东西对了，底下的才不会错。如果大的东西错了，底下是对的都是偶然。所以教育对我，不仅仅从家庭，而且从作为一个新闻记者，而且我现在的确有担心，为什么我自己实践要去做这件事，那恐怕这里也存在一定的不满。

有的时候我挺惊讶的，传媒大学新闻系没问题，对采访课还是很重视，居然有很多新闻系没有采访课！因为我每个学期要给传媒大学播音主持艺术学院讲一堂课，在鲁景超鲁大姐那，有一堂课讲采访，我就提，播音主持艺术学院居然没有采访课？鲁大姐深受影响，从上学期（2012年秋季学期）开始，聘请全国老师过来讲采访，而且把采访课纳入到课程体系当中。你看，这一堂课就能带来改变，别人可能不会记着，但是我自己很清楚。

为什么你要多去高校，多和年轻人沟通，有的时候你仅仅付出一堂课的努力，但是改变了播音主持学院的教育体系。

我跟"东西联大"的座右铭就是：与其抱怨，不如改变；想要改变，开始行动。

"俯首甘为孺子牛"

2007年年初，在白岩松的资助下，中国传媒大学新闻学院启动了"子牛杯"社会调查报告征文比赛活动，截至2012年年底，已举办六届。

说起"子牛杯"，曹璐老师说，每年学生通过做社会调查收获挺大的。她说，有一些调查的线索，很多媒介都用，还得了很多奖，包括白岩松后来做的"非典后遗症"的节目，最早就是咱们的学生去小汤山做的调查。

曹璐老师说，每年的子牛杯评奖白岩松都会去。记得第一年，有人问他"子牛杯"名字的来历，他说：坦白来说，一方面，来源于鲁迅先生的那句"俯首甘为孺子牛"，另一个就是，我妈妈属牛，曹老师也属牛。对于新闻人而言，我们就崇尚这种孺子牛的精神，要用这种精神来做我们的新闻。

可是，关于"子牛杯"，白岩松一直很低调，所以在媒体上很难找到相关的报道。因此，提及这一问题，他的第一反应就是：这就没必要去谈了吧。

我是传媒大学新闻系毕业的人，那我也在思考，怎么去培养未来的新闻大学生？他们缺什么？他们缺接地气，缺了解这个社会。那这样一思考成熟，就跟曹璐老师，跟系里陈作平一沟通，他们也很认可，办社会调查的征文。现在新闻系已经把它变成了常规的课程，每年评一次奖，慢慢它已经变成了一次大奖，应该在学校算是很高的奖金了。那我觉得每年新闻系的新生，快二年级的时候都会做一次新闻调查，变成论文，然后在这里选出优秀的，我甚至在想，这件事我能不能扩展？比如说，一年拿出20万在四个学校做"子牛杯"，但是现在只是在新闻系，一步一步地在成长。

　　那如果在四个学校的新闻系去做，那会影响多少学子？有的时候，任何一个人，你都去选择做一个撬杆，也许你付出的力不是很大，但是你撬动的东西却很大，所以我觉得这是一个思路。有的时候，救助是另一个概念，我们可以把慈善拓宽嘛，就像我说的"思想慈善"。

　　我当然不希望外面的人知道，在新闻系做了六七年子牛杯，我就一个要求：不许对外说，一对外说，性质就变了。各种各样的声音会有，你在做什么？你在作秀！作秀我早换个方法做了，所以何必呢。做得好玩，大家很开心，受益人知道受益就够了。所以我要求坚决不许对外说。

理性现在是个奢侈品

北京大学电视研究中心自从 2005 年开始，每年都会举办未名大讲堂"与名记者、名主持、名专家面对面"大型公益活动。从 2005"今天我们怎么做记者"、2006"今天我们怎样做媒体"、2007"中国传媒与奥林匹克"、2008"中国传媒的新起点"、2009"今天我们怎么做记者——生存·底线·梦想"、2010"今天我们怎样做记者——危机·转机·生机"到 2011"人人都是记者！？——自媒体时代的新闻自由、价值导向与媒介责任"，以及 2012"率先理性——'人人都是记者'时代的民意表达、公民素养与舆论博弈"。白岩松作为特聘研究员，几乎每年都参加，这一坚持，就是 8 年，未来还会更长。正像北京大学电视研究中心主任俞虹在 2012 年的记者节上说的那样："白岩松是一个始终在忧虑、在思考的人，但是我一直不认为白岩松是一个悲观的人，他始终在行进着，北京大学电视研究中心几乎记者节每次请的嘉宾，只要我们请，只要在北京，几乎没有不来的，我想这样一拨人也是在坚守着，在行进着，对问题忧虑不是作为一个旁观者，不是作为一个抱怨者，而是作为一个行动者。"

2012 年第八届未名大讲堂，白岩松为大会主题命名为"率先理性"，他在肯定媒体当然要率先理性的基础上，也呼吁更多的人尤其是年轻人要率先理性，这寄予了他对年轻一代的期望。他说："真正的理性来自常识和幸福，我希望未来中国人每个人都可以拥有它。理性会逼迫你一边反抗一边自责，从自己的改变做起，你什么样中国就是什么样。"

因为我 40 岁的时候在《南方周末》写下 12 个字：捍卫常识，建设理性，寻找信仰。

目前的中国问题多多。在这种情况下，进入到一种路径选择，往哪走？民众中的情绪向哪个方向去转化？大国，如果没有一个理性作为根基，实力到了一定的地步，反而危险是加剧的。不仅

仅是外交，还包括内政，还包括我们的人心，所以理性现在是个奢侈品。

这也跟近年的无数事件紧密相关，比如说，我们在爱国游行中，砸自己同胞的车，砸自己的同胞，已经荒唐到什么地步了？但凡有点法理作为约束，都不可能有这样的事情发生。还有我们很多的事件，还有我们很多的"公共知识分子"，理性都是不存在的，只在迎合和过瘾。

我们的教授都可以义正词严地打80岁老人两记耳光，然后还振振有词，你就看这个社会理性匮乏到什么地步？可东西就在这儿，这个时代是危险的，理性就是一个安全网，可是我们没有这个安全网。所以希望媒体能够率先理性，开始搭建这个安全网，社会才会变得安全一点，否则危险就会变成现实。这是我定下这个选题背后的思考，我一说出来，他们就立即接受了。

在2012年第八届记者节，白岩松在发言中进一步阐释到：

为什么要2012年的时候提"率先理性"，我觉得有几方面的需求。

第一，是危险所必然诞生的需求。这个危险不仅仅来自历史当中，回顾现实的非理性因素使我们变得更加危险。如果改革开放的时候大家饿得受不了，吃饱了就是安全，但是吃饱了之后新的欲望开始诞生，危险开始诞生，如果这个时候理性不能诞生就不能约束。不仅仅要说今年反日游行时，披上了爱国的外衣好像一切都是合理的。还有无数的因素，只要诞生群体事件的地方，都一定存在着公众与政府都非理性的状况，因为有的时候公众的理性建设需要时间，但是奇妙的是当地政府也采用了非理性状态，便使非理性诞生了更加糟糕的结果。我们之所以要"率先理性"，也是要求政府必须在公众之前"率先理性"，第一点是一系列酝酿中的危险使我们产生了这种需求。

第二，民主必然的需求。明天十八大开幕，在十八大报告中我期待并且也愿意谨慎乐观地相信关于民主和政治体制改革内容占据一定的分量，其实很奇怪的是，大家都把党的报告看成非常重要的报告，但认真看的人很少，但是党的报告真的很好看。十七大报告有两个章节谈民主，其中谈到民主是社会主义的生命，并且有中国民主实现的路径。我们每天都抱怨却从来不做改变，因为责任都是别人的不是自己的。所以既然民主在中国已经不可阻挡，虽然它的过程以及节奏将变得缓慢，但是民主如果没有理性作为重要约束的话，前景会不乐观。因此，必须在中国拉开民主进程的过程当中，快速地推进整个社会的理性因素，因此它是民主的需求。

第三，我们不要非常功利地把理性当成手段，我觉得理性恰恰也是我们的目的和目标。当我们建设一个大国，建设一个幸福、民主、自由的中国，在无数的目标当中，一定有一个目标是理性。我们还可以去探讨很多，接下来要说的是这几个因素让我说"率先理性"在2012年现实的、历史的和未来的需求，媒体当然要率先理性，我认为记者是社会这艘大船上的瞭望者。如果我们现在看到社会上对理性的需求，而不能"率先理性"的话这个社会会怎么样？媒体是社会情绪的搅拌棒，我们之所以提出"率先理性"不仅仅是期待，还因为现实中存在媒体率先非理性。更何况我们现在不光有些媒体非理性，我们很多公共知识分子只迎合，网络是一个非常好的东西，微博是非常好的东西，但是同样也是理性的放大器，也是非理性的放大器，目前有很多人放大了自己的非理性。因为更容易得到一呼百应的效果和利益。

最后我想说，如果每一个具体的中国人不能慢慢理性起来，幸福与人生都不那么靠谱，其实当你谈论幸福和人生时，你只有理性看待生命、看待幸福才有可能幸福。如果你认为你只要没得到的就一定要得到，那你将一生痛苦，因为你不是理性地看待生命和幸福，生命不是这样的，佛教当中说求不得，本来就是人生中的大苦之一，缺陷是完美的重要组成部分，这句话是我发明的，我们要明白这个世界上没有终极目标实现的那一天，生命不会只有你无限灿烂，当你理性看待幸福和生命时才有可能幸福起来，人生是有缺陷的。当然最重要的是我希望中国每个人都能够真正理性，在于理性背后必须是有信仰，信仰可不仅是宗教，信仰首先是敬畏，如同奔腾的河流两边的堤坝，一边是敬，一边是畏，只要这两个堤坝很高，河流不管如何奔涌都是安全的。所以真正的理性来自常识和幸福，我希望未来中国人每个人都可以拥有它。理性会逼迫你一边反抗一边自责，从自己的改变做起，你什么样中国就是什么样。

"思想慈善"

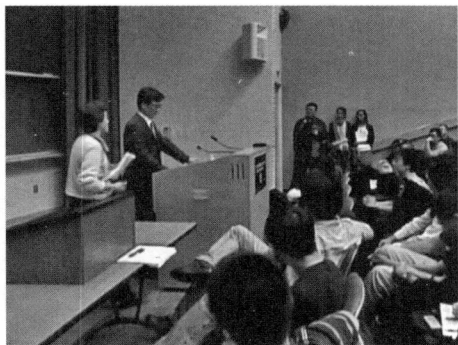

在耶鲁大学演讲《我的故事以及背后的中国梦》（视频截图）

2009 年，白岩松在耶鲁大学发表了题为《我的故事以及背后的中国梦》的演讲。之前之后他也经常到各个大学演讲，从 2009 年到 2012 年，主要有宁波大学、清华大学、江西财经大学、广西大学、重庆大学、郑州大学、哈尔滨工业大学、安徽大学等。他说，其实他所做的就是鼓励年轻人要做梦。

2012 年 12 月 20 日，白岩松做客"中青在线"，他用正能量给青年人打气："很多年轻人都会去抱怨，觉得生活中充满着负能量，有人拼爹，有富二代的故事，有送礼去打造自己的前程等。但我们应该永远去相信正能量。"柴静在新书《看见》中也曾提到，在自己特别无助的时候，"白岩松有天安慰我：'人们声称的最美好的岁月其实都是最痛苦的，只是事后回忆起来的时候才那么幸福'。"

刘楠在她即将出版的《有一种基因叫理想——央视评论部那人那事》里，把白岩松看作"睿智的师长、周全的同事，生命中独一无二的存在"。她说，找他的邀约从不间断，但他不当好好先生。抗拒名利与权势的诱惑，与各种商业活动保持距离，却尽力挤出时间，对高校的演讲邀请敞开大门。

刘楠说，岩松喜欢和高校学子交流，正在被知识启蒙的年轻人，即将成为舞台主角，是推动历史的最大潜力股。直播时，他谈民主改革、制度推进、程序正义。而在高校，他的演讲题目多是"青春、信仰和幸福"。他结合自己租八次房子的经历，谈"蜗居"、高房价、"北漂"与"逃离北上广"。他也谈不可替代性——"不可替代性强，获取自己更加稳定的位置和向前进的速度就更快，不可替代性需要你拥有一个独立的人格和独立的思维方式，需要你做出与众不同的事情来。"

这也是好多年时间里累积的，可能是因为在耶鲁的演讲有好多人关注吧。其实之后也做了很多，有的人也把视频上传网络了。其实你看后面的年限，2009 年的，2011 年的都有，2012 年做的还真不多。

交流本身就是一种思想的慈善

换个角度说，我觉得，一年总会有很多次要去和年轻人交流。我曾经有个想法，叫做思想的慈善。我们这个社会上，做物质的慈善很多，但是当你有机会，年轻人有冲动和渴望的时候，是否这个社会上依然有很多人去做思想的慈善。

所谓"思想慈善"并不是一种居高临下，我有思想去讲给你听。我觉得是一种交流和碰撞，但是你愿意拿出这个时间，而且几乎是无偿的，去跟年轻人进行碰撞。因为我去回忆大学阶段，很重要的成长，不仅仅来自于课堂，相当大的比例来源于跟同学的交流，尤其是很多讲座，开拓了你的视野，甚至有的时候因为你反对而收获，不一定演讲者的观点你接受，你因为反对而变成另一种收获。你回头依然对讲座人应该感恩，因为他开启了你另一种思路，尤其对于现在年轻人来说，迷惘更多，焦虑也很多，我觉得要有人跟他们完成这种沟通、碰撞。我觉得这本身就是一种思想的慈善。

思想慈善就是鼓励年轻人做梦

我觉得最重要的东西，其实就是你有很多思考，你是过来人，坦诚地跟年轻人交流。你知道年轻人很渴望这种交流和沟通，因为现实的压力越来越清晰、明显，越来越大。所以每一代青春都不容易，那么谁给他们推一把，当个帮手，哪怕聆听他们？我觉得都是这个时代挺需要的、温暖的东西。年轻人就不会觉得这个

社会如此地对我不公，或者怎么怎么样，不愿意站在我们的身边。其实很多所谓的既得利益者，如果能打碎既得利益的格局，就是一个标志。你为年轻人在做什么？如果你能为年轻人做些什么，那么你这个既得利益者还不错。我觉得还不仅仅有沟通，还让这个时代、青年，不那么完全现实化，理想依然能被尊敬，依然愿意做梦，依然去执著地推动这个时代向更好的方向走，我觉得这种想法恐怕也很大。如果我们的年轻人由于现实的压力而越来越现实，这个时代挺让人担心的，还是鼓励他们做梦。

你在大学生的提问里，你能够明白他们的所思所想。现在大学里提问，经常三四个问题一问完，我就说：千万别认为我是来卖大力丸的。我说，首先成功，但是我也不认为存在成功的概念，现在大学生有时候提问非常现实和功利，直接问：为了什么……我应该怎么样？那这个时候本身就是一种沟通，他也在提醒你，现在的年轻人是这么想的，但是反过来，其实做这种所谓的思想慈善，就是鼓励年轻人要做梦，依然要做梦。

就是因为这种现实对我的提醒，人家的问题都特直接，我为了留在你们这儿，我应该做什么？经常是这样的问题。但是，当你换一种思路去看的时候，毕竟是青年人，说是现实，那是压力造成的，但是骨子里还有做梦的基础，还是有理想的东西，所以，这本身也是来自于他们的提问。比如说，很多年前，大学生送我一本他们的院刊，我一看封面上有一行字：我们喜欢的不是成熟，而是走向成熟的过程。这个我经常引用，这本身也是我在年轻人这儿学到的东西。包括跟一些大学的新闻系打交道，会发现很多大学竟然没有专门的采访课。

一百所高校的巡回计划

我其实骨子里头很希望倡导这种思想的慈善，虽然 2012 年我减少了很多，互联网时代，这种交流对我造成的伤害越来越多，风险在加大，不管前言与后语，把你一句话发网上去，人们会误解，会给我施加压力，你还没法去解释，让我很矛盾，但我觉得将来我还要做。我曾经想，过一两年，等更安静一点，更有一点余暇的时候，我为什么不能做一百所高校巡回的计划？用几年的时间，我就去讲音乐。那我觉得也很有趣啊。我的主题是讲音乐，但他提问的时候肯定不是都提关于音乐的问题啊。我觉得真要做这个计划，是一个挺功德无量的事情。我受古典音乐的滋养这么多年，当然也不仅仅是古典音乐，音乐对我的滋养和帮助太深了，那我用什么去回馈和感恩呢？那让更多人走进这个领域就蛮好了，先不说一百所，就说 50 所巡回下来，能影响多少年轻人？所以思想慈善在目前这个时代是很需要的。

但是，再次强调，很多人误认你是有思想的，我觉得不是，而是一种碰撞和沟通。年轻人同样有他的思想，有的时候他的一个提问还启发我。

中国能不能把"宣传"这个词改成"沟通"？

我觉得这个社会如果养成沟通的习惯，那么这个社会的暴戾之气和非理性的东西就会淡弱很多。因为今年我是政协委员，其实我非常希望在这五年我做政协委员的时候，提一个提案，很务虚的提案：中国能不能把"宣传"这个词改成"沟通"啊？我觉得"宣传"这个词已经落后了，而且跟这个时代、跟这个世界都比较搞笑了。所以如果我们能改成"沟通"，多好。所以我很想以政协委员的身份提这个提案，也许第一年大家会觉得可笑，第二年我接着提，让大家讨论，时间长了，仔细想想，难道不该提吗？

与年轻人的亲近感

2012 年 8 月 6 日，上海交通大学中国传媒领袖大讲堂组委会发布《2012中国大学生最喜爱的媒体调查报告》，白岩松被评为大学生最喜爱的新闻主

播。他说，其实在年轻人这边，有人缘，好事，起码说明自己还没太老，或者说你的价值观、取向跟年轻人有共同的地方。另一方面可能是我经常为年轻人说话有关。另外，《新闻1+1》在互联网的传播是很强的，因为《新闻1+1》开播一年多，广院就给了它一个奖，就是互联网影响当时在中央电视台排第四，那是刚开播一年多，它是用互联网的转载量等衡量的。现在你查一下，《新闻1+1》帖子总量有几十万，因此跟这个有关。很多年轻人虽然没在电视上看《新闻1+1》，但是在互联网上看到了，因此就可能有亲近感。

"杯满则溢"与"无私为大私"

白岩松在哈工大的演讲中，以及出版的书中多次提到老子《道德经》中的"杯满则溢"、"无私为大私"。他说，这两点对我影响很大，"你跟年轻人交流就是要说真话，说实话。你最有感触的东西，对别人才有感触吧。这对我来说是最有感触的东西"。

每个人都会计算自己的私利，这是人性。中国的老祖宗很聪明，他首先知道人性是自私的，但是又希望你无私。我们过去"文化大革命"说斗私批修，要大公无私，怎么可能呢？

人性是有私的一方面，但是你看古人，"无私为大私"，你越是无私，你得到的越多，同样这也是大道理。包括"杯满则溢"，现在很多人不敢倒掉，杯子空的时候都有干劲和冲劲，经过多年的努力取得了一定的成就，就开始成为"维持会会长"，小心谨慎地捧着杯子，但是你要知道，你什么都装不进去了！

你只能走下坡路，你敢不敢把这杯水泼掉？这句话对我几次的前行都有重要的影响。2000年刘恒就跟我说，太阳正当午，小心落山。我说，放心吧，大哥，换个地平线我再升一回。

我跟年轻人说的很多东西，比如面对平淡的问题，在大学校园里都不会理解"平淡"这词，觉得是个负面的词。但是，生活中绝大多数的日子是平淡的，一个人的成与不成，最后取决于你用什么态度去面对平淡。真正特幸福的很少，特痛苦的也很少。所以这个东西要跟大学生去讲。另外心理能力，我一直在跟年轻人不断地去讲，这个社会，一个人最后怎么样，跟你的心理健康度和承受度有很大关系，扛得住批评吗？扛得住表扬吗？等等。像主持这个行当，中国最大的绞肉机之一，名利场，你要没有一个强大的健康的心理，你怎么在这个圈里混？有的时候你敢扔东西吗？就说已有的很多荣誉你敢抛掉吗？你敢去创业吗？看似大家有的时候说创业怎么怎么的，其实一次又一次选择创业非常不容易，但是前提是前一次创业你取得了一定的成绩。对我来说，我非常愿意，因为这些东西滋养我，"杯满则溢"看似是一个道理，但是它影响我的实践。

即便现在做五年《新闻1+1》了，《新闻1+1》也非常棒。但是我依然琢磨还有什么新的玩法，我敢抛掉它。抛掉本身就是冒险，但是不冒险怎么一直往前走呢？我一直觉得，真正的稳定是什么？是改变。不断地改变的能力，才会带来真正的稳定。一个社会也是如此，一个社会如果不是不断地在动态里改革，怎么可能会稳定？你以为花多少钱维稳，就能维住？如果你的改革死水一潭，人们的利益和需求得不到保障，不能不断地蜕变，你能保持住稳定？稳定是动态的。所以这些东西都是实践给你的东西，你可以去寻找机会跟年轻人沟通，提前让他们知道。

当然你给一千个人讲，不会一千人都接受。但是，哪怕有一百个人听懂了，那这一百个人就会少走弯路。起码当他遇到问题时，偶然想到你那句话，心理可能就会舒坦一点。因为这些东西都是你切身的感受。

给年轻人更多的机会

在《幸福了吗？》中，白岩松说，在他看来，电视的下一步发展，取决于现在的既得利益者们，而不是年轻人和即将告别电视的人们。

其实我后面的话很清楚，当然取决于现在的既得利益者，因为我把希望更多地放在未来年轻人的身上。当然，取决于现在的

既得利益者是不是更多地放权，是不是更多地给年轻人搭舞台，是不是去推动这个环境变得更加宽松和自由，而不是维护自己的权益。因为现在的决策者正是这群既得利益者，年轻人现在手无寸铁，只有一腔热情。

你说你现在取决于他，可是政策的制定者、既得利益者强大地拦着路，你有再大的劲怎么使呢？所以，有很多东西我们必须理性下来。我们不信奉权威，但是你依然希望这一代领导者更开明一点，更民主一点，因为影响他一个人，要比影响万千百姓可能还会把某些事情推动更快一点。理性向来是这样，美国为什么也要选一个靠谱点的总统，因为如果这个总统要好一点，这个社会就会更好一点，更快一点，我们要理性地明白这一点。

所以，我说要取决于现在的既得利益者，是因为现在所有决策者，各个舞台上站的中心人物，都是这群人。如果他们更开明一点，更民主一点，更让点利，年轻人的机会更多。

心灵改革

在谈到对未来社会的关注时，白岩松说，有两个方面是非常重要的。一是民主进程和社会沟通，一是全社会的心理问题。他说，我要拿出一部分精力去关注全社会的焦虑、信仰、活着的状态、感受。今年是《东方时空》二十年，我会向二十年致敬，我可能会拿出一部分精力去关注当下的人，非常扎实地去做这些人物。我觉得现在的人物访谈很空中楼阁，什么都没有，两人一聊天，就以为完了。这个人到底怎么活着？他周围的朋友是谁？他一天的生活是什么样的？他对社会的态度是什么？他的痛苦和挣扎、此时面对的挑战和难题是什么？他怎么去解决这些难题？我觉得这方面的节目太少了。

我这两年还想去台湾，我跟慈济他们也在联系，我很想去了解台湾的心灵改革的整个进程是怎么样的。其实大家忽略了台湾在经济改革和政治改革的同时做了一次心灵改革，包括人间佛教的兴起，成为社会重要的稳定器。此时此刻的中国特别需要，这不是宗教的概念，大家别理解错了。

而是中国的楼越来越高，可是外面的安全网没有，大家的信仰是什么？我们怎么去解决当下中国的很多问题？光靠法律是不够的，法律当然非常重要。但法律只是社会道德的最低保障。举个例子，中国几千年来的核心信仰，八个字：善有善报，恶有恶报。可是这一百年，它被摧毁了。那接下来，我们怎么重建？因为这八个字不能理解为宗教，而是中国文化的重要内容。这都是作为媒体需要思考和推动的事情。

其实，从2012年年初我就开始讲心灵改革，一直讲了一年，悄悄地在讲。因为我认为中国的改革必须是三位一体的。三十多年前启动了经济体制改革，现在悄悄触碰政治体制改革，那么同时一定要配套的是心灵改革，否则这个社会不会是稳定的。因为经济体制改革和政治体制改革带来的都是变革、变动、震动。什么是稳定器？只有同时启动心灵改革，才能实现社会的稳定。

现在最重要的东西要集体去思考这个问题，去探讨这个路径。在中国这样一个长久以来信仰不是靠宗教来维持的国度里，我们怎么去营造一种相对平稳的过渡。

你比如说，台湾的人间佛教当然值得借鉴，因为人间佛教打破了宗教的烟火缭绕的感受，而是以社会志愿者、义工、善的力量，成为社会一种重要的稳定系统。大陆要不要借鉴？十三亿跟两千多万人当然是不一样的，但这里有益的因素你不靠近、不去了解，怎么做呢？所以现在不是一个立即有答案的时候，但是必须去做，包括我觉得高层也会去思考一个问题。世界上哪一个大的变革的背后，不是先解决了信仰问题和内心的稳定问题？如果没有新教伦理，怎么可能会有工业革命的大范围的进行？不可能。美国这样的一个国家背后也是一个强大的宗教系统在起重要的作用。台湾的飞速发展，包括能够面对这种族群分裂和党争，那背后如果没有他们早已启动的心灵改革的话，怎么可能相对来说这么稳定呢？

所以，目前的中国，谁都知道非常复杂，因为走在一个十字路口。在这样一个十字路口，各种安全的因素都要开始去建设，民主和沟通其实也是一种安全的建设，既要化解目前的种种矛盾，

而同时这种心灵革命也是。几条路都有助于解决它，同时都要看到。面上大家都会说，分配不公等，这些事情也有助于解决社会的危机，也要去做，但这是面上的。

中国千百年来都不是用宗教解决的，从来不是。中国的宗教观是临时抱佛脚，非常务实，所以接下来信仰到底是什么，我觉得并不是特别清晰，我觉得不会是直接以宗教的方式来解决。因为我们千百年来都不是，但是却可以发挥宗教的某种力量，其实人间佛教已经淡化了宗教的色彩，它不是点香，不是磕头，是行动，是志愿者，是义工，是嵌入到社会里头，成为对人们特别有约束和改变的正能量。

我觉得要借鉴啊，现在不是提供答案，我觉得中国人太着急了。我用了"寻找信仰"，别人就立即要从我这里知道信仰是什么。

我用的是"寻找信仰"。

"精神地标"

在《幸福了吗？》的结尾，白岩松写道："有人就有趣，有人也才有真的欣喜与悲伤。……而今日，当我记述着别人在我心中印记的同时，我又将在别人心中，留下怎样的印记呢？"

当向在南院拜师学艺 8 年，"从《社会记录》到《新闻 1+1》，从实习生到记者、策划，摸爬滚打到如今"的刘楠问及关于她对岩松的印记时，她说这是她"最难下笔的"。

刘楠说，媒体同行或研究人士，早已对他进行了或素描、或油画、或山水画式的诸多勾勒，有些形韵具备，智妙入神，当然也有些云里雾里，打上厚厚的油漆，用各种玄远的体制词语主题先行。

她说："我多么忐忑自己拙劣的画笔会损耗真实，折煞了师长的情谊。倒是想起岩松的一个细节，心中稍稍释然。"

岩松也"素描"过别人。他喜欢指挥卡洛斯·克莱伯，就找来油画家画了卡洛斯的铅笔素描，挂在家里的墙上，和墙上挂着的另两个外国人巴蒂、格瓦拉做伴。

刘楠评价道，其实，素描画上尖尖鼻梁的卡洛斯·克莱伯，和逼真还是有距离，但是欣赏和领悟的情结在，整个气场里都是魔术般的音符。卡洛斯指挥贝多芬《第七交响曲》那酒神的气质，勃拉姆斯《第四交响曲》感伤而典雅的狂想，都嵌在那张素描的笔触中。

她说，人对人的洞察，就像导演安东尼奥尼对拍电影的理解，表露的真实背后，还有一个对真实更忠实的意象，循环往复，所以安东尼奥尼的电影结尾常常是开放式的。

岩松也常说，世上没有纯粹的好人和纯粹的坏人，要看环境激活了什么。

刘楠说："我想，对于一个充溢着丰富矿藏的人物，无需洞若观火般打量每个角落。当外界用'理想改良者''体制通话者'来把他架持在某种角色上时，我只想寻找另一种抵达，抵达某个柔软的角落。"

"如果说在这个世界上，每个人都有一个指认和珍藏的故乡，那么在诗意的记忆中，你也许还能追溯到一个梦回萦绕的角落。"

"那个角落，可以映衬你的容颜和记忆能量，有细节支撑的岁月青苔。"

"我把我的那个角落牢牢收藏在心头，那是中学时，在家与学校路径中心的文化宫，人工湖旁边的一片绿荫。夏日光线柔和的傍晚，我把脚踏车躺倒一边，深呼一口气盘坐，鼓足勇气与缠绕我的理化知识再耳鬓厮磨一番。"

她说，岩松也有这样一个角落，一个属于他的那个"精神地标"。

这里是他的故乡。

2011 年 10 月，白岩松带领"岩松走基层"团队来到了他的故乡内蒙古。作为这个团队策划兼编导的刘楠讲述了这一次"心灵回归之旅"。

10 月中旬，内蒙古呼伦贝尔草原，褪去绿色的草毯，染上不同层次的棕黄、金黄、浅黄，混搭头顶上透亮的蓝天，和远处山边隐约泛着的绿色、褐色，递进的色调斑斓如画。

牛羊悠哉地穿越公路，汽车自觉避让的同时，还会给动物朋友们一个精神敬礼。

挺进这里的是我们"岩松走基层"团队：北京来的"精悍"4 人：岩松、晓琛和我，以及摄像亚军。岩松在主持人、记者、统筹全局的角色外，还多了一项兼职，"解说导游"。

"走，用二十分钟，带你们去个特别的地方，就在旁边，城市里少有的森林公园，天然大氧吧。"

那天是 2011 年 10 月 9 日，我们的采访行程围绕民族语言的消失和传承问题。下午 3 点，刚采访完的海拉尔一中是当地唯一的蒙语授课高中，下一站是海拉尔民族小学。

岩松提议，在两站采访间隙，忙中偷闲花二十分钟，去旁边的森林公园转转。这符合他的风格，工作效率与生活情趣并行不悖。

那时，我还不知晓那公园的神韵。好吧，索性松弛一下神经。

偌大的森林公园，在繁华的海拉尔市中闹中取静。不过，无数延伸的台阶，一点不轻松。岩松一路健步如飞，我们在后面喘着气，追着。

间隙中，他停下来，对公园的景点、植物，如数家珍，他的眼神，像是在分享珍爱的童年玩具。

海拉尔这个森林公园很后现代，大树上插着供养肥料的输液袋，竟和医院我们见到的一个模样。看我们稀奇，他极力让我们照相留念，并耐心等待。氧吧是最好的精神甘露，我最满意我网络空间的头像，就是在这里由晓琛的尼康相机定格的。

我们继续走着，走着，直到一个地方，他彻底停了下来，深情注视，那是一个被葱郁绿丛围绕的大平台，旁边一苍劲的石头上刻着三个字"名人谷"。

他说，自己的母校海拉尔二中，和这里比邻而居，这个"名人谷"，他和同学最爱来，见证了光阴的故事。

我在他的《痛并快乐着》一书157页，依稀间找到了注脚，"在故乡考大学之前的那段日子，学习的背景也美得惊人。由于我的母校被一个巨大的森林公园环抱，因此背书和上自习的时候，我们经常三五成群地在樟子松下坐在细细的白沙上你问我答。"

"名人谷"，"名人谷"？其实我很想问，他是否察觉过，自己这个家喻户晓的名人，和这个地名，冥冥中是否有神奇的牵连呢？

留点花未开全的想象空间，我终究没问。

家乡外，无论如何响彻天下，风云际会，煮酒论英雄，都是漂泊的游子。在这里，他卸下了所有的尘世装备，回归最柔软的角落。

"回到草原，我才重新知道天应该是什么样子的，空气应该是什么样子的，人和人之间的距离应该是什么样子的。"

内蒙古"岩松走基层"的几期节目选题，都是岩松亲自拟定的。民族语言的消亡问题、大兴安岭林区在"天保"工程中的产业转型，最后的鄂温克人驯鹿部落。

为什么在自己的家乡选这几个题？岩松认为，这几个题都很"国际化"和"大气"，在大时代改革背景下，激荡着人物命运的起落，而其中隐匿的问题，需要清晰呈现其困局，乃至触发政策层面的思索和担当。

作为节目拍摄和编辑的执行者，让我和晓琛觉得最吃力的，是林区产业转型一题，我俩担心这样的硬选题，没有人物和故事的张力，成为干瘪的电视议论文。

而事实证明，岩松对这期节目的开掘，和纪录片《铁西区》有些神似，让这个"被遗忘的角落"充满金属般的质感和对命运观照的悲悯。

他捕捉到，大环境颠簸下，不仅是地域的物质和精神衰落，还有人气寥寥中故乡沦陷、人才流失的悲怆。而人，不应该成为制度的牺牲品，这样的状况，不仅需要地方管理者的正视，更需要国家层面的政策扶持。

岩松的采访路径也颇有借鉴意义。他听完我和晓琛的前期调研结果后，他开始的第一步是开座谈会，给林区领导做思想工作，开诚布公地陈述利害。林区工人的困境，不需要虚伪的繁荣遮掩，而是要真实地发出声音，从而寻求破解途径。

在达成共识后，林区领导才真正愿意展现他们的艰难，一方面是为执行天然保护工程林区，当地牺牲了伐木经济利益，人们失去了工作机会，另一方面，林区在岗职工年平均工资 12257 元，只是全国平均工资的 41.8%，工人的困窘缺乏深层的政策保护。

于是，岩松找到了"下岗工人小吃店"女老板邢翠华，林场工作 14 年下岗，如今每天早上四点干到晚上七点，一个月赚个千八百块钱，烧不起煤，交不起医保，头疼做 CT 都要花一个月的收入。

于是，岩松关注，经济衰败、消费力薄弱下，当地求生的小贩们感慨"一天半片肉都卖不出去"的苦涩，还有摩的司机感慨，孩子们外出上学再也不愿回家乡工作。

最能体现岩松敏锐观察力的，是他对另一个现场的敏感。采访中，他坚持要到当地高中去看看。他认为一个检验地区发展生命力的，还有下一代的选择。

如他所料，当地有过 20 年历史的乌尔旗汗第一中小学高中部即将取消，原来的 10 所中小学减少到 2 所，生源减少，地区越来越萧瑟。

最后这期节目播出的名字是岩松起的："后继有林！后继无人？"

故乡的空气似乎有种香甜，让人动情。内蒙古拍摄中，有一天，央视哈尔滨站点来支援的摄像小伙子，正好过生日。岩松知道了，晚上约了大家，为这个才认识几天的小哥们庆祝生日，第二天一早七点，大家又准时开始工作。

海拉尔北山的日本侵华要塞遗址纪念馆，应该给岩松颁个"特别贡献"奖，因为有朋友来采访或做客，他带领参观成了惯例，那就是个大大的免费名人广告嘛！

他对我们也不例外，在结束采访的最后一天，他还是兴致不减带我们去参观。

当然你可以理解为他的"爱国热情"，也可以看做蒙古人的热情好客。有朋自远方来，不亦说乎！

早在 20 多年前，大学刚毕业的他，在北京郊区的周口店基层机关锻炼，各路同学老乡来拜访，他就陪大家参观这个遗址，一年竟然看了 21 次。

内蒙古之行，我那个被各种新闻选题噬碎的大脑硬盘，也在草原的宽广中一点点放空。

最后一天的餐桌上，岩松开始给爱焦虑的我，充当"心灵导师"的角色，给我三建议：一、接受自己的缺陷和不完美；二、手头有 100 件事，先把一件做好；三、用时间换空间，不提前预设痛苦。

刘楠说："这是一趟心灵回归之旅。"

开学了

2012 年 9 月 1 日，"开学了"，大家都戴上了红领巾和少先队袖标（照片由赵宏峰提供）

　　白岩松在接受媒体采访时，也经常会提到很怀念每年回家乡的日子，那里的人们不看新闻，哥们儿喝酒、聊天、唱歌。他说："在我老家，人和人之间的情谊比什么都重要。"

　　同样从呼伦贝尔海拉尔二中走出来的赵宏峰，是白岩松高中三年的同学。这也是她第一次接受采访。赵宏峰说，2012 年正好是他们高中入校三十年、学校建校七十周年。伦敦奥运会前夕，白岩松和她等一帮高中同学都回去了，晚上在草原上点着篝火，唱歌、跳舞，大家都特别感动、激动，甚至流泪……

　　她说："可能在别人眼里，他作为一个媒体人，一个公众人物，通过他的节目觉得他这个人挺有良知的，挺有智慧的，然后做节目又很睿智，做评论员又很深刻。但是从我的角度看，他是一个特别真诚、特别感性的人，另外跟同学接触还特别低调、特别细腻。"

　　赵宏峰作为班长，每年的 9 月 1 日都会组织一次聚会，叫"开学了"。白岩松在《幸福了吗？》中也写道："在北京的中学同学，由于资源宝贵，并不按班级来划分，而是整个年级的同学像亲人一般，我们在日常聚会之外，还开创了每年 9 月 1 日必聚的传统，因为'开学了'。"

　　2012 年的"开学了"聚会，赵宏峰还特意准备了红领巾、少先队袖标，让大家都带上。她说："挺有那种仪式感的，你想四十多岁的人，想起那个时候的事情，想起小时候都玩过什么，还是挺有意思的。"

中学时代的岩松

海拉尔二中，是内蒙古的区级重点中学，海拉尔最好的学校。因此能考上这所学校的学生，当时都是非常有希望考上大学的。赵宏峰说，一说你是二中的孩子，不管你在这个学校是排第一名还是最后一名，你出去以后在大街上戴着二中的校徽，那人们都得称赞你的。赵宏峰和白岩松都是 85 届的学生，那年升学率百分之六十多，在当时算是相当不错了。

当时白岩松学的是文科，在六班，赵宏峰学的是理科，在二班。两个人同届不同班，但是他们这个年级的学生却因为感情好而在学校很有名气。"我们这一拨，已经不分班级了。"在赵宏峰的眼中，白岩松是一位"非常低调的、才华横溢的同学"。

"我们这拨人里面很多人跟岩松是发小，甚至幼儿园开始他们就在一起。就我们北京这个圈子里，都是从小跟他一块长大的发小，幼儿园的、小学的、初中的、高中的，就一溜这么过来的。"赵宏峰说。

说起高中时候对白岩松的印象，赵宏峰说："高中时，白岩松特别聪明但也有些淘气。因为他妈妈是我们学校的老师，所以他也不太敢淘气。因为妈妈是老师，所有老师都在看着你，管着你。他很聪明，学习也挺好。"

海拉尔二中在内蒙古也是很有影响力的，隔几年都会举办一次大的校友会。2002 年，白岩松与高中同学第一次聚会。赵宏峰回忆说，当时还有一个流程：请的是他们那一届的语文老师，就像上课一样，值日生喊"起立"，老师说"坐下"。那天语文老师讲的是《荷塘月色》，就像当年的高中课堂一样。老师请白岩松同学朗读课文，他认真地念了一段。老师还给他评级："你的嗓音不错，以后有可能在播音行业有所发展。"

"兄弟姐妹"

赵宏峰用"兄弟姐妹"来形容与白岩松等这帮同学的情谊。她说，在电视中看到白岩松，就会感到非常亲切，"先抛开这个节目有没有深度、好不好，的确是好节目，但是这些都是次要的，因为他是我们的同学，所以对他节目也比较关注，有一些情感的因素也在里面。"

当看到网络上有一些关于白岩松不好的消息时，比如"被自杀"、"被离职"等，赵宏峰说："很气愤啊，我甚至还匿名上网去，当然不可能跟人打口水战。这么大年龄了也没必要，弄得自己跟枪手似的也不好，但就是有感而发。我说这些人根本就不了解岩松，你要了解岩松，他是这样的一个人吗？"

291

赵宏峰说，就像自己的家人一样，你肯定不允许别人说你兄弟姐妹的坏话啊。别人一说，肯定是特别愿意站出来去解释一下、反驳一下，就是这种感觉。她说，他们现在相处，真的就像兄弟姐妹一样，彼此理解，彼此信任。所以大家在一起是特别真实的。

有时候，如果有一段时间大家没聚了，这时候就会有人突然给赵宏峰打电话，说："班长，怎么好久没聚了，组织一次吧。"所以大家特别向往聚会。

赵宏峰说："我们在一起也挺有意思的，有时候我们也玩游戏，可是玩着玩着有时就乱套了。你别看岩松管我叫班长，我说你经常维持秩序，你就当纪律委员吧。所以，我们就开玩笑说他是纪律委员。一乱套了，我就说，哎，纪律委员，赶紧说两句。他鬼点子也多，挺有意思的。"

性情中人

赵宏峰说，每次聚会，大家都有一种默契，从不过问电视台的八卦事情。"在他身上，我们也能学到很多，就像我刚才说的，他走到今天的位置，与自己的努力和刻苦是分不开的，哪有天生的就那么丰富，也不可能都是别人写好稿子，你照着念。所以他对我们来说，也是一种鼓励。"

"但是我们会说一些节目外的小细节。"赵宏峰说，有一次她看完一期节目，就给白岩松发短信："岩松，你那衣服不好看。当时他的领带是粉色条状的，不太好看。""他很随和，夏天就是夹脚拖鞋，大裤衩。"赵宏峰还说，有一次同学聚会，白岩松一下节目就来了，有一个同学就直接过去摸他头发，还说："哎，你的头发真的假的啊？"

在高中同学中，像白岩松那样有成就的人也有很多，但是跟同学接触，白岩松特别真诚。赵宏峰说，有一次，有一个同学来了，一个月大家连续聚了四次，白岩松就开玩笑说："怎么光见你，都见恶心了。"虽然同学间聚会很多，但是大家都有一个默契，大家约定，不能给岩松添麻烦，别什么事都找他。所以，"我们若聚会，基本上就给他发个短信，他有空他肯定来，他不来肯定是有节目或者别的什么。但是比较重要的聚会，像9月1号之类的，我都是先问他的时间。因为他也很重视这个聚会，基本上他也能保证9月1号的就9月1号，保证不了9月1号的可能前一天或后一天。"

"他还特别感性。像他作为新闻人，应该是特理性、特客观，但是在同学里，确实是特别感性的。"赵宏峰说白岩松是"性情中人"。她说，内蒙人聚会经常在一起喝酒、唱歌，"有的时候我们唱草原歌曲的时候，我们也会流泪，大家在一起，他也一样，其实完全什么事都没有，可能就是一种思乡的情绪，或者对自己过去

生活的一种感受。在电视上，你根本看不出来他会是这样的一个人。"

不显山不露水的细腻

"岩松特别细腻，特别顾忌别人的感受，有时候他做得比我们女同学都好。"赵宏峰。她讲到，有一个女同学，性格特别老实，与自己班级的同学都不太说话，和岩松也更加不熟。但是在一次聚会时，大约二十多人，"岩松就特别关注别人的感觉，就是不显山不露水地特别照顾别人，比如拍照的时候，坐座位，他都特别关注我们新来的那个同学。"后来那个同学走了以后说："宏峰，我真没想到，原来我以为岩松特别高高在上。且不说高高在上，起码咱班男同学都没有对我那么照顾，你看他跟我还没在一个班级待过，还那么顾及我的感受，我真没想到他是这样的一个人。"

赵宏峰还说，2012 年度《感动中国》录制的时候，有八九个同学去录制现场。前一天晚上白岩松就给她短信，因为录制地点在大兴，有些偏僻。他说我定了地方，咱们随便吃点饭，然后你再回家吧。"我就打电话给他，我说那还吃什么饭啊，节目录完了都六点多了。"结果白岩松说："你去接他们，再给他们送回家，到家不得九点多啊。吃完饭踏踏实实的，然后九点十点你再送。"赵宏峰说："我真的挺感动的，我都没想过这个问题。他就是特别细腻的一个人，他做节目都挺累的，后来我还跟他说：你就不用管了，你做完节目还挺累的，我们就走我们的。"

生活中的低调与随意

2012 年 9 月，《人物》杂志专访白岩松，其中提到，眼镜也是他的主持道具，戴上，是央视正气凛然的主持人，摘下是一名普通中年男子。时常，他摘下眼镜，压低帽子，去坐地铁，上车后出溜到门边，一靠，很少有人能认出来。

白岩松每次给"东西联大"的学生上完课后，都会和他们一起吃饭。他的学生小唐说，每次都是他点菜，他跟服务员说话，但好像真没被认出来过。他一带围巾，不戴眼镜。没那么好认。

有一次，中国传媒大学的吴郁和沈力两人在聊天。一个戴着帽子的人走过来叫了一声："沈力老师好！"把旁边的吴郁老师给吓了一跳，心想这是谁啊？仔细一打量，原来是白岩松。

白岩松的高中同学赵宏峰也说，2002 年回海拉尔二中有一次大型聚会，那时白岩松已经很有名了，四百多人聚会，拍合影，"他从来都站在特别犄角旮旯的位置上"。

赵宏峰说，有一次她和白岩松去哈尔滨看一个同学，那位同学说派他表弟来接他们。问他表弟：你认识白岩松吗？他表弟说：认识啊。结果到了以后，他表弟没找着他们。后来同学的表弟弄得挺糗的，因为没看出白岩松来。当时，白岩松就戴了个棒球帽，穿了个大裤衩，真没看出来，他们还等老半天。所以，赵宏峰说："在我们眼里，他就是一普通同学。"

草原人的性格

白岩松是内蒙古人，年幼失怙，苦寒出身，他曾在《幸福了吗？》中写道："当时没有暖气，需要家里自己烧火，母亲没有下班，我就裹着军大衣，等母亲回家。一般情况下，这时家里的温度在 5℃以下，墙角处，常常见霜或冰，然而，并不以此为苦。"童年的记忆留下更多的可能是感恩和坚韧，所以白岩松身上总有一种无声张扬地迎向世俗的尖锐棱角。他曾经不止一次提到"每一代人的青春都是不容易的"。作为 60 后，他也曾经意气风发，胸怀理想，他也曾经拥有青年时期的欲望和理想。这种高扬的锋芒渐渐沉淀，形成一种而今的自信和成熟。

白岩松有着蒙古男人的正直和坦率，也有着蒙古男人的脾气和性情。白岩松的前同事雷溶曾经在 2007 年接受《南方人物周刊》采访中说过："岩松作为朋友，实在是很可爱的一个人，他和你肝胆相照，为你两肋插刀。但是作为上下级，他让人如临深渊，如履薄冰。他和我翻脸两次都挺厉害，几乎就是暴跳如雷，在楼道里大声说：'雷溶——你出来啊——'哎哟，我都被气堵了那次。"不过，白岩松的脾气，是对事不对人，风雨过后，他也热情、善意、亲和，雷溶也说："后来他回去给我打电话，说得挺动人的，把我都说哭了。"

白岩松在业界人缘很好，电视前他是不苟言笑、严肃刻板，但是生活中却彬彬有礼、热情洒脱。他有很多好朋友，张泉灵、敬一丹、水均益、崔永元、柴静、刘建宏、段暄等。崔永元更是经常在公开场合挤对他，他听闻而笑不还口。2012年 12 月 16 日，在柴静新书《看见》发布会上时，崔永元再次调侃白岩松，白岩松笑称："小崔之所以抑郁，是发现只剩下一个挤对完了不回嘴了，那就是我。"

白岩松的高中同学赵宏峰还记得毕业之后，第一次与白岩松见面时的情况，当时是她同班同学刚从石家庄调到北京来，因为跟白岩松是发小，可以说是"从小穿开裆裤、撒尿和泥一块长大的那种"。赵宏峰和另外一个女同学去晚了，"我一进去，我就看到高脚杯那么多，我就问：这是水啊还是酒啊？"白岩松当时就说："宏峰，你也不想想，内蒙人有这样喝水的吗？"赵宏峰说，尽管这么多年不见面，或者说以前的交流也很少，但是一点也不觉得陌生，反而是非常亲的那种感觉。

持有广院的 "原始股"

　　1989 年，正是白岩松从北京广播学院（现中国传媒大学）毕业的年份，曹璐作为新闻系的系主任兼党总支书记，给予了这个在特殊年代的毕业班更多的关照，由此，也开启了一段深厚的师生情。在白岩松和他们班同学的眼中，曹老师就是班主任。而在曹老师看来，学生时代的白岩松是一个文学青年，喜欢看书，喜欢踢球，又喜欢音乐，多才多艺，同时也有着很好的口才和文笔，且善于思考。谈起这些年来白岩松的变化，曹璐老师说："这些年，他思考得比较多、比较成熟了。"

　　敬一丹曾这样评价他：岩松的兴趣极其广泛，虽然近视，但隔着镜片他的眼睛总是呈搜索状，什么新鲜事，都在他的视野之内。他的传播欲望极其强烈，思维活跃敏捷，状态极其投入，说话时连身体都前倾的。岩松一进门，就像带进一屋子的负氧离子，办公室的空气立马活跃起来。话题一个接一个，当然都是热门；段子一个接一个，当然各种颜色都有。

报考时的纯属偶然

　　白岩松毕业于北京广播学院，对于自己的志愿选择，他曾经以 "纯属偶然" 作为解释。在《幸福了吗？》中，他说："我妈妈的一个学生，过年时到家里来拜年，她是广播学院的学生，三言两语中，我听说广播学院有时间看闲书，考试容易过，顿时觉得是天堂，于是报考。"生命中的缘分有时很奇妙，太多的偶然凝聚而成了不可逃离的必然。对于母校，白岩松感慨地说："当时的北京广播学院没有什么太大的名气是事实，我们等于买了原始股。"

文质彬彬纯属假象

与 80 年代的大学生一样，白岩松经常出入王府井新华书店，也曾传看武侠小说，赶场子一样参加各种名人讲座。有人说，青春是棱角分明的，这在白岩松的身上则格外明显。在 2008 年 11 月的那期《鲁豫有约》节目中，他说，他的活力和张扬展示在运动场上，"我超强的自信心是在广院得到的，而且不是在课堂上，是在球场上。"绿茵操场像极了一望无际的草原，白岩松百米速度非常快，一直保持在 11 秒多。白岩松也曾调侃自己："一个在广院的球场上踢球的人，一个广院历年参加 100 米、4×100 米接力跑、跳远而且都是前三名的人，文质彬彬纯属假象！"

年轻气盛时，青春的火气无处发泄，白岩松也曾动手打架，他在《幸福了吗？》中写道："在大学，我似乎也是一个好战分子，长期在球场，哪能不动拳？"随着年龄的增长，白岩松早已从冲动的毛头小伙子，成长为一个有责任、有担当的男子汉，他的锐气，他的锋芒，渐渐遮盖在了他的镜片之下，虽然很多时候，从他犀利的言语中，从他闪烁的眼神中，仍能感受到他藏在心中火一样的激情。

曹璐老师提起白岩松就赞不绝口："岩松这拨孩子挺不容易的，而岩松特别懂事，有责任感。"在 80 年代，校园中的师生情，纯真而又持久，毕业多年，白岩松仍然很怀念那种"师情画意"，他在《幸福了吗？》一书中写道："我们的曹璐老师过七十岁生日的时候，同学们依然从全国各地赶回来，几十口子人，真像家一样，陪着老师热闹了近两天。"

时尚先生

乍一眼看，时尚似乎与这个永远一身西装、正襟危坐的人不太相关，但是白岩松连续多年获得由《时尚先生》（Esquire）杂志颁发的年度"时尚先生"称号。2005 年 1 月，他获得了首届"时尚先生"称号，他在颁奖典礼时说："有人说时尚是一种追逐，我说偶尔坚守也是时尚；有人说时尚是色彩，我说留一点时间辨别黑白也很重要。"时尚不一定是花哨的着装、前卫的打扮，有的时候也许永远不变的时尚就是最本质的那些东西。白岩松以新闻的精准、媒体人的责任和信仰，坚守着最传统而又最时尚的信念，走在中国时尚的前头。

2011 年，白岩松再度获奖并在颁奖典礼上调侃自己几度获奖是因为主办方"不过是为了证明他们的评选标准：时尚先生不是为了进行选美"。他说："现在时尚越发成为一种精神、品味和气质"，白岩松身上就体现了这种时尚的气质。

曹璐老师也说，"白岩松就是喜欢做事、喜欢表达。他有过这种很充满激情、就像诗人似的这么一段儿。"白岩松的爱好非常广泛，从足球到书籍，从电影到音乐，他对于时尚流行事物也非常关心。白岩松骨子里也有一种文艺范，他上大学时翻得最多的书籍是《朦胧诗选》，欣赏作家三毛，酷爱古龙的作品，也喜欢古代圣贤老子的《道德经》。他也关注 80 后新小说，例如郭敬明的第四部长篇小说《悲伤逆流成河》，他曾在 2011 年 11 月 1 日《新闻1+1》"拿什么拯救你，我的书店"节目中说道："即便我哭得悲伤逆流成河了，但是市场不相信眼泪。"接受采访时，还认真表扬过韩寒。

白岩松的高中同学赵宏峰说，虽然那个时候高中还相对保守，没有那么多展示自己才华的机会，"不过岩松歌唱得特别好，唱摇滚，他能把所有的歌都唱成摇滚味，《红河谷》，按爵士的方式去唱，而且他的嗓子也挺好的，挺有味道的。"

"我的心爱在天边
天边有一片辽阔的大草原
草原茫茫天地间
洁白的蒙古包散落在河边
我的心爱在高山
高山深处是金色的兴安
巍巍兴安云海间
矫健的雄鹰俯瞰着草原
……"

这是白岩松等人合唱版的《呼伦贝尔大草原》，现在依然在刘楠的手机里存着。她说，那是 2011 年"岩松走基层"节目在内蒙古拍摄的最后一天，节目组在收官之作后的狂欢。

刘楠说，岩松唱歌时，声音洪亮，唱到深情处微蹲，身体前倾，面部语言充沛，颇有走穴当歌手的潜质，特别是摇滚歌手。

刘楠说："那一刻，我明白为什么有人说他和汪峰像孪生兄弟了，不仅形似，而且神似。"有个网友说："汪峰是摇滚界的白岩松，白岩松是新闻界的汪峰。"

白岩松在送给汪峰的《幸福了吗？》扉页写的是：你的音乐就是我这本书的音乐版，我的书是你音乐的文字版。

白岩松说，他和汪峰"那些焦虑、痛苦，是相似的"。

下班即回家

白岩松曾经在《痛并快乐着》中描述自己与敬一丹、水均益、崔永元身上的共同点："比如：都不是一开始就干上电视；都不是北京人；都结婚了，还都没离；都有一个孩子，都酷爱着孩子；一般都喜欢下班回家……"关掉麦克风，换下一身正装，离开演播室，这时的白岩松与我们社会中绝大多数普通人一样，有妻子、有儿子、有母亲、有朋友，有镜头之外的灿烂生活。

白岩松曾经在《幸福了吗》中爆料："在广播学院的一次带搞笑性质的评选中，我意外获得'最不可能被女生诱惑的男主持人'第一名，面对这个'荣誉'，我一直不知道这是表扬还是批评，我该高兴还是自卑。不过，我猜想我夫人会很高兴。"

柴静也在《看见》中说："白岩松这个人什么都彪悍，就是不习惯跟女生单独讲话。"很难想象，这样一个蒙古大汉，可以直面突发现场，可以直指社会不公，但唯独在面对女孩时却有点羞涩。

白岩松结婚很早，妻子知书达理、温文尔雅。在镜头不断窥探隐私的娱乐时代，网络上流传着众多版本的"白岩松与老婆的浪漫故事"。在《鲁豫有约》节目中，他曾经澄清流言的不靠谱，对于与妻子的相识，他说："我跟我老婆那叫'守株待兔型'，我不好说是人家追我。我老婆也是广院校友，但大学时候不认识，她比我低三届，而且那个时候我总是跟男同胞在一块儿。"

白岩松酷爱足球，与妻子更是兴趣相投，他曾幽默调侃："我跟我老婆都喜欢足球。我跟我老婆之所以到现在为止没有离婚，是因为从我俩认识之后，意大利队跟阿根廷队在世界杯上再也没有相遇过。我是阿根廷球迷，她是意大利球迷。"

刘楠说，白岩松还是少有的爱逛街的男人。2009 年 11 月，在新加坡录制完 APEC 节目后，他带我们去逛街。新加坡的鞋子很便宜，100 多人民币一双的鞋子，样子颇为精巧。在一家几十平米的店里，他和我们足足逛了 1 个小时，端详摩挲，他买了好几双，给老婆的、给孩子的，还颇有兴致地品评着鞋的花形图案。她说："爱逛街，也不意味着他对繁华物品的嗜好，我几乎没见过他背公文包，常常是提着一个白色的环保布袋，所有的东西一股脑放进去，'这个省事、方便'。"

中国传媒大学曹璐老师说，白岩松的妻子朱宏钧也是传媒大学新闻系的，"他的爱人功课特别好，班上第二名。但是从来都没有他爱人的照片。其实他爱人很漂亮，身材很好！她是一个南方姑娘，他爱人现在在中央人民广播电台经济之声，业务也很好。"

在曹璐老师眼中，"白岩松是一个感情特别细腻的人，就是一个情商和智商都很高的人。他是一个特别敏感、才气横溢也容易受伤的人。他有很多诗一样的语言，尤其是对中国社会的思考，他有很多特别理想化的成分，也有很现实的成分，也有非常深刻的一些想法。但是这些想法不一定能跟现实对上号儿，还缺那么一些现实的东西，但是我觉得这些棱角留着也挺可贵的，我也是以他为荣的一个老师。"

与这个时代
无关的阅读

白岩松在《痛并快乐着》中写道：阅读体验是从现实中逃离的方法之一，读小说是阅读中最好的从现实中逃离的方法，读散文是一种最好的交谈，读传记是体验不同人生的最好方法。我把读书分为三种阅读：功利性阅读——为做节目而准备、新闻性阅读——每天大量的报纸和资讯，第三个是与这个时代无关的阅读。最后这种最重要，因为单纯地与"人"有关。

当年，白岩松在任《时空连线》制片人时，每月都会给同事发一本自己推荐的书。

刘楠说，在《新闻1+1》，早已远离领导岗位的他，偶尔还会给我们同事发书，书的种类很跳跃，有时，是科学松鼠会的科普书，有时，是学者的《为什么民主需要不可爱的新闻界》。

爱看书，但是他很少给人写书序。刘楠说："在各种谋略心机、讲求实用上位的书堆中，能入他法眼的书不多。"

他给证严法师、于丹的书写推荐、写序。这两本都是与心灵有关的书。

他给证严法师的《静思语》一书写的推荐语是："《静思语》包含人性之间的大爱和大美。这个社会一定要找到信仰，信仰不一定仅仅用宗教去表现，但是各种宗教所蕴藏的一些东西会成为一种重要的支撑，所以我希望这本书有更多人应该读到它。"

刘楠说，在他给《新闻1+1》同事开的"后海会议"上，岩松多次谈到慈济的证严法师。刘楠的本子上记着："佛教不需要让人顶礼膜拜，释迦牟尼给自己鞠躬，求人不如求自己，佛的理念，你心中有佛，通过修行，把佛打造出来，一个好的栏目就是让每个人通过这个栏目，把自己找到，而不是得到了什么。"她说，白岩松给于丹的书《趣品人生》写的序，似乎也是他这两年的一个阶段性心得。

做一些无用的事

　　你说看一本诗集跟这个时代有什么关系，它无用啊，可是你能不读吗？生活不能都是理工科的内容，非要严格意义上的分配，怎么可能会有这样的答案呢？也许你今天大部分时间都在阅读无用的东西，因为你今天没节目。那明天有节目，你可能又相当大比例投入到为节目而准备的阅读当中，但是归根到底，最重要的阅读，还是跟这个时代没有关系的阅读。因为它是塑造人的，而不是让你做好一件事的，我们现在的阅读，我们的社会，很功利，你去书店看看，面前码的都是各种考试的书，各种医疗健康的书，然后是畅销书，畅销书是各种公共话题，大家怕被这个时代疏远，所以不一定爱读，但是得读。然后离得很远的，才是没用的东西。"没用才是大用"。莫言这回获奖，不也谈无用的事，其实我谈的比他还早，我给于丹的那本书写的序言，叫《做一些无用的事》：

　　　　喝茶、喝酒、听听琴音，这些事儿有用吗？表面上一看，还真没用。
　　　　从这个时代的追求来看，升官、发财、出名，要做就要做与此有关的事儿，因为有用，而一个人喝喝茶、喝喝酒、听听琴，实在没用。因为，一个人在那儿，既不创造财富，又不营造关系，于是，孤独的人是可耻的，甚至被当做是可怜的。
　　　　太多有用的事把无用的事推到了边缘。人群中，人们只愿意结识对自己有用的人。名片上的名分决定了哪一张因无用而该撕，而哪一张又因有用而该留。有用的人被人人需要，人群中有趣的人也就越来越少，甚至时间长了，我们的人生都开始干涩无趣起来。
　　　　……
　　　　茶、酒、琴又或其他，也都只是手段，让心静下来一些，让生命分一些时间给看似无用的事，这才是目标。心不静，幸福来不了；人没有更多与内心对话的机会，生命鲜活不起来。

　　刘楠说，2012年1月，岩松拿了几本《新周刊》杂志分发给他们。
　　《新周刊》常以一语惊人的封面主题，艳叹世人，被人称为传媒界"话题发源地"。而2012年第1期的封面，就赫然写着："做点无用的事。"
　　她说，岩松颇带赞赏地对他们说，这本杂志的编辑很灵动，和他聊天时，听到自己说"做点无用的事"，就出点子，把"无用"放大为一期杂志的主题。

其中一篇正是专访白岩松，题目起的是《做无用的事，就是为了让自己有一颗更安静的心》。

说起"无用论"，白岩松最爱引用这样一个故事：

"我去过浙江小城富阳。那里的人们，人人都在为出自这里的《富春山居图》而骄傲自豪。仔细一聊，这幅大作，是六百多年前的元朝，年过七十的画家黄公望在此山居，用三四年时间完成的。耐人寻味的是，当年这幅画，黄公望正是画给道友无用师的，因此也有人称这幅画卷为《无用师卷》。然而千百年过去，那些一代又一代人做的有用的事，都烟消云散；却是当年那无用的老人，用清净的心和一根又一根磨秃的画笔，留下的画作显赫起来，终成这座城市的象征和最伟大的记忆，无用的事，真的无用吗？"

刘楠说："岩松喜欢的电影《第八日》，也是'无用论'的精神气质。"她说，一个工作光鲜忙碌的成功男人，生活中却焦头烂额，在他崩溃的边缘，一个弱智的年轻人，用最简单的快乐，点燃了他的心灵情趣。第八日，就是指上帝创造的这个弱智的善良青年，他身上的人生态度。这部电影，就是唤醒我们心中的第八日。

所以岩松说，如果他去高校讲课，他想讲电影《第八日》，讲平克·弗洛伊德（Pink Floyd），讲新闻背后的故事，认识人生、人性，流动的生活和变化中的世界。

2012年的大年初一，刘楠收到岩松发的龙年春节短信：

"龙年我们可以换换生活方式。做公认有用的事已太久太多，愿新的一年，拿出时间多做点无用的事。发呆晒太阳听风听自己的内心，喝茶聊闲看云看生命的喜悦，无无用之时光，定无有用之结果。相约相聚相对无用之乐之美。"

刘楠说："对于媒体人，决定了我们'飞'不起来，决定了我们只能围着实用生计的磨盘，原地打转的，是功利的'有用'思维，缺少的是'无用之美'。""'无用'之学，对于媒体人，是一种与生命美学有关的职业养分。"

我的新闻阅读

对我来说，阅读是综合的。我平均下来，每天听起码两三个小时的音乐。音乐也是一种阅读，我每天怎么也有一两个小时的阅读。其实少于两小时都很少见。

新闻性的阅读，大量的报纸、杂志，像《新京报》、《周末画报》，有的是日刊，有的是周刊，晚报、网络，我都要看，因为你要找选题，你不能跟这个时代脱钩，你是做评论的，你是做新闻的，这不是兴趣，它是习惯。在时间上，当我职业了之后，可长可短，浏览的话半个小时到一个小时够了，每天早上都在干这事，属于我自己的阅读都在下午和晚上，但是属于职业的阅读一般都在上午和下午。

我的日常阅读

我看书很杂，我现在带学生，我每个月都会给他们推荐书，给他们开书单，给他们开书单的书我不能不读吧？

我好几本书同时在看，我不会说是就看一本书，比如说，这一段时间我可能在看这五本书，还看大量的杂志。我觉得很多的杂志里头的营养很多，它不一定直接跟这个时代有关。现在好杂志也很多，还有很多的书，我觉得不一定以好来评价，但是有价值。比如说，我今年在看王蒙的《中国天机》，他用他的方式梳理中国每一个十年是如何走下来的。

最近一个月，我在给我带的学生推荐熊培云的《一个村庄里的中国》，我让他们看。其实2012年，我看的觉得蛮有味道的书，就是《杨牧诗集》，因为台湾的杨牧是大陆研究比较少的，我准备下点气力去推荐它，然后大陆能引进它。我觉得过去这几十年里头，华人世界里最好的诗人是杨牧。其实绝大多数咱们这代人都没有看过，我觉得这是挺遗憾的东西。可能过一段我要认真去看《邓小平时代》，现在我看了一些，因为这个跟当下又隔了二十年，有一定的关注度，我已经看了小一半。

我阅读很杂，根据兴趣，根据这本书是否很好？像2012年野夫的《乡关何处》，有一天别人说这书很好，我就找来看，然后《旧山河》也不错。好书很多，比如我看野夫的《乡关何处》，最后我就推荐给学生们看，我就说：看这本书，很悲伤的历史，但是他没用恨来写，这就很难得。很难过的历史，个人的，时代的，但是在他的笔下，他屏蔽掉或者说抑制了自己的恨，不容易。我觉得看书首先是兴趣，有时候面对这样的问题，我也很难过，难道看这样的书还需要很功利吗？没有，完全就是兴趣，就是人所需求的东西，跟我这个职业没有关系。这些书不是为了职业去看的，我是一个清洁工，或者说我是一个学校的老师，这些书我都会去看。

这些书塑造了我

这些书当然对我会有帮助，因为它塑造了我。所以我说无用的事才是最有用的，那你说你研究杨牧的诗集有什么用，跟我做节目有什么用，没用。但是他让我感知到了中文的另一种可能。我们一直熟悉的中文，是中华人民共和国这几十年延续下来的中文系统，可是中文还有另外的可能，比如在杨牧、余光中、张晓风、席慕蓉、白先勇、吴念真那儿是怎么样的？我去年给我很多的同行在推荐吴念真的《这些人、那些事》那本书，我为什么给我同行推荐？学学人家如何讲故事，这可能就有用。但是我读它的时候，不是按照有用来读的，但是看完了之后我会提供给我的同行，我认为对他们有用，虽然这本书对他们不直接有用。

生命中
最美的馈赠

三十岁初为人父，白岩松曾经说儿子是"生命中最好的奖励"。对于儿子的降生，一度在人前出口成章白岩松，却有一些"词穷"了："那无法用语言来表达，太奇妙了，各种情感混杂在一起，到现在还没有找到恰当的词来形容。"

白岩松年幼失怙，是与哥哥和母亲相依为命。因而他在《痛并快乐着》中感慨："记忆里，父亲是一张照片，言传身教的父爱几乎没有，也因此如何成为父亲，我必须自学成才。"

或许是受到蒙古草原文化的影响，或许是骨子里的阳刚和性情，白岩松对儿子的教育也是阳光式的。他觉得父亲应该承担更多的教育责任，他主张带着孩子去球场奔跑，去游戏中强健身体。他反对将儿子塑造为力争第一的竞技者，他更多的是顺着孩子的天性，对孩子给予了自由和快乐。

白岩松也曾在儿子诞生不久，写给儿子一封人生邮件："人生不是竞技，不必把撞线当成最大的光荣。当了第一的人也许是脆弱的，众人之上的滋味尝尽，如再有下落，感受的可能就是悲凉，于是，就将永远向前。可在生命的每个阶段，第一的诱惑总在眼前，于是生命会变成劳役。站在第一位置的人不一定是胜者，每一次第一总是一时的风光，却赌不来一世的顺畅。"

白岩松在《幸福了吗？》中写道："儿子上初中了，每当有人说起他爸爸时，他都含糊其辞，而当有人问他将来是否像父亲一样当个主持人时，他总是极其不屑地回答：拜托！我才不干那玩意儿呢！在他眼里，做一个动漫工作者才是正当职业。"

白岩松曾形容儿子是自己的球友，两个人相处更像哥们。他曾在《鲁豫有约》节目中讲道："有一次我儿子小心地问我，可不可以看一场凌晨举行的欧冠足球赛，我立即答应了。隔天我儿子对我说，老爸，我是我们班唯一一个敢熬夜看球赛的。当然我并没有允许他天天熬夜，我只是想让他成长得更男人些。我们的教育应该把孩子培养得更男人点，或者培养得更像'人'。"

直到现在，白岩松也会抽空与儿子一起踢几场球，有空的时候聊共同喜欢的球队，或各自喜欢的球队，或者聊聊男子汉之间的话题。

调动儿子心中向上的东西

这就是一个我改变不了大环境，但是我起码可以改变小环境，我怎么跟他相处，我怎么让他拥有健康的心态，让他像我期待的未来的好的中国人路子去走，我鼓励他踢球，我鼓励他喜欢音乐，我不会用特别所谓成功的标准去要求他，而是去调动他内部的向上的东西，而不是我强加给他。

不许考第一

甚至有时候我会跟他开玩笑：不许考第一，考第一跟你急，如果你考上北京最好的高中，我跟你断绝父子关系。开玩笑，他特喜欢这种交流方式。但是我会调动他内心的荣誉感，他现在成绩很不错，上个学期期末考试整个年级，他排名第二十，全班第三，只要你别跌出前十名，都没问题，我从来不要求他排名第一，所以他压力特小。他第九第十，我也不会过多地批评他，他第二第三，我也不会过多表扬他。所以有时候，与其抱怨，大环境也许改变不了。但是你想没想过，你营造了一个很好的小环境。

全方位的球迷

在镜头前正襟危坐、表情严肃的白岩松，在生活中，却是一个彻头彻尾的足球迷。他将自己的热情、能量都凝聚在了脚边的球上，白岩松曾经坦言："我可以称得上是一个全方位的球迷，这全方位指的是：一来我自己踢了三十多年的足球，二来我看了三十多年的足球，三来每当重大足球比赛之后，我也经常有机会发出自己的评论。"

白岩松是阿根廷队的球迷，他给儿子取小名为阿根廷队球星"巴蒂"，可见他对阿根廷队的执著与爱慕。白岩松曾说过他在电视上看的第一场球赛是阿根廷队在1982年世界杯迎战比利时，只是在人群中多看了一眼，于是他的目光就追随着阿根廷队三十年。这三十年，他接受了阿根廷的哭泣，也欢呼了阿根廷的胜利，三十年的不离不弃，是一个铁杆球迷的态度和性情。对于自己与阿根廷的缘分，他也曾说："我从草原来，阿根廷队也从草原来，这是我追随蓝白相间球队多年后发现的缘分。"细心的读者可能会发现，白岩松目前出版的两本书，《痛并快乐着》和《幸福了吗？》封面都是蓝白相间，像极了阿根廷飘动的蓝白色。内蒙古一望无际的草原和阿根廷开阔空旷的草原，虽然不甚相同，却总能勾勒出一些非常熟悉的气质，那是一种最初吸引力，那种说不清道不明的缘分，或许早已经注定。

白岩松是一个离不开足球的人，他不是泛泛热爱而已，而是一种近乎于朝圣般的执著。他不仅在比赛时为球队摇旗呐喊，他也身体力行地踢球。从年少时到大学操场，从工作后一直到近日时常带着儿子踢球，他奉行着"活到老踢到老"的足球理念，与志同道合的球友在操场上奔跑、跳跃。他在球队担任前锋，位于进攻的第一线，极具攻击性和突破性的角色与他执著、锐气的性格十分吻合。他也曾说："可以说正是足球和我所在的前锋位置，给了我自信以及追求速度的感觉，更重要的是，由于绿荫生涯，我结识了太多的朋友，因足球而靠近的友谊，其牢固程度令人惊异。"

这就是男人之间的友情，一握手，往往就是一辈子。

与赞扬和争议同行

名人，在获得赞扬的同时，也会有争议声同行。在这样一个充满各种各样声音的时代，白岩松在众多网友的舌尖上，上演了多次的被自杀、被停职、被禁言……

从 2009 年的"自杀"，2010 年的"挂职"，再到 2011 年的"辞职"，几乎每年网络上都会有一些关于白岩松的流言。他在《幸福了吗？》中针对"自杀"传言说："这不过是一次与我有关但其实又与我无关的娱乐，人家不求真相，只求完成这样一个娱乐的过程。"他还说："所以，我终于明白，自杀的不是我，而是这个时代，是人心。"

2008 年 4 月 15 日，白岩松在搜狐网的体育评论中写了一篇很短的评论。几个小时之后，评论后面的跟帖成千上万，而且绝大多数是骂声。有网友甚至提出：自己都不去家乐福，为什么还要反对抵制家乐福？

他在《幸福了吗？》中写道："我太理解这样骂声背后的爱国主义，因为几乎看到自己当年的影子。我发现，几乎每一代人都有一次与青春荷尔蒙有关的爱国主义激情爆发，像成人礼，也像与这个国家建立休戚与共关系的仪式。""抵制家乐福还真是一堂与民主有关的好课……"

这个社会不应该谁都是迎合

从互联网的角度来说，我自己虽然不是发烧友，包括自己都很少发邮件，但我自己一直是互联网进入中国的坚决支持者。因为我觉得互联网到哪个国家都不如到我们中国来得恰到好处，它会改变我们很多东西，尤其是从干传媒的角度来说，你要学会：

你不同意别人说话的内容，但是你要维护别人说话的权利。

互联网时代要习惯不同的声音在一起存在，一起发声。互联网也教会大家的互动、交流，帮助更多的人从老百姓变成公民。而且，在互联网这种快速的发展态势下，你比如说，中央电视台这样一个庞大的、旗舰一样的传统媒体，还能在这个老大的位子上坐多久？无论是从广告数目还是其他很多方面，我相信它很快地就会被像腾讯、百度等这样的网络媒体去超越。可能好几十年来中国的传媒人想要追求的一个目标，非常有可能被科技、技术相当大比例地给解决掉了。我们的审查者，将来可能会加强对网络媒体的管理，现在也就正在加强嘛。但是我相信，已经回不到过去的方式里去了，摁了葫芦起了瓢，因为互联网有它全新的特点，有广泛的受众参与。

所以，有的时候你看着它，觉得很有趣。那你总不能经济上像美国，意识形态上像某些国家吧？肯定不可能吧？所以一切改变都在悄悄地发生着。我觉得，所有的人都要适应这种变化。管理者这块儿更不用说。

可是，在互联网时代，突然暴露出另外的一些问题，就是过去我们只看到管理方面的问题，却很少去反省自己，因为我们自己很少有机会参与到传播当中。但是，当互联网到来了之后，你发现，越来越多的民众开始亲身参与到了传播当中。这个时候突然发现，我们是不是应该开始反省自己？当你的声音可以随意表达的时候，自由是不是有限定的？什么是对，什么是错？

我觉得当初 2008 年的时候围绕着抵制家乐福，就是一堂很好的与民主有关的课啊！

当时，有很多人说要坚决抵制家乐福。其实在事情还没有搞清楚的前提下，当时很多人会认为，在冲击奥运火炬的过程当中，法国方面的支持者的背后老板就是家乐福的老板，后来事实证明不是。但是，开始认为"是"。所以就要号召所有的人抵制家乐福，那我觉得这事儿就不妥了。

家乐福已经是一个法国的符号。但是，在中国，它的绝大多数员工，百分之九十八、九十九的员工都是中国人，里头卖的都是中国的产品，它就是中国经济链条中相当重要的一部分。其实从某种角度来说，包括收入和就业，大比例都是中国受益的。

那么，在这样一个经济时代里头抵制家乐福，能取得什么效果？只不过是表达一种义愤。更重要的是，你有权抵制家乐福，别人也有权反对抵制家乐福，这才是民主的一种基石。所以我坚决反对抵制家乐福，没想到我当时在搜狐网的那篇评论发表不到一两小时，别人就告诉我：留言骂你的就有一两万。我说，好啊，在这样的一种机会下，大家反而更应该去寻找一种更好的沟通，看看能不能改变一些事情。所以后来我又在《南方周末》上写了一篇文章，专门来进行对话。

在抵制家乐福的过程中，屡屡地出现把大车停在家乐福的门口，不让别人进去，然后指责进去的人，等等。我们难道不是正在以你讨厌的方式返还给这个社会吗？看似你讨厌别人进去，其实你用的方式比别人更糟，虽然都是在寻找这样的机会去进行改变。所以，很多时间过去了，我依然没有去过法国，但是没有两年的时间，中国就已经变成了在法国购买奢侈品第一的国家。抵制家乐福也像风一样地就过去了，但我希望那一场争论会有一些有益的东西留下来。

我觉得，这个社会不应该谁都是迎合。不一定大比例的声音就一定是对的，不一定。所以，作为一个媒体人，应该永远站在更理性的一面。什么是对的，什么是错的，要勇敢地发出你的声音。而不是说，我有可能得罪很多人，算了，明哲保身吧。那这个社会永远进步不了。

网络上造假，不比奶粉里面放三聚氰胺好到哪儿去

在百度上搜索"白岩松语录"，扑面而来的是各种经典语录，各种微博或博客的内容，但是白岩松说他"从来没有开过微博"，他也曾经借张泉灵的微博发表声明说自己从不开微博，可是网上仍有不少署名为"白岩松"的微博，以及他的微博账号时常被封号的信息。

当问及网上那些语录的真伪时，他淡淡地笑着说："真假各一半吧。"他曾经在很多年前，问启功先生，"看到那些假冒你名字的字画有何感受？"启功笑答："有些比我写得还好，署他自己的名字多好啊！"白岩松未曾想到，当年他提出的问题，如今返回给了他自己。

2012年7月，日本的右翼势力抛出了钓鱼岛"国有化"论调。这一论调直接导致了中日关系的急剧恶化。一时间，演员取消了赴日宣传，歌手取消了赴日演出，学者取消了赴日活动，民众取消了赴日旅游，而在国内很多人也喊出了"要抵制日货！"的口号，民众自发的反日情绪持续高涨。也正是在这个时候，网上盛传一则发自白岩松的"抵制日货"的短信。在谈及这一事件的时候，白岩松说："网络上造假，不比奶粉里面放三聚氰胺、不比肉里头放瘦肉精好到哪儿去，性质是同样的。"

现在每天都有这样的假冒我的微博。也有很多人是这么跟我说的，说你应该感到骄傲，说他们这样画一杠，后面写上"白岩松"三字会更有传播力。

鲁迅笔下一位主人公曾留下了一句话：偷书不算偷。其实后来大家知道，偷书也算偷。伪造任何东西是伪造的就都是伪造，不管你是不是为了一个所谓正义的目标。哪怕你出于正义的目标，但是你使用了伪造的方式想要扩大正义，依然是糟糕的。

人类历史上无数的悲剧都是喊着正义的目标，但是最后用了不正当的方式和过程，最后变成了人类的悲剧。日本到现在都有很多人认为，他们当初发动战争的目标，他们建立大东亚共荣圈，还有它的合理性呢！但是它的过程合理吗？方法合理吗？所以我觉得，网络上造假，不比奶粉里面放三聚氰胺、不比肉里头放瘦肉精好到哪儿去，性质是同样的。该是我说的就是我说的，不是我说的就不是我说的。

我从来没有开过微博。但是，这里头也的确有一些非常为难的地方。我在我的节目里头说过，那些义正词严的，比如说关于"抵制日货"的，甚至还编造了很多故事，等等，不是我说的。在这样一个过程中就会有变异，你比如说，十条虚假的新闻，就会在很多人心目中塑造一个我非常真实的愤青形象，你再怎么去解释都很难解释。再比如说，我也在我的工作生涯中接到过某些部门不止一次的质询：这是不是你说的？最开始我说这不是我说的。

到后来又有一条，当然也不是我说的，那我直接跟这样的部门就急了："下次你报警，不要再来问我。"

我没有开过微博，但在微博上有的时候为什么解释起来很为难呢？第一，微博上有一大半都不是我说的，但凡有出处的那是我说的，那些正确，你当然要为你自己说过的负责。但是有很多没有出处的，一看就是编的，带有愤青色彩的，甚至说话就图过瘾的，没有任何建设性推动力的，等等，好多，尤其没有出处这一点，证明它的确不是我说的。可是有的时候它是这样，现在有相当大的比例是头两句话是你说的，后面六七句它不是你说的，然后完成一种组合，你怎么去解释？第二，如果再往前走，还有同样为难的地方，你怎么去维权？你不能天天在这儿解释吧？这不是我说的，那不是我说的，就像韩乔生一样。当时网友编韩乔生的语录，最后有一个记者采访韩乔生，他挨条声明，这是我说过的，这不是，等等。可是，编造我的太多了，我防不胜防。我今天去跟他说了这些不是我说的，明天又有新的出现了，我怎么去解释清楚？

另外还有一点特黑色幽默，大家知道书的封面上有很多在用梁文道的名字，说是他推荐的。结果有一天梁文道终于忍不住了，有一本书他连看都没看过，也说是他推荐的。梁文道就给出版社打电话："我是香港的梁文道。"人家就说："啊，梁老师，我们非常尊敬您、喜欢您，您有什么事儿？"然后梁文道就说："你们出版社出的这本书我看都没看过，怎么腰封上写的是我推荐的呢？"结果人家那位跟梁文道说："哎哟，梁老师，非常抱歉，您可能不知道，大陆有很多人叫梁文道。"这件事深深地打击了我。我如果维权做得非常多，天天在那儿说这不是我说的，也许有人会跳出来，让我非常脸红地说："你太自以为是了，在中国有很多人叫这个名字。"所以说，现实就是这么残酷，就这么黑色幽默。

我觉得这也是进步必有的一部分。我们刚刚有更多的机会参与到互联网中发出自己的声音，因此，如何发出声音？怎么样去理解自由？怎么样去理解民主？怎么样去理解众声喧哗？怎么样去面对你不同意的声音？我觉得都是一种训练。

互联网其实正在这种乱象当中提供着这样一种训练。但是我们不能沉浸在这种乱象当中，以为有很多事情都是对的。我觉得要逐渐地自我梳理，明白什么是错的，否则的话我会非常担心。我作为一个互联网进入中国市场非常强烈的支持者，我看到它巨大的优势，但我觉得也不能不把它蕴藏的一定比例的让人担心的东西说出来，否则，我们会自己毁掉我们所拥有的非常珍贵的东西。

也许将来我也会开微博，但只做音乐传播

如今微博已经相当盛行了，作为一个新闻人，为什么不真开个微博发出自己的声音呢？白岩松说："到了一定的岁数，我也希望将来有一天我也能开一个微博。这个微博不干别的，我只是去做音乐的很好的传播。"

我之前没有开过博客，起码到现在为止我也没想开微博。我为什么不开微博？

第一，我每天都在做新闻，我没有必要再去把所有的有话语权的地方都占上。第二，我是一个做什么事儿都是只要做了就要极其认真地去做的人。我觉得我现在起码没有那么多的精力去把我的微博维护得特别好。除非我有足够的精力。你想想你真要想把它维护得很好，而不是说三天打鱼两天晒网，就开那么一个东西放在那儿，我觉得我现在没有那么多的精力。第三，从一个人活着的角度来说，你希望获取很多的正能量的场。而我在做新闻的时候会面对社会上很多负能量的场，今天这儿出问题，明天那儿出问题。如果我变成一个个体，打开微博的时候呈现给我的依然是这样的一个场，那不是我希望的；或者现在的微博里很多的是心灵鸡汤一样的励志的东西，我觉得一个45岁的人不太需要这样的东西。

其实，到了一定的岁数，我也希望将来有一天我也能开一个微博。这个微博不干别的，我只是去做音乐的很好的传播。我觉得现在特别缺持之以恒地去跟大家分享古典音乐，或者是其他门

类的音乐，好的唱片、好的演绎、好的故事。如果是那样的话，做一个很小众的微博，那多有趣！

我觉得将来也许我会去选择，谁知道呢！等将来有了更多的时间，没准儿也会去开。但是我觉得一定会成为一个理性的东西。有趣的才可能去做，另外你是有足够的时间去把它经营得非常好。但是我觉得微博已经在现实的中国发挥着大的、积极的角色了。

优秀的知识分子从来不该去考虑环境

在现在这样一个环境下，怎样才能产生"不为很多事情所左右"的好的知识分子？白岩松说，越是在不容易诞生优秀知识分子的环境下诞生出来的反而让人印象更加深刻。

优秀的知识分子从来不该去考虑环境。有的时候越是在不容易诞生优秀知识分子的环境下，如果诞生出来了让人的印象反而更加深刻。就像我们所有的人都会在 20 世纪六七十年代的故事里头记住顾准，记住张志新，记住遇罗克，等等。那就是因为在那样一个时代里想有这样的人太不容易了。

其实回头去看，除去顾准之外，张志新他们都没有说出多少深刻、伟大的道理，他们只不过是复述了常识。但是在那样一个时代里头，能复述常识就已经足够优秀了，我已经愿意把他列入一个知识分子的大的行当当中了。而顾准还会去思考更远一点的事情。所以我觉得越是在那样一个几乎寸土不长的土地上，仙人掌都具有了最可贵的绿色植物的品质。

如果我们总是在等待一个更好的环境，即便在原始森林中，你非常茂密，你又有多大价值呢？所以我觉得有的时候不好的环境，反而更是需要好的知识分子的时代。当下就是一个机会嘛。

应该更信任我们的从业者

2008 年，《新闻 1+1》开播。白岩松担任新闻评论员，常常针砭时弊、不留情面，隔三差五让一些相关部门不高兴，说没有压力也不是不可能的。

2011 年 8 月 9 日晚，《新闻 1+1》本来要播出大连福佳大化 PX（中文名称"对二甲苯"，可燃、低毒）的节目，题目是"高危项目，别低调推进"，并于当天晚上九点半播出了节目预告和片花，可广告之后却不见白岩松出现，而是突然播出了《焦点访谈》的片花，接着是一段天气预报，最后在 21：38 分重播了当天的《焦点访谈》。对此，白岩松坦陈道：这就是这个职业的风险。

我觉得今后从管理者的角度来说，这样做是不合适的。因为你的片花都已经放了，大家已经知道你今天晚上要播这个东西了，但是最后取消掉了。

当然，这个里头有很多因素存在，比如说，当时在我们的节目播出的时候，大连已经有市民上街了。因此恐怕就有人会去担心：我们这期节目会不会火上浇油？所以临时终止了。我觉得今后应该去更信任我们的从业者。

在新闻、传媒这样的一个行当，它本身就没有一个明晰的标准，它需要人来进行管理。比如，国家领导人说像地震等这样一些重大灾害应该公开、透明、准确，等等，可是后来又加了一个"适度"，这就比较困难了。因为适度这个标准怎么来把握因人而异。你要知道，在中国，新闻的管理是人来管，那么每一个人，用我们的俗话来说，有的人胆儿大，有的人胆儿小，有的人政策水平高，有的人政策水平低，有的人常学习，有的人不常学习，因此他把握相同的"适度"二字的时候，就完全不同了。今天 A 值班，明天 B 值班，结果完全不一样。

我觉得，我们要去思考，这样一个没有标准的标准该如何设立？那么，在这其中相当重要的是长期建立起来的信任，你要信任你用的人。要知道，疑人不用，用人不疑，否则的话，将来会越来越拧。如果时间长了，让你信任的人都会由于你确立标准时的左右犹疑，慢慢地恐怕他自己都会发生很大的变化。

所以，这样的事情我不希望它很多。

白岩松作为政协委员在两会上接受媒体采访（视频截图）

白岩松在全国政协新闻出版界别小组讨论中发言（视频截图）

参加完政协会议，晚上8点多，白岩松赶回台里做节目，每期节目都坚持自己写稿（视频截图）

我只是在说真话而已

2013年的两会，白岩松有了一个新的身份——政协委员。在媒体的眼中，他是"最忙的"、讲话"带刺"的政协委员。

白岩松说："我讲话从来不愿意'带刺'。我只是在说真话而已，说你应该说的话而已。我反而不愿意去说那些听起来很刺激，其实很空的话。那我觉得作为一个政协委员，你有了这样一个新的平台，你更不能做一个尢秃的、浑浊的、不表达建设性意见的一员。所以我觉得，这是你的职责呀！"

另外，在今年"两会"上，白岩松的发言被部分记者断章取义，或是把内部的发言也传了出去，这给他带来了巨大的压力。

我喜欢现在政协开小组会有的时候都是开放的，记者随时进来、随时出去，都可以听。但是，我们的确存在有的时候记者在采访政协委员、人大代表的时候断章取义。你比如说，我说刘翔是这么说的："衡量一个政协委员或人大代表是否称职，要用五年的任期去衡量，如果他第一年没来，但是后四年来了，每年都提出了高质量的提案或者议案，那么他可能是称职的，如果五年都

来了，从来不提任何东西，也不说话，走过场、打酱油，他同样是不称职的。"结果我的这段话就被媒体说成"白岩松说刘翔是称职的政协委员"。这就太搞笑了。

还有很多其他的断章取义。另外有些事情也很难，比如说开两会的时候，我们有一次内部发言，我一再强调这是内部，因为有很多的高级官员，我反而觉得应该说更多的真话，而且是内部的发言。内部的发言也不知道怎么了，就被人家传到外面去了，所以引发各方不同的想法，也包括会让我感受到非常大的、很直接的压力。有的时候我也没法儿去解释，因为的确是我说的。

但是那是一个一开始就说好了的是内部的会议，所以我会说得更……因为免得被大家曲解，在环境不成熟的时候，有些话如果公开的话，相对来说容易被曲解。可是它依然被传出来了，最后直接地为此面临了很多压力，那我自己也只能去扛了。

现实比我们更有韧性

2011 年 7 月 25 日，在当天播出的《新闻 1+1》中，针对温州动车事故，白岩松犀利地批评时任铁道部新闻发言人王勇平，有网友在网上说白岩松因此遭到批评而被迫辞职，白岩松表示他从来没有因为这件事情受到过处分。对于网络上的"被辞职"，他几乎从未回应过。

对，每年都得传我辞职一两回。

第一，我觉得从这个角度来说也要感谢周围环境，CCTV 其实它有某种包容性，我真的没有辞职过，但不妨碍将来我会。但是不也一直有一种包容吗？所以，有的时候现实的韧性比我们想象中的要大一点。第二，常常当互联网上传出我辞职或是怎么样的时候，我也在观察人群的心态。我觉得人群心态当中也有一种不确定。在议论我、在制造这一谣言的时候，也反映出人群中的不乐观、不确定和犹疑。大家会觉得，他说的话好像有点儿出格了，出格了好像在现实中的环境是不容他了，他应该辞职了，是这样的一种逻辑线条。可是我觉得现实比我们更有韧性，还没那么悲观。反过来观察这种谣言，或者观察这种谣言诞生背后的社会心态也是蛮有趣的。

除了极个别情况，你看我什么时候回应过？因为有的时候一回应，好像你又太自以为是了，好像这事情很重要一样；还有，你也回应不过来；再有，有些事情也不用回应。比如，说你辞职了，明天、后天、大后天看见你了，也就是一种回应了。恐怕有的时候也得感谢网友用这种方式表达的对我的支持。虽然是虚幻的，同时得说：不管是什么样的东西，是谣言就是谣言，不是什么好东西。

我也不知道我能扛多久

在 2010 年 11 月 18 日的《南方周末》上，白岩松在接受该报记者采访时说："40 岁之后我就已经非常明确地说过，我要进入到得罪人的时代了，一个做新闻主持人，一个做评论员，如果被所有人喜欢，那是一种悲哀。"

他一路走来，得罪人、得罪权力、得罪周围的环境。他说："没有这些得罪就不会走正确的路。"

我走进电视的时候，最开始其实是作为一个半新闻、半人文的主持人的，因为做人物的采访其实带有很强的人文性。

那么，慢慢发展，我就成为了一个资讯的提供者，也就是一个新闻人，然后是采访者、主持人，那个时候其实并不是你直接在表达什么，而是你在提供相关的资讯和相关的采访。因此，周围各行各业的人，包括你的管理者，都是在说你的好。

但是，从 40 岁开始，从我自己思考事业发展的角度，我认为，观点已经成为新闻了。由于互联网的出现，单纯的信息提供已经不会让大家满足了，因为大家获取信息的渠道前所未有的宽阔。全世界的新闻都为此在发生变革，观点、看法、延伸的服务等，我看到了这一点，我有机会填补电视领域新闻评论这样的空白。

但是从我的生存、我的安全和我得到各种利益的角度来说，我干嘛要做这种得罪人的事呢？包括我周围的老领导，也曾经在我开办了《新闻1+1》之后，依然在劝我："要不你还在《东方时空》做主持人吧，这样的话不会去惹事儿。"可是，我一直在说的是，这不是我的选择，这是中国电视走到了这一步，总要有人去面对它，我不去面对谁去面对？我觉得，当时放眼望去，起码在中央电视台做新闻的人里头，我恐怕是最合适的一个吧。我能推着它走得更安全、更远一点，虽然这里面的风险是巨大的。

五年下来，事实证明这里面的风险远比我当初想象的还要大，甚至更大。但是我必须去面对，我没有什么可后悔的。这就是一种异化啊，是事业需求你，需要你去这么做。可是做时间久了，别人会以为是你要故意这么做。可是这没有办法，这不是我能够左右的。事业有它的逻辑，我只是顺应了事业的逻辑在做。

那么，做了评论之后，就意味着你要去对很多事情进行分析和表达，摁了葫芦起了瓢。今天 A 部门你批评了，A 部门就会认为："哟，他怎么这样啊？"明天你就会批评 B 部门，大后天就批评 C 省，再后天就批评 D 直辖市，都有可能。那么你就轮流地在得罪人。难道我不知道在中国现实的环境下做评论节目的风险吗？报纸上写评论可都是本报评论员，甚至有一些评论是非实名的，用笔名就可以了。但是在电视上我打笔名有什么用呢？那就是我。所以从 2008 年到现在五年下来，你觉得我得罪了多少人？

还不仅仅是我得罪了的那些人，还有一种另外的得罪。你的节目风险很大，有的时候就会让有些人不满意，陪伴你的审查者们就会觉得你这个栏目很麻烦，你也在给别人添乱。我也经常觉得不好意思，使他们觉得相对更安全一点的工作遭受到了某些风险。可是我还是想说，这是我的事情吗？事业不就是该按照这个逻辑去向前走吗？

所以，我也不知道我能扛多久。说句实话，我也不觉得我一定会始终留在中央电视台。

这是由很多因素决定的。你是不是给别人带来的风险太大了？虽然不是我个人故意的，是事业的事儿。另外还有一个，电视还能在传播这个阵地上扛多久的旗？接下来我们周围的舆论环境会发生什么样的变化？我们的机制要不要变革？中央电视台一些已经不符合这个时代传媒发展的机制如果不变革，你还能待多久？另外，小环境如果变得更糟糕的话，你是否还能够忍受？等等，很多因素。再比如，人家不喜欢你了，你是不是也不能再给别人添麻烦了？你该走是不是也得走？这个时候也是对他表示感谢的一种方式嘛。接下来，不排除未来会有很多变化，你告诉我，互联网成为新的主流媒体还用十年吗？十年后现在的互联网还是不是主流媒体都很难说，更不要说电视了。所以有很多新的东西都在未来，我觉得让人好奇。

当然，如果更乐观的方式，我当然很希望大家白头到老。但是，这不能是一种委曲求全，也不能说是大家凑合着过。不行，大家都得变，都得变得更好。我对未来充满好奇，这种好奇之中更大的比例是乐观一些的东西。但要真想让这乐观变现，就得行动，就得敢于变革，敢于迎接挑战，一个人如此，一个时代同样如此。

　　白岩松曾在《幸福了吗？》中说："这条路，不是我个人的选择，电视改革走到了这一步，也许会多了很多风险，开玩笑说：成先锋或成先烈仅一线之隔。但又怎能不走，不前行呢？更何况，这条路，出发时，并不只我，太多的人，太多的梦想。"

10

聆听：时代的登音

"路标" 手迹

《东方之子》学者访谈系列——季羡林

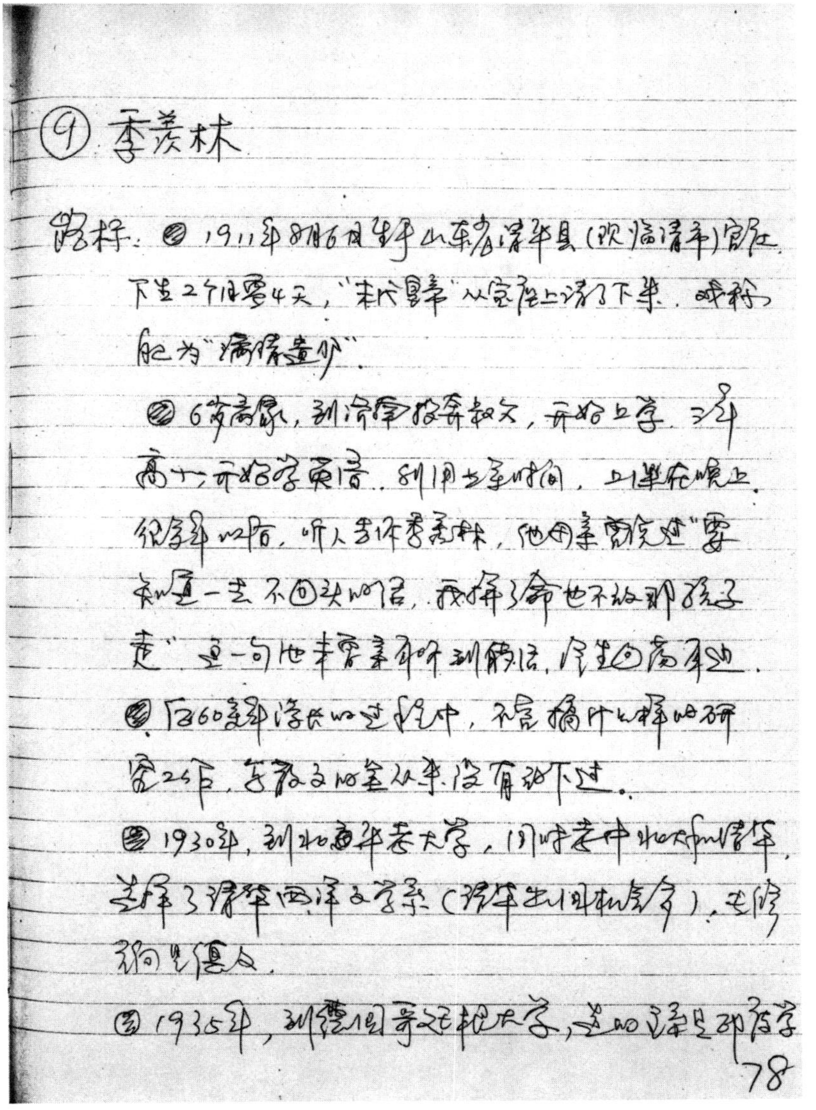

圈 1946年，取道法国、地中海、香港，更又回到了
祖国。秋天，到北京大学任教授，兼中引言言文
学系主任，从此一直没有离开过北大，期间任
系主任30多年，担任副校长5年。1956年，当选
中国科学院学部委员。

圈 他以治学严谨为勘奋，写竟两句是"锲分夺秒，念念
不忘。"所以新奋出灵感。

圈 以为从事科学研究之道，应在4个方面下工夫，
一理论，二知识面 三外语 四语文。理论属次，
知识面居首，外语和汉文居末。

圈 利用时间要争分夺秒；开卷时，一阅念味，以思考
故，"无机在"，之思原净，事情中，一等相之即可写代，
五耽误不了故事，倘若日不开卷，则脑海阻动，似时
停止，"则非"机"，于是则助开卷。

圈 西国著名学者、文学家、翻译家、教育家和
社会活动家。

⑤．①语言研究之面．《印度古代语言论集》《原始佛教的语言问题》《吐火罗语研究导论》

②中印文化关系史研究 ③印度史研究 ④吐火罗文学

①印度文学 ⑥古籍整理 ⑦中国大百科全书编撰

⑧散文创作 ⑨翻译《沙恭达罗》《五卷书》《优哩婆湿》和印度史诗《罗摩衍那》等梵语文学名著，享誉海内外．

⑥："纪念陈寅恪先生诞辰百年—之中说：怎样才能算得上一代大师？一代大师必须能够上承，而又下开一世之新风"，而事实上，季先生没有新文的文章，也算不上算不上的．

⑦即是一本有一套音响设备，研究所从来为此一直陌生，不愿接手，不去侍弄"评议层"．偶尔电视算的接手．

⑧一儿一女，一行的．一稿连载，日学而在北京一个小的日子记，后两年就入以来以事之

80

副标 "这也是飞 的智慧".

①少年 提出 "三十年来 是问西. 三十年后是问东" 的之
社相警 的启伦, 认为以 分析为主 的思想 已过时，
要适本能, 代之而 起的 是以 的然 且 的综合 为主 的
本能性.

② 在散文集《朗润集》的序中说: 我既不悲春
也不悲秋, 既无春之可盼. 也无灾之可惧. 生有
尽世, 唯一 的希望 就是希望每年. 每 的时 每年.

③ 虽 事 经 50 多个 辞 也 辞 不掉 的 职务.

④ 在《宇摩行可》评后 记里 写道: 我只在 不
松 的松 一分一秒, 精有 的松, 辞 夜 自思, 越
列 十多 辞 富, 好像 犯了 什么 罪, 好 望 小声 自来.

⑤ 先 是 救 钟 零 的 日本 电 视 剧《 孤 帆 的 一 味》
可 暂 指 数 4 次, 己 以 未 至 新 中 的 看. 一 年 像 构 得
水 半 高.

③ 人类科学事业的发展，本为一场接力赛，一代一代继下传，永无止境；而历史赋予我们的使命就是"接好那一棒"。（书信）

④ 一学问精深，二为人朴厚，三有浮慕。最外的是朴厚。在我见过的语言知名学者中，像他这样的始引手找到第二位。

问题：① 自从先生1946年留学归国到了北大，48年毕业，就一直在北京研究。高迈先生有一篇华的样照"我的心里一面镜子"，你不知道在这面镜子，映出先生在48年的书斋，范围生活，为什么样的现象。

②先生的研究偏于冷门，将毕生经历的精力都扑在火箭上，研究放射能研发的重要著作。这种事很少有人做，也很少有人能做的。需要有为学术而献身的精神，不知先生年轻时如何定下这种志向。

③柏杨先生九岁开始接触英语，而且是在战争时间长大，外语陪伴了他的一生。因为先生把外语列为一个人从事科学研究的几种途径之一。柏杨给他的外语如重视一定有着自己独特的见解。

④在您60多岁高龄仍坚持学习时您为何一直没有把重心移到家庭的身边。您用非常简"要都丢一去不回头的语，我宁了命也不让那孩子走"。听完这句话，学生都围着在先生的身边。

⑤在几十年中，不管搞什么样的研究工作。先生写论文的笔从未有过放下过。因为您多年来从家�* 写下来到了学术研究与做人做人的准则。

83

⑥ 先生的研究属于偏门，缺少引出化律，缺少竞争对手，在这种情况下，没有"朋友"这一条，化像化很……

⑦ 先生……忆述，……夜有思，……十多病，……犯了什么罪，不知是什么样的内在动力……先生这种……

⑧ 入……学……事业的发展，……如一场接力……一代一代传下去，永无止境，……先生这一……里一直在努力接……

⑨ 在纪念陈宝琛先生的文章中，先生曾说为一代大师……上承荆……主……下开……三……先生自己不……没有……的文章，……不写，……多人……一代大师的称谓，……先生……

⑩ 先生若专于到时间……开……这……先生一回……一过……多……多……出于……先生……年后没有……还

84

根不在原谅，你有宽恕他们的念头。

⑪、研究童年对你50岁干活世事不惊的效力？

⑫、在先生的后两辈中，没有一个词来形容先生之。
先生有言"造物的些意"。和这句先生的说
言，还是你的想你？

⑬、先生已是举世的名书法师，他们毛笔书大师的
弟子。□师张中行于先生认为先生有三种性情，四是子
同根峰，②是为人朴厚，③是有率情。□□是三种中
若说信的只朴厚，□在我先生见过的清吾子意中，
您也这样的找不到第二位。约是同辈与先生
的态度？

⑭、曾有书商，信送的书付，上家没你亲笔，他好卖。
师然签过多位，你而举下搁去，大样书商？那他
书商去得不知所措？

⑮、在这个世纪末的时候，先生的"三十年河西，三十年
河东""的为他相替的层后。十五自信的度：失有此申

同名比为客石出的车站让能够载入妻，到了下一世
纪，车站让之克网将竞别世界？

附：《东方之子》学者系列——季羡林访谈节选
1995 年 1 月 15 日播出

白岩松：自从先生 1946 年留学回到北大，到今天为止 48 年了，先生没有离开
　　　　过北大。前几天我看到先生写的一篇文章，题目叫《我的心是一面
　　　　镜子》。那么在您这一面心镜里头照出来的这 48 年的校园、书斋和
　　　　自己的生活是什么样子的呢？

季羡林：有一句话叫："欲罢不能。"现在我就是"欲罢不能"。我也知道玩玩、
　　　　吃吃、喝喝、乐乐，当然痛快多了，但就是"欲罢不能"。不要以为
　　　　是说我这科技研究了不起，也不是这样。我觉得社会就是有分工，如
　　　　果每个人都是教授，我们的社会就垮台了，我们就没饭吃了，这就是
　　　　分工。我分工就分到这条路来了。我刚才说过是偶然的，可是走了几
　　　　十年了，我越走兴趣越大，兴趣大你说为什么呢，我也说不出来。

白岩松：先生的研究偏于冷门，我觉得这样的研究越往高处走，在自己身边
　　　　就会越缺乏交谈的伙伴，缺乏学术上的竞争对手，在这样的情况下，
　　　　如果没有一种自律的品质的话，是不会取得像先生今天这样的成就
　　　　的。

季羡林：一个人干什么事都要有一种坚忍不拔、锲而不舍的劲，没有这个劲，
　　　　我看是一事无成。范老不就有两句话：板凳甘坐 10 年冷，文章不说
　　　　一句空。范老这句话是正确的。今天这样子，下海、出国我说我也
　　　　不会反对，每个人都有每个人的想法，可是问题时我们中国文化和
　　　　世界文化之所以能够传下去，还是要靠几个人甘坐冷板凳，赶热潮
　　　　的人多得很，坐冷板凳的人就少得很，人的希望就在这些事情上。

白岩松：听说您最多的时候担任了好几十个辞也辞不掉的职务？

季羡林：职务看怎么讲，讲顾问恐怕超过 100 了，我也不知道都是些什么顾问，
　　　　很难受。我觉得，原来讲担任些什么还有一些考虑，现在来一封信
　　　　说是什么顾问，我只要知道这事情是好事我就都答应了。善门难开，
　　　　善门难关，现在关不住了，只要不干坏事，我可以顾问。其实顾问
　　　　一般讲是不顾不问。

白岩松：先生曾讲过如果自己稍微有点放松到晚上就会自责，就会觉得自己犯
　　　　了很大的过错，就像慢性自杀一样。我不知道是什么样的一种内在
　　　　动力在使先生能够保持这样一种自律的习惯？

季羡林：内在动力也没有什么。我就觉得一天 24 小时，必然应该是在科学研
　　　　究上有一点进步，我自己定下这么一个规矩，如果这一天耽误太多
　　　　没有达到预期目标，就会出现你刚才说的那种情况，我也想不出有
　　　　什么更深的道理来。

我们能走多远
——关于主持人话题的胡思乱想

白岩松

一、引言

在一个俊男靓女加美声构成中国电视主持人队伍主体的时候，我从未想过自己有一天会成为电视节目主持人，所以，当我以一个主持人身份开始写下这些文字的时候，我不得不感叹：当初预测中国电视改革进程的时候，自己是多么保守。

当上主持人绝不意味着一种光荣，尤其是在中央电视台这个位置上天天感受压力的时候，它似乎更意味着一种责任。因此我们这些主持人可能都会思考这样一个问题，我能在这个位置上做什么？我能在这个位置上怎么做？

我以前搞过四年文字工作，这三年开始以嘴谋生。对比两段生活很有趣味。好的文字总是在夜深人静的时候开始，而好的电视却总是落足于人群中最喧闹的时候；也许是好的电视总是在人们喜怒哀乐的感情上做文章，而好的文字却总是在人们的思想深处起波澜。

然而毫无疑问的是，电视是 20 世纪末中国大众传播媒介中的新贵，如暴发户般占据着现在大多数中国人的闲暇。

于是我再次想，我会让人们轻松？我可以和我的节目一起让人们消闲吗？显然自己没有能力在周末的荧屏上让劳累了一周的人们放松神经，开怀大笑，但是今天的中国人也似乎并不需要天天都像周末那样放松。

在过去很长一段时间里，缺乏独立的思考和思想，似乎是电视的主要特征。但是当电视在技术、影响力与人员素质方面发生了重大变化以后，固守平庸就是致命的。如果说新一代电视人可以为电视做一些什么的话，那就是拓展屏幕独立思考的空间，给思想开垦出一片绿地来。

如果愿意，当然可以把它当做自己的责任。不过我们所面对的情况似乎是这样：向哪里走知道了，但是路途有多长还是个未知数。尤其重要的是我们需要怎样的体力才能完成这未知的路途。

二、把"主持"缩小，把"人"放大

曾经有人对我说，中国的主持人有两重身份：在观众当中享受巨大的知名度，并被广泛尊敬，而在电视圈的同事中却并不被看重，甚至被看低。

这句话很尖刻，但很真实。

问题就在于主持人的形象被包装得很厚，而在生活中作为人的素质却很单薄。

在我所接触到的主持人的理论中，大多讲的是：怎样能成为一个主持人，而不是什么样的人可以成为一个主持人。这种研究过分技术性，关注了"主持"，而忽略了对"人"的研究。

对于任何一个主持人来说，只有先拥有一个大写而丰满的人，才能派生出一个被观众认可的主持人形象。如果不巧正好把这种关系搞反，也许会有一时之利，但路遥知马力，水无法最后被包装成酒。

主持人这个位置很容易让从业者迷途。经常看到有人当了主持人以后，就慢慢以一种主持人的形象自居，很把自己当回事儿了。其实这个时候应当衡量一下，是不是背靠了大树自己也就变成了大树？

要成为一个主持人，最首要的条件，应当是看他是不是一个独立而大写的人，是不是一个拥有内涵，并在主持人这个位置上释放自如的人。有的主持人在接受采访的时候说：我在当了主持人之后，注意看书听音乐来提高自己的素质，难道你不当主持人就可以不看书不听音乐了吗？

小小电视需要面对的是偌大的世界，它的涉及面和影响力足以让一个几天前还很陌生的人，突然就成为街谈巷议的中心。主持人似乎就享受了这种便利。然而不幸的是，电视也是一种最能放大缺点的怪物。你的功力不足，你的小小缺点，你的外强中干，想以一张俊脸或是微笑就来掩饰，恐怕是不太可能的。

中国电视正在前进，所以对主持人的要求无疑应该以全方位的素质为第一位，然后是做主持人的专业能力。也许在现在这个阶段，很多主持人还可以靠身后同事的扶持与包装，在屏幕前微笑自如，但随着电视的发展，随着人们对个性化的呼吁，对独特语言风格的期待，以及时效性的日益提高，主持人终将独自站立。然而如果没有发自内心的自信与健康的体魄，这种独自站立将让人期待得漫长而遥远。所以在我们现在这个阶段里，对主持人从业者的要求应当是：把"主持"缩小，把"人"放大。

三、重塑良知

电视在一段时间里，被很多人认为是报纸的电视版，声、光、色是电视的优势，但一到了文字的语言化，电视人便露出弱态，于是一些文字工作者便成为电视的精神支柱。

但随着电视的慢慢壮大，电视开始拥有了独立的声音，一种和电视画面配合，属于自己思考过的声音。主持人作为这种声音的主要传播者，格外受到人们的关注。

到了今天，主持人已经可以拥有许多机会，说更多属于自己的话，开始慢慢扮演电视精神支柱的角色。

也正是到了这个时候，作为新闻传播中的守门人，主持人说什么，关心什么，以什么样的心态和角度来关注这个大千世界便显得格外重要。

　　而现在的主持人在接受了多年的党性、阶级性和人民性教育之后，面对社会转型期，面对极具诱惑的生活，重新塑造内心良知是首要问题。

　　新闻是社会的良知，主持人若不具备认识的高度及健康的良知，就无法传递出对社会及观众有益的信息。决定主持人良知的两大因素：一个是主持人的知识能力，一个是他的人格。光有好的人格，最多只是一个平庸但还可以接受的传声筒；而有较强的知识能力，却无好的人格作铺垫，是很危险的。因为他的知识能力会对社会产生不良影响；知识能力和人格皆不具备，那他就干脆不要做主持人。

　　我想如果要塑造良知应当从以下几个方面入手。

　　首先，在大是大非面前要明辨是非。新闻是社会的导航船，当我们要面对法律尚未健全的某些领域的某些是与非的时候，更要立场坚定，以自己的良心，把新闻当做一种法律，去伸张真正的正义。

　　其次，当你面对两种同样都有理由需要支持的对象时，要以大社会的眼光去看待哪一方更应当受到支持。比如流行音乐与严肃音乐，我并不排斥流行音乐，甚至有时还很欣赏，但是当流行音乐市场一片春光明媚的时候，你再去支持它至多是锦上添花，但面对严肃音乐的一度冷落，我们支持便犹如雪中送炭。一个主持人如果能多做雪中送炭的事，该比总是锦上添花光荣。当然那些正在繁荣的东西，总是诱惑太多，总是支持后会得到更多的掌声，所以最后做怎样的选择，就应该以良知为支点。

　　主持人平时的工作量很大，收入也不丰，但支撑我们的应当是铁肩担道义的社会责任感。我依然欣赏那种当理想和现实激烈冲撞的时候仍然韧性寻找理想的朋友们。但愿坚持对社会对国家对民族的一种责任感，对我自己来说不是一句空话。

　　最后也是最重要的是要胸襟开阔。当我们的知识能力跟不上时代的发展时，当我们的品质被权力、地位、名声和物欲所困惑时，可能我们仍然能是一名表面上合格的新闻人，但我们却会这样：过分关注身边的事，关注社会生活表面的事，而很少涉及国家长远发展的问题和哲学意义上的问题，从而变得小家子气，并让观众也和你一起小家子气。

我很欣赏余秋雨教授的一句话：我可以容忍大气下的不完美，但不能容忍小家子气的精雕细刻。在今天作为一个主持人，宁可选择暂时的不完美，也一定要去追逐大气。

考验一个主持人良知的最简捷方式，就是看他容易被什么触动，看他的兴奋点在哪里。通常，当一个人言称他为什么事或什么人而感动时，看看令他感动的这些人或事，你立刻就知道了他的档次。这一点其实非常重要。主持人的感动不再是一个人感动，你会带动许多人的情感。因此你关心什么，选择说什么等都反映你的人格。根基有偏，最后就会差之千里。

当我写到这里，电视里传来的新闻内容让我觉得有添加在这里的必要：今年世界足球先生的奖杯被 AC 米兰队的黑人选手韦阿夺走，而国际足联之所以把奖杯给他，其中重要一条就是：韦阿为人厚道。看来西方在重视球员技术的同时也同样看重人品。这正应验了马季曾经说过的一句话：艺术最后的竞争一定是人格的竞争。

把这句话给主持人们似乎同样准确。

四、抵制诱惑

在主持人这个位置的左右，诱惑很多，诸如知名度、忙碌、商业利益……形形色色的东西让人眼花缭乱，稍有不慎，便被捕获其中。

知名度似乎一直被当成主持人是否成功的试金石。然而在一个主持人队伍发展并不成熟的现今中国，知名度所蕴含的水分已无法让人轻易承认它的价值。

脸熟也是一种知名度，出镜率高，隔三差五让观众增强记忆，然而真正水平并不很高，也拿不出真正属于自己独特的思想或见解，至多在东西南北的游荡中，被人在背后指指点点"这不是那谁谁谁吗？总在电视上见"。然后再没后话。这其实对主持人来说是悲哀的事情。理想的局面似乎应当是这样：认出你，然后发自内心地对你的某种观点赞同或持异议，把你当成真正的交谈伙伴；或者是你在某个领域有独特而深刻的认识，成为一个专家，让人信服与追逐。而如果说还有主持人以脸熟作为成功的标志，那倒真的该反省一下，是不是假象已经欺骗了自己。

现在也许有一些非常有水准的主持人，由于机遇或其他的客观原因，正操作着一个注定在现今中国浮躁的心情下不能十分红火的栏目，知名度也就相应的小，你能说他不是一个好主持人吗？一个短期内迅速走红的栏目将内涵并不丰满的主持人带"红"，然而在这个位置上他无法为同行带来任何借鉴与启迪的东西，你就可以认为他是非常有潜力的主持人吗？

我们似乎不应满足于争一时之短长，主持人只可以说刚刚起步，各领风骚三五天是正常的事情，千万别为了目前的几日红火就毁了长久的前程。

也曾有人问过我，你特别在乎观众的掌声吗？我回答：在乎。但是我最最在乎的是来自电视圈同行的认可和评价。因为他们看到的是没有假象的我的表现，他们可以最直接最准确地看出我在主持人这个位置上的优点和缺点。如果说，我希望拥有一点儿知名度的话，我希望能先从我的合作者和电视同行开始。

与此相关，忙碌对主持人来说也构成了一种诱惑。

有人说中国的主持人们好像正处在一个两难境地。一方面本身的素质亟待提高，另一方面主持人自己说工作太忙。越来越多的主持人被牢牢地拴在了节目中，无暇顾及其他。

于是，陆续有一些主持人在这种忙碌中抽身而出，留下一句"我想充电"便飘然而去。

但眼下的电视状况正需要大量优秀的主持人。节目一天天播出，主持人有了被掏空的感觉后，就准备告退。希望事隔多年再卷土重来，显然不太现实，也过于乐观了。

这个时候就需要分析，我们是否真的那么忙，我们是不是把很多时间都交给了那些本来并不太重要的事情上。

现在的新闻人与社会以及生活靠得太近了，有些主持人近乎是一个社会活动家，把自己的名字当做一种通行证，四处周游填充了自己全部的闲暇。拥有许多企业家朋友，在社会关系网中充当着重要的角色……直至沉醉其中，乐不思蜀。

主持人是应当非常熟悉社会的，但熟悉的同时也应当有意识地培养自己的旁观者意识，"旁观者清"的一个含义就是"不识庐山真面目，只缘身在此山中"。主持人们当如文人一般，不害怕寂寞，在适度的寂寞中提炼自己对社会及人生的观察，然后再把自己的思考反馈回去，这才是一种良性循环。

我们现在忙得太具体了，为名忙，为利忙，唯独不为长远的目标忙。所以我们要学会舍弃。得到一些东西，注定就要失去一些东西，应当下大力气舍弃那些眼前看来极具诱惑力而长远看来却没有什么收获的忙碌。

抵制诱惑，随时充电，主动选择寂寞，似乎是目前主持人面对被"掏空"时的一条可走的路。

而诸如来自商业、享受等方面的诱惑是需要用每个人的良心去面对的事情。无法干涉别人的选择，好像只有面对与约束自己才更真实一些。

五、渴望年老

同世界其他国家相比，中国电视节目主持人之多和特别年轻恐怕是可以坐上第一把交椅的。

节目主持人太多让人知道了其实中国并没有真正的主持人，而主持人太年轻则让人感受到中国电视的不成熟和与此相关的浮躁。

曾经有一位老新闻工作者说："每天看着二十多岁的俊男靓女在电视屏幕上预测经济前景，纵论国家大事，我就体会着在大街上遇到卖假药的心情。"

先不说文明古国是否需要在第一媒体上有张成熟与长大的脸，单说人们的那种不信任就足以让二十多岁的主持人顿感青春苦长了。

几乎可以说，中国的电视主持人有多年轻，中国的电视就有多年轻。那一张又一张充满稚气的漂亮脸庞在不同的频道上每天从早到晚背诵着别人写的与自己年轻脸庞极不相称的大人话，似乎是中国电视目前在表象上最悲哀的一件事啦。

有幸看到发达国家的全天电视节目录像带，似乎除了MTV栏目之外，几乎看不到三十五岁以下的节目主持人（也许是我识别老外年龄的能力太差），于是，三十五岁以上的人们在节目中所透露出来的那种成熟与大气，就足以让我们再次感到自己的幼稚无知。

呼唤年老一些的主持人，大多数人理解为知识积累和阅历的优势，其实这是片面的。年老的主持人最具诱惑力的方面在于那种金子般的成熟心态，人在年轻时所具有的那种易冲动、好偏激，个人目标的左右摇摆、家庭生活的无着落和不稳定，稍遇挫折便愤世嫉俗，偶受表扬就不可一世等作为节目主持人的大忌，到年纪大一点时都已成为过去。人到中年，人生河流已冲过激流险滩，在宽广的河道上平稳流动，这时节目主持人这个职业对人的诸种要求：冷静，客观，平稳，懂得爱，万不得已时才恨，尊重一切该尊重的人，不为小的利益而失去原则，人生目标不再朝令夕改，合理规划自己的生活，让身体始终处于良好竞技状态，上有父母，因此懂得尊重历史，家有贤夫良妻于是懂得把握现在，膝下有儿女缠绕因此懂得面对未来……中老年主持人大多具有这样的优点。如果这样的群体是中国电视节目主持人的主体，那么，中国电视现在所具有的浮躁、浅薄、急功近利也随之烟消云散。

勾勒完以上文字，抬眼看窗外车水马龙，现实的生活依旧一片繁忙，阳光下，我拿出身份证仔细盘算，依然看不出自己在今年有任何迹象表明能到三十岁。于是自嘲，我是用自己的文字又长了别人一道威风灭了自己一道锐气。

记得曾有人问过我：如果你有一个自认理想的主持人境界，而现在没有达到它，障碍何在？我答："年龄。"

也经常听到别人对自己的表扬，听多了竟有了一种被揠苗助长的感觉，其实现在还都没有资格被别人说好，大家都在赶路，离明天那个"真正"二字，我们还都有一段人生距离需要填补。

不过，既然人生还得按部就班地一步一个脚印，赶路中，我们现在能做也必须做的是：去揣摩和输入那年老群体所具有而我们目前很缺乏的种种美德。

六、人性化的表现方式

在上大学的时候，老师向我们传授主持人知识时，大多传送了这样一个观念，那就是真正的主持人应该编采播合一。

十年间，有许多主持人是以此为追求目标的，他们主动采访，主动进机房在编辑台上实现自己的想法，然后回到演播室播出自己的节目。可以肯定的是，这个编采播合一的理念，的确为中国主持人的进步提供了一定的理论参考。但如果从今天的观点来看，这是否就是个无懈可击的金科玉律？

"采"的确是主持人的基本技巧，不具备这个素质就如同一个战士不会打枪一样。但问题出在"编"和"播"上。从电视这个大合作的媒体来看，"编"所要求的绝不是亲自上编辑台去编辑节目，而是主持人应该对整个节目拥有一套完整的编辑思路，在具体的主持或采访中实现这个思路。至于是否要上编辑台，很值得商议。在对时间和专业化要求越来越高的今天，不是上编辑台而是拥有编辑思路，似乎更加科学和现实。

尤其需要反思的是在"播"这个环节上。

前期的中国主持人，大多是由播音员转化过来的，他们拥有完美的声音，受过专业的播音训练，这是优点。但是作为主持人来说，这样一种语言方式无疑在自己和观众之间建起了一道无形的墙。

到了今天，主持人一个重要的任务就是要用一种人性化的表现方式拆掉这面无形的墙。

播音员和主持人是有很大区别的。除去相貌的差别，我们能在播音员身上感受到多少独特的个性魅力和亲切自然的人性状态？而个性魅力与亲切自然恰恰是节目主持人在表现形式上最重要的特征。

首先是语言，我们应当学会说话，而不是播音，《东方时空》最初运作的时候，屏幕上突然出现了一些操着不太标准的普通话露面的主持人，这种打破常规让观众耳目一新。他们仿佛听到的是邻里姐妹兄弟用他们习惯的语言方式传递着他们关心的事情，而过去那种播音员完美的声音多少让观众感到一种高不可攀，太过完美有时在接受中反而变得不完美。

在《东方时空》主持人中，也有过去学播音的。比如张恒，但他的语言方式也向说话方式大大转变。音色很好听，但格式化的播音腔却发生了改变。现在的张恒在语言的表现上更容易让观众接受，原因就在于这种转化上。

我同样不提倡说话发音不规范。操南腔北调，带家乡口音，在冲击了陈旧语言传递方式之后，就完成了他的使命。新的主持人应当先注重发声的技巧，然后遗忘技巧，用普通人乐于接受的说话方式表达自己的思想。

人性化的表现方式还体现在语言的内容上。在很多电视节目主持人的语言中，我们听多了太过于文字化的东西，这种只应存在于书面的文字，当他用说话的方式传递出来，便让人感觉不自然流畅，主持人应运用生活化的语言，加以提炼和扬弃之后，变成自己的文字，一种属于电视的文字。生僻字眼尽量少用，形容词太多也让人感到累赘。我们都应该学会用平实的语言，采用叙述的方式，有节奏及韵律地道出蕴含品位、值得琢磨的内容。

然后是主持的状态。常见很多主持人过于表演化，一看就不拥有真情实感。这些表演化的状态将你的真实性和自然性掩盖起来。所以在节目中亲自组织语言，投入自己真正的感情，说你自己想向观众传达同时也是观众关心的内容，状态就会自然得多。只有人们感受到了你的真情，他们才会被你的语言内容真正打动。我们应当时刻记着主持人不是演员。

最后是个性化。要敢于说我，敢于让自己与众不同。主持人是现代电视栏目的重要标志，是同其他栏目相区别的一个重要因素，因此，你的语言方式、神态仪表、关心社会的角度都应当拥有个性，让观众的喜爱拥有理由。

主持人主持技巧有很多，不是一篇两篇文章就能说清，但一切的努力都应在人性化的表现方式中实施。放弃了这种人性化就等于把自己反锁在密不透风的房间里，哪怕有三头六臂，也无法真正触摸观众的心灵。

七、我们能走多远

从70年代末80年代初开始，主持人真正走上大众传播的舞台，经过几代人的共同努力，主持人的雏形已经建立，随着电视的发展，主持人开始分为两大阵营，一类为司仪型主持人，比如杨澜，比如程前，做得都很出色，他们用几代人的努力提高了电视的娱乐层次。但随着新闻透明度的日益提高以及人们对社会生活的进一步关注，电视慢慢开始拥有自己的声音，这种形势下，思想型主持人应运而生。他们不再是传声筒，不再是编导控制的播报工具，不再是假的具有表演性的所谓主持人。他们以记者身份登台，慢慢以他们对社会个性化的观察开始走向主持人这个岗位。虽然由于受中国电视体制以及长期以来形成的编导中心制所制约，还不能说中国在思想型主持人中有了真正的代表，但是坚冰毕竟开始融化，一切都已经开始了。

思想型主持人的道路注定要比司仪型主持人的发展道路坎坷得多，也漫长得多。但现在形势很好，一批新一代主持人正在以《东方时空》、《焦点访谈》为代表的模式中缓步走来。这种道路注定是由记者转向主持人然后过渡到评论员，也就是真正的思想型主持人，他们应当拥有一定的人权和财权，关心社会的角度极具个性化，有社会责任感，在主持技巧上无懈可击，他们的思想是超前的，感觉是敏锐的，他们的看法可以影响社会。

这当然是一种远景，我自己的感觉是，真正的思想型主持人至少要在电视新闻性、社会性栏目直播之后，目前的节目再怎么努力，录播仍然可以掩饰太多的缺点，这个过程仍然使得主持人的表现充满假象，只有实现直播，才可能最后产生主持人成品。中国的电视应当以一种积极的态度期待这一天的到来。

目前稚嫩的我们都在路上，沿途掌声的多少都不意味着未来，不知我们这一批所谓新一代的主持人中有多少能最后走到终点，但在通往终点的这条路上，我们已经起步，这足以让我们骄傲。当然希望自己能走到思想型主持人真正诞生的那一天，但即使中途掉队，我仍然能问心无愧地说：我们给超越我们的人铺上了坚实的路基。

（本文原载《现代传播》1996年第1期第39−45页）

我们生活在什么样的时代
——试论主持人的生存背景

白岩松

做人有时是悲哀的，你根本无权选择自己生活的时代，把自己当一个文人，时常便会幻想，能生在魏晋，便可风骨着活一生，或生活在盛唐，也能体味歌舞升平。当然，幻想着便不只是向从前，也会向未来。比如说五十或一百年之后，想象着在一个强大而又民主的中国之中，骄傲而又庆幸地活着，该是怎样的一种滋味呢？

然而幻想终归是幻想，一切都是注定，能选择的我们都在努力选择，而无法选择的生存时代成了我们必须的面对。那我们究竟生活在一个什么样的时代中呢？当然，在提出这个问题时，我一直都没有忘记这该是主持人群体的一个发问，至多放大到电视人或新闻人的范围中，也因此，才有了继续下笔的勇气。

一、我们生活在一个平民的时代，而不是英雄的时代

常听人抱怨，太不幸了，我们生活在一个平庸的时代，周围没有英雄，理想在消亡，柴米油盐酱醋茶左右着人们的生活。于是，我时常在问，如果我们生活在一个英雄的时代，局面该是怎样？

在一个英雄时代里，平民的声音是无关痛痒的，只有英雄的声音才是真理，英雄又往往出于乱世，于是英雄辈出的时代，往往是百姓无法掌握自己命运的时代，在这个即将过去的世纪中，二战前后是英雄辈出的时代，可是我们必须明白，二战前后的人们活在怎样的恐惧和希望之中？英雄的出现终究是少数，而人民

却在那样的英雄时代中生活在贫穷和恐惧之中，这样的英雄时代我们不该喜欢。

好在这样的时代过去了，虽然依然有战争，却是局部的，虽然依然有恐惧，却是暂时的，虽然国与国之间依然有些你死我活，却更多地在商业战争中，原子弹不意味着强大，却更多地在说明你被今日世界厌恶的程度，和平与发展成了这个原本并不宁静和善良的世界今日的选择。

这个时候我知道，能生活在一个这样的平民时代有多幸福，大人物的话对了便听，错了便嗤之以鼻，政客的兴衰真的开始应了老话"水能载舟，亦能覆舟"。我们不是每个人都在办大企业，但银行中那几万亿的存款却告诉每一个中国的执政者，我们每一个公民都是这个国家的投资者，存钱支援着建设，一旦全部取出，国家就得宣告破产，这种局面更让人知道，平民时代的另一个含义就是：在这样一个时代中，平民的力量是最大的，在这样的时代中，谁不学会尊重平民就意味着他将被时代抛弃。

于是，你开始看到好多新的形象，听到好多新的故事，国家领导人经常走到民众之中，不再西装革履，而是便装一身，偶尔地方土语缩短着官民之间的距离；在国外，法国总统希拉克为了适合平民化的浪潮，要求车遇红灯要停下，还有，似乎一夜之间，流行词汇变了，工薪一族、仓储商店、老百姓、家常菜……铺天盖地地把我们包围……平民化的浪潮不可阻挡地成了 20 世纪末人群中的最大景观。

作为一个新闻人，当然无法藏身之外，那我们该有怎样的选择？

首先我们要有一个平视的视线。

过去，我们习惯于见到"高"的一些什么人便仰视，见到平民百姓却容易俯视，全然忘记了自己也是一个平民而习惯于视线的左右摇摆。

有些发言被我们奉若神明，即使它是错的；而有的发言被我们轻易地放弃，因为它是来自某一个并不显赫的角落，即使它是真理。

就这样左右摇摆，结果我们没了自己的主张，也就是这样，在媒体中没了公众的声音。

然而这样的时代过去了。

平视意味着我们开始学会尊重人，学会尊重自己，官称、名气、财富都不是我们尊重什么的原由。

在采访每一个东方之子的时候，我常常会告诫自己，名气、官位、财富、地位不过是我们寻找一位东方之子的路标，而当我在路标的指引下敲开被采访者家门的时候，路标便失去了意义，这个时候我面对的只是一个人，一个有悲有喜有成功有失败的人生。

其次，在平视的视线中，我们运用平民化的表现方式。

我们必须站在公众的立场上，对一件事情进行选择或判断，看它和大多数人的利益是一种怎样的关系，我们尽可能地不再曲高和寡，而是生动、形象地和公众靠近，这不是媚俗，而是心中是否真的有大众，真的和千千万万颗平民的心一起跳动。

我永远忘不了前些年一位电影导演在自己的电影拷贝发行很差的情况下一句著名的发言："我的电影是拍给下个世纪的观众看的。"那么，就让他去下个世纪领工资吧！如果他真是不想改变的话。

第三，具体到电视到一个节目主持人，在一个平民化的时代中，我们就更加没有资格去把自己当成一个什么英雄，我们应当努力成为一个百姓的代言人，一个用平民视线去观察社会思考问题的媒体上的发言人，我们该为生活中百姓的酸甜苦辣而悲喜交加。

其实，中国的电视或者说所有的新闻媒体都正在平民时代的浪潮中悄悄地改变自己，"真诚面对观众""讲述老百姓自己的故事""生活"，报纸周末版的大量出现，文字的平和化，大量社会调查让公众的声音来说话，广播中再没了义正词严的腔调，而是平实如邻居大哥大姐般的诉说，这一切都在告诉社会：面对平民时代，新闻人没有僵死于过去而是创造着未来，中国媒体正用联合起来的改变努力和公众站在一起，这是中国在这一个世纪末告诉给下一个世纪的绝好消息。

二、我们生活在一个崇尚自然的时代，而不是一个喜欢表演的时代

　　社会在急剧地变迁着，流行也在相应地变幻着，似乎没多久，餐桌上丰富起来的中国人，就都被大鱼大肉厌了胃口，青菜卖得比肉贵，调料是越少越好，突然间，绿色食品更是占了上风，粗茶淡饭卖上了好价钱，更重要的是那些没有任何污染、没有化肥、人工添加剂的食品开始走俏于大众，崇尚自然成了人们生活的追求，"绿色"二字对于刚刚富强起来的中国人成了一种追求时尚的标志。

　　绿色的走俏其实还不仅仅是一种时尚，对于新闻人来说，这种绿色的风潮似乎像一则寓言，正在悄悄地告诉我们一些什么。

　　很多人问过我，你追求一种什么样的主持风格？你怎样塑造自己？

　　这两个问题一直困惑着我自己，我从来都不知该怎样回答。

　　所谓风格，我从来不认为是塑造出来的，从某种角度说，主持人尤其是新闻类主持人都该是一种绿色食品，少表演、少模仿、少有心计的设计，表现本我，更应当是一种必然。

　　经常我很感慨我们很多年轻一点儿的主持人幸运，或者说这几年才走上电视新闻行业的主持人幸运，因为在此之前，你没有人可模仿。

　　刚刚走上《东方时空》的屏幕，《东方时空》的未来是什么样大家都不知道，自己作为主持人未来应是一种什么样的主持风格更不在考虑范围内了，于是只好自己是什么样便怎样做节目，没有人可模仿，没有什么风格要塑造成了我自己最重要的老师。

　　主持人越来越不是一个干了三五年便可全身而退的职业，好的主持人需要你投入地干上十几年甚至一生，路遥知马力，日久见人心，短期内表演或塑造，也许可以成为明星；然而谁能表演一生而不露痕迹，一直赢得众人的掌声呢？或许本我的自然流露短期内不如表演式来得上手快，然而一旦慢慢被人接受，事业的长久发展便有了根基。

　　不喜欢表演而喜欢自然还不仅仅是风格的问题，作为一个主持

人，你对社会对人生是一种什么样的看法呢？你一直是以一种怎样的视线来看待这个世界呢？只有当你一直以自己的观念和思考面对公众时，你才有发言的价值，而如果你只是一个别人观念的传声筒和组合器，那么，时间一长，你的面孔便会在公众的评判中变得苍白。

因此，二十岁的人不必生活在三十岁的心情里，今日并不深刻的自己也没必要在某一种压力下塑造出一种深刻的表现，或许对于公众来说，稚嫩的真实总要好过表演的深刻，因为这是一个崇尚自然的时代。

当然不喜欢表演而喜欢自然还有另外的含义，作为一个新闻人，在这样的时代中，你将运用一种什么样的文风呢？

不久以前，或许十年或许二十年，我们喜欢一个人，便认为他全无缺点，然后用我们所能想到的形容词去塑造他、歌颂他，然后让英雄离每一个人都遥远，而我们一旦不喜欢一个人，于是他不仅没有优点，有时连相貌都必须丑陋。可这并不是真实的人，不是真实的社会，不是真实的世界。

现在我们得放弃用笔或嘴去做表演，我们只需要自然地去展现，形容词需要简洁，平实而又客观的描述要增多，我们拿出的新闻或专题更应当是绿色食品，少污染，少人工添加的香料，要离生活很近。

当然，话题还有必要回到自己的主持人行当中来，在这样一个崇尚自然的时代中，我平日怎么说话，镜头前边也该怎样说话，平时对某一个问题是怎样的看法，镜头前也该当拥有坚持的勇气。虽然我知道，真的做到这一点很难。

需要声明的是，崇尚自然、厌倦表演并不意味着当主持人就得孤芳自赏，从不以别人为镜，但学习别人镜头前的一切并不意味着我可以照单全收，不该有直接的模仿，不该有生活中的照猫画虎应当是主持人的座右铭。

当然，崇尚自然、表现本我也不意味着崇尚肤浅，认为我今日本肤浅，没必要深刻起来，崇尚自然就意味着我们可以从今日的肤浅起步，和人生相伴一步一步走向深刻或成熟，而不是镜头前或别人注视下的拔苗助长。

因此，我当有我的步伐，我也当有我的节奏。

三、这不是一个故事的时代，而是一个讲述的时代

美国好莱坞一位著名的新锐导演昆汀·塔伦蒂诺曾经这样发表感慨：世界上 80% 或更多的电影故事都已拍过了，再没有什么新的故事了，那我们这一批年轻导演该怎么办呢？看样只有用新的讲述手法来讲并不新鲜的故事了。

于是我们看到这位导演的片子非常地出人意料，比如《低级小说》便用一种全新的片段式结构讲述了一些并不新鲜的主题，然后让人耳目一新，觉得看到了新故事。

在这部片子播出后，其中一个演员的真实变化也给了我们更直接的启示。

男主角特拉沃夫塔 70 年代红极一时，然而 80 年代星运衰微，似乎快被人遗忘了，但谁也没想到，用新方法讲老故事的《低级小说》硬是让全世界观众好像第一次认识特拉沃夫塔一样，《低级小说》成了特拉沃夫塔新的起跑线，他重新站到了一线演员的行列中。

作为新闻人，我们该有怎样的启示呢？

我知道，对于新闻人来说，寻找独家新闻一直是个不懈的努力，每到年终，清点本家媒体拥有多少独家新闻，一直是新闻业老总们津津乐道的事，然而局面越来越严峻，每到年终清点时，新闻人会沮丧地发现，真正的独家新闻越来越少，留下来的也大多是一些小事，其反映的社会生活主题还并不新鲜。

是新闻人懒惰了吗？是新闻人江郎才尽了吗？是没有新的故事发生了吗？

显然不是，知识爆炸早已不是新话题，信息爆炸也不再让人陌生，在这样一个资讯共享的时代中，哪一个媒介想幸运地拥有一个独家新闻已经变得越来越困难。

但竞争还存在，媒体总不能千人一面，于是，在故事已不新鲜的前提下，自己怎样去讲述就变成了最重要的事。

一个新闻素材仿佛是白面，有十家新闻单位各自领回家一袋子这样的面，接下来要绞尽脑汁的事便是：有人做馒头，有人烙饼，

有人做面条，如果八家蒸馒头，而一家烙饼一家做面条，毫无疑问，后两者将成为市场上的赢家。

因此，我们就都在拼命地想着，别的媒体会怎样运作，而我该怎样运作才能独树一帜呢？

对于一个电视节目主持人来说，当然同样面临这样的选择，你会以怎样的思考面对大家都在共享的一个新闻素材，你将以怎样的态度和语言让别人感觉自己不是老生常谈呢？

长久以来，电视人习惯于将竞争划定在自己的行业内，没有人去和报纸、杂志进行平等的较量，但现在不同了，在同样资讯共享的世界中，你已经没有资格因为自己是电视人便可轻浮几分，以为电视的媒介优势可以使自己战无不胜。

所有的新闻人都必须面对平等的思考竞争，这个时候，媒体未来的特点不再帮你什么忙，就事论事老生常谈就意味着竞争中你会丢失市场，会被人轻视，最终会出局。

所以电视人已经不能再自我减压了，如果说在一个故事的年代中，你可事半功倍，那么在讲述的时代中，你需付出更多的努力和思考，才可以让你讲出的老故事成为新故事。

今年是改革开放二十年的纪念年，几乎所有的媒体都在暗自操作，准备年底时厚积薄发。这场竞争最最反映了讲述年代的特征，不再是一个新鲜的主题，所有媒体都会介入，没有新的主人公，改革二十年中的新闻人物都在接受各个媒体走马灯式的采访，没有独自确定的轰炸时段，甚至没有新鲜的论点，因为改革二十年的意义从官方到民间，定论已全！

不会有媒体为此退出的，这个时候，讲什么早已不是主要的，而怎样讲才是最重要的。

在今年的这场媒介竞争中，当然会有赢家，但赢家一定是因为讲得好而不是故事好。

短时间内我看不到讲述时代结束、故事时代重来的迹象，甚至有进一步强化的趋势。

独家新闻还会被老总们津津乐道的，但这种"独家"越来越体现在对某一事情的独家报道方式和思考深度上，在对这种独家新闻的追求中，"快"还是个重要的因素，但这时候的"快"越来越不是指对某条新闻播发的速度上，而是体现在你能不能在竞争中最早地站在一个全新的思考角度上。

对于我们来说，在一个讲述的时代中，意味着对新闻人素质的要求将日益增高，人云亦云，就事论事，封闭性思维，以自我为中心不去研究对手的可能思考走向……这一切都将成为我们明日被新闻队伍抛开的缘由。

四、这是一个浮躁的时代，而不是一个宁静的时代

在这里写下这个小标题是因为我一直觉得应当有相当一批电视人追求新时代中文人的品性，然后就注定要面对这个时代中的浮躁与宁静。

几年前采访一位刚从国外归来的音乐人，在谈到几年不见再回来的第一印象时，他凭着一种直感而并没有杂带讽刺地说：好像空气中弥漫着一股浮躁的味道。

我并不认为浮躁是一个贬义词，因为这个急剧变化的时代注定了人们都要面对浮躁的侵袭，浮躁是当下人们的一种心灵状态，不是你追求宁静便可放弃掉的。

然而又不能一味地浮躁下去。

我们这个时代正在和过去告别，可未来那个成熟的面貌还没有全方位地呈现，仿佛一切都是错的，又仿佛一切都是对的，仿佛这样做有它的道理，而那样做也同样有它的道理，理想主义没有死亡，而现实主义同样具有力量并一样显得珍贵。在这样的氛围中，我们都很难下判断，回望历史，那过去的现象已经不提供经验了，而展望未来，又终究是建设中的高楼大厦，是图纸上的幻象，于是，浮躁自然而然地产生并困惑着我们。

仿佛已经走投无路了！

只好从生活开始，从自己的生命开始，思考中的左右为难已经在劫难逃，那生存状态中的宁静是不是还可以追求？

上网日益流行，那里是一个信息与观点的集中营，你每一次的进入都像一次无罪释放，好的坏的有价值没价值的东西都会扑面而来，这时你会恨爹妈少生了自己多少个大脑。

没人敢几天不看电视不看报纸不看杂志，唯恐几天的逃离使自己被社会遗弃，对孤独的惧怕使我们每个人都患上了信息依赖症。

然而这一切其实都不重要，重要的是在信息的包围中，我们是不是还在独立思考，是不是还在用自己的眼睛在看待和分析着这个世界。

新闻人该有部分成为文人，在公众日益对媒体产生依赖的今天，我们将用多少有价值的发言去迎合他们，我们又将用多少自己思考的观点去引导他们呢？

独立思考而非人云亦云是这个时代中与平和真诚同样珍贵的本性，尤其对于新闻人来说。

当然，浮躁战胜宁静还意味着我们的生活节奏出奇的快，闲暇时间越来越少。新闻人一不留神就在一个又一个现象中流连忘返，成了社会活动家，再没了独自面对自己的时间与空间，这是一种悲哀，因为我知道，忙与盲总是紧密相连，一旦快节奏过后，盲代替了忙，后果可想而知。

浮躁与宁静这个话题一旦回到主持人这里，似乎总是和"充电""掏空"紧密相连。

总是有人在可怜着我们，主持人们急急忙忙是不是该歇一歇，掏空了自己怎么办，什么时候充充电呢？刚开始我也这样想，只是后来改了主意。忙是的确忙了一点儿，但只要你自己愿意，其实总会有时间面对自己的。也许有很多的活动，你不去参加也不会影响什么，也许有很多场合，你不去光顾也不会失色许多。

"掏空了"这个词经常袭击我们，可想一想又觉得很可笑，一个人只有不再往头脑中添加一些什么才可能像地下采油一般终有一日被掏空的，可我们为什么不添加呢？

主持人或者说每一个新闻人有如一块海绵，最初内部的水分不多，为了添加便有两种方法，一是主动添加，比如看书看报独立思考与人谈天……然而这种主动添加常常被人用忙来否定。那么，第二种被动吸水就让我们无从逃避了。

每天都在面临新的采访，每天的采访都有着新的主题，只要你敬业不打无准备之仗，知识的积累便如活水滚滚来，时间一长，海绵内的水分便在循环增多，怎么可能会让自己掏空呢？

以前我曾相信天才，现如今我绝对信奉勤奋，天道酬勤是个不错的大道理，也许主动吸水阻力很多，但如果在每一日的工作中，都能认真对待并被动地吸水，长久下去也是有效果的。

浮躁与宁静的争斗将持续很久，对于新闻人来说，追求什么意味着媒体将怎样走向成熟，其实当更多的新闻人能慢慢地宁静下来的时候，空气中那弥漫的浮躁气息就将慢慢离人群远去，我相信这种勤奋。

五、这不是一个主持人中心的时代，而依然是一个编导中心的时代

这个小问题显得很具体，我写下去也不会太长。

也许是近年中国的电视受西方影响日甚，因此，一些西方电视人建立起来的好机制便在我们的呼唤中，比如说制片人制、主持人中心制，等等。

制片人制在国内正在蔚然成风，几乎已成定论，然而主持人中心制却总是如空中楼阁迟迟不落到实处，让关心中国电视的人们、让很多的主持人心急万分。

但没必要着急，在目前的中国电视界，主持人中心制的时代远远没有到来，两个原因，一是主持人队伍的素质有改变但依然不让人乐观，二是主持人中心制意味的言语更加自由还需要磨合，其实还可以说出第三点，那就是主持人中心制所意味着的明星制在目前的中国电视界远远没有生存的土壤。

一个好的机制总要和相对应的操作群的素质紧密相连，可现在，我们有多少主持人可以独立思考并用深刻的见解来说服观众

说服电视圈中的合作者呢？如果当这支队伍素质还不足以应付什么什么中心制的时候，贸然行动只能毁了这个可能不错的机制。

那就死路一条，主持人都得听编导的话，然后洗洗睡了吗？

当然不是，命运还在自己的手上，当我们对主持人的要求不再是俊男靓女，当我们的主持人能年岁再大一点，当科班出身的主持人少一点，当更多的思想者走上屏幕的时候，主持人中心制的到来也就不会太远了。

言论更多的自由与明星制的不触众愤也许并不是主持人队伍可以靠自身解决的问题，但我们还是可以乐观地期待，只是在这样的期待中，我们不能坐享清闲，否则命运之神一旦来敲门，应声者就可能是你的隔壁了，你愿意看到这种情况出现吗？

拉拉杂杂写了近万字，我都已经不太知道，这该算作是一种怎样的论文。

记得在文章开始处我写过，做人有时是悲哀的，因为你根本无权选择你自己生活的时代。是的，我也曾经幻想，也曾在遇到不顺时想过逃离，但是一闪念过后，我还是知道，如果你真的给我一次选择的机会，我还会毫不犹豫地选择今天，选择今日我们所面对的这个时代。不能不承认，作为一个新闻人，能生活在今天这样一个时代中是多么幸运的一件事。

过去正在远去，那个我们都盼望的未来正在靠近，我们年岁不大，既连着过去又完全有可能看到我们正建设着的未来在生命的流逝中实现，我们可以在今天怀疑一些什么，又可以对社会的发展提一些建议，言语少了禁忌，生命被大写着，这一切都不能不让人兴奋。

"记者"这两个字，我常常把它解释成是"为明天的历史记录证词的人群"。所谓今日的新闻就是明天的历史，我们在今天正用自己的良心记录着，那明日回望中的历史该是一种怎样的面貌呢？

而我们又会不会成为被明天的人们敬重的一群人呢？

（本文原载《现代传播》1998年第5期第11—17页）

纪念，是为了再次出发

白岩松

一

2013 年 5 月 1 日，《东方时空》开播二十周年。

写下上面这行文字，我觉得有些荒诞和不真实。二十年了吗？怎么仿佛昨天？然而走到镜子前，看着自己已半白的头发，我苦笑着确认了这个事实。

二十年，长得足以改变一个人的容颜；二十年，却也太短，还不足以让一个国家脱胎换骨。在这样的过程中，有哪些东西已被岁月遗失？又有哪些东西，被固执的人一一拣起或一直就执著地拿在手里？

这二十年，曾经的理想，在四面八方，过得还好吗？

二

伤感在很多年前就开始了。

在新闻评论部所在的南院食堂里，总有经历过《东方时空》最初岁月的同事，在没喝酒的情况下，就开始怀念当初激情燃烧的岁月，并抱怨现如今的平淡平庸甚至平静的可耻。面对老友的这些心声，我理解，却越来越没耐心听完。后来，我总是说：我们已经很幸运了，曾经赶上了一个很不正常的岁月，而现在，一切都正常了，或许将来，也会很久地这样正常下去……

有一点点安慰的作用，但还是拦不住人们伤感的脚步。

当初的《东方时空》，的确不正常到反常的地步，也因此，才让人无法忘记。领导和群众可以没大没小相互拍桌子，有创意就会被尊重然后很快被变现，无能的溜须拍马是可恶的，业务高于一切，谈理想与梦想是不被人嘲笑的……

可没有哪个时代能够这样不正常下去。比如，那个时候，一个人不知从哪儿来了，水平够，就可以留下；而组里的另一位，跟不上大家的节奏，明天就可能离开……

所以，一切都正常起来，可无法回避的是：在这个正常的时代里，如何让理想与激情还有存活的空间？或者，被尊重？

这可能，才是我们纪念《东方时空》二十年的缘起吧。

三

二十年，已经无情地把我们由激愤的青年变成了平庸但可能宽容的中年，却也让当今的年轻人，对二十年前的事儿有了陌生感：你们当初做了什么？《东方时空》不就是现如今每天八点播出的那个新闻栏目吗？怎么在你们的回忆中，竟有那离奇的江湖地位？

你们当初，究竟做了什么？

《东方时空》可能就干了一件事：平视。

用《东方之子》平视人，不仰视不俯视；用《生活空间》平视生活，不涂抹不上色；用《焦点时刻》平视社会，不谄媚不闪躲，最后用不同于以往的平实语气，说人话关注人像个人，平视自己。

仅此而已。

不过已足以让很多人骄傲一生，可常常遗憾的是，二十年前就开始做了的一切，今天，也并未全都在屏幕上达成共识，我们已经老了，可"平视"二字，依然像稀有动物一样，站在那里，咄咄逼人地孤独着，并依然前卫。

这是纪念的另一个来由：于心不甘。

四

陈虻，是纪念《东方时空》时绕不过去的一个名字。

在《东方时空》开播时，他还未到，几个月后，他恰到好处地出现，然后半年内用他"讲述老百姓自己的故事"丰富并扩大了《东方时空》的内涵，也成为那一个时代，电视被人尊敬的一个理由。

很多年后，他有些寂寞并不甘地走了，这个时候，曾经的老战友，带着日渐增长的腰围，跌打滚爬地来到陈虻的遗像前，泪落成冰。我猜想，陈虻用他的离去，给了我们一个机会：祭奠他也祭奠流逝的岁月。

但我们自己呢？也许，陈虻还是幸运的，再也没有堕落的可能，而我们却都要格外小心，下坠的前方还有很大的空间。说起来也怪，陈虻走了，总有人凭吊；可二十年里，好的理想与精神，每天都在不同的人身上——死去，怎么从不见人伤感凭吊？

没办法，已经死去的和依然活着的，是同一个人。

纪念，能让我们不再堕落地活着吗？

五

二十年前，年轻人从四面八方像当初有人投奔延安一样，来到《东方时空》，自觉自愿。理由不同，动力却是相似的，想要改变一些什么。

那时候的年轻人，像打一场仗，敌人很明确：八股的文风，粉饰太平的惯性，站不起来的奴性，不以人为本的种种现象。敌人在，阵地在，杀气与斗志就在，因此激情燃烧。

一转眼，二十年过去，敌人依然很多，可形象却日渐模糊，一时不知该怎样出手。更可怕的是，太多的战士早已忘了，当下最大的敌人，其实已经是我们自己。

二十年，我们从当初的反抗者，变成了今天的既得利益者，有人有名有人有权还有人有钱，有人什么都没有可起码还有行走江湖拿得出手的回忆。不知不觉中，我们很可能，已悄悄由当初的开拓者，变成了今天的拦路人。只不过，在回忆中，我们还以为自己保持着战士的姿态而已。

今天，我们该做一个怎样的既得利益者？是浑然不觉地让自己舒服？还是自省自觉地让年轻人舒服让时代与未来舒服？我们该不该让利？还是过后不久，被新的反抗者从幻觉的神坛上打下？

这反省，是不是也该成为纪念中的使命？

六

好了，该从伤感中转过身来。

陈虻离去几天后，我在文字中曾这样问同事更问自己："如果理想，只是一瞬的绽放，那么，理想有什么意义？如果激情，只是青春时的一种荷尔蒙，只在多年后痛哭时才知自己有过，那么，激情又有什么意义？如果哀痛中，我们不再出发，陈虻的离去，又有什么意义？"

是啊，二十年的纪念，究竟是一个终点，还是一个新的起跑线？

如果对《东方时空》二十周年的纪念，只是伤感，只是吹嘘，只是"大爷曾经当初怎样过"的售卖，纪念，又有何意义？

七

这个时候，我翻开了这本书，然后便有些惭愧。身在其中的，已有些麻木，而在远方的，却刻骨铭心着！徐泓老师，从未在《东方时空》的"组织"里工作过，但却一直关注帮助着《东方时空》的成长。陈虻走了，我们大家哭过就散了，可徐泓老师却一字一句地开始整理，终于让陈虻栩栩如生，对此，我该说些什么？

在这个世界上，有很多的话语，今天说过了，明天就会过时，甚至成为错误或反动的恨不得立即删除。而陈虻已离开四年有余，那些曾经精彩的话语，会不会过时？还有没有价值？我想，不会过时，当然还有价值。因为陈虻不那么政治，不那么聪明得见风使舵，他只关心人性、关心内心、关心传播的规律，也因此，他的那些话语和思考，可以更多地经受岁月的推敲。该是十年或二十年后都值得一读再读吧！更何况，这些声音留下来，已成为一段历史的旁白。

对此，该对徐泓老师说声"谢谢"，因为这些话语已经像一种唤醒，告诉伤感的人又该出发了！我们应该明白，一切都没有结束！

八

曾经有人说，青春无处安放。我想，与此相比，我们是幸运的，不管现今的青春如何美好并丰满，却并不让我们羡慕，因为在《东方时空》里，我们的青春曾被最美地安放，无可替代，无法复制。

接下来，抱怨与伤感，可以安放我们的中年吗？回忆，可以安放我们的老年吗？

我想不能。我们的中年正无处安放，不出发，也就这样了。而如果出发，我们还该有更好的中年与老年。这一切，只需要与自己为敌，重新拿起手中的枪。

九

陈虻曾说：走得太远，别忘了当初为什么出发。

二十年，纪念中，我们在众多文字与画面里，重温了出发时的誓言，那么今天，或许该用另一行文字为未来画下起跑线：

既然想起了当初为什么出发，那就别忘了继续赶路！

这，才是纪念的全部意义。

（本文原为徐泓编著《不要因为走得太远而忘记为什么出发》和刘楠编著《新闻撞武侠——央视译注部新闻创作秘笈》的序言）

如何领导？

白岩松

上一次因文章而与内部刊物发生关系，是在 N 年之前的事儿了。不幸的是，在那篇文章中，我的一部分当时听着不那么顺耳的话语被删掉，在内部刊物中被删掉。不幸的是，我的那些话语，在不久之后，在新闻中心的又一次体制变动中，被证明是正确无比的提前判断。可惜，这一切都挽救不了什么，有一些文字，就那样地被历史删掉了。从那之后，我就自作主张地把自己从内部刊物的作者名录中删掉了，一直到这篇文章。

可以写一些不那么动听不那么顺耳、不那么和谐甚至可能让一些人不那么开心的文字吗？我决定试试，因为岁数大了，却比年轻时希望更多的人能开心。

文章的主题，应当是我们需要你是个怎样的领导？我们是群众，其实我无权代表别人，应该是"我"，写下"我们"，不过是拉大旗扯虎皮，为自己壮胆而已。而你，是副制片人以上的职位拥有者，在中国电视圈里成千上万，所以，我不影射任何人。要影射，也只影射我内心的渴望。并且在这种渴望中，有太多推动我成长的老领导的成功身影。于是，得强调：本文纯属虚构，现实中如有雷同，那么，纯属不可能。

我们需要你是个怎样的领导呢？

首先，得有点理想。

此处删掉陈词滥调一万字。然后觉得，全世界的新闻人，单论物质收入，不管在哪个国家，都在社会上中等偏下，因此，想要单靠这中等偏下的收入就吸引到上等人才，那几乎是不可能的。

但百多年来，毕竟太多优秀人才投身新闻界，前赴后继，从不断绝。因为他们因梦而来，而新闻能给他们的回报，在于物质之外还能开出两份工资，即情感工资与精神工资。情感工资，就是人与人不那么钩心斗角，愿意合作愿意相处，志同道合；而精神工资，便是有点理想，有点持续的想用新闻让世界变得更好的冲动，有点因此不管经历多少痛苦，还能时常收获一些小小卑微成就感的热泪盈眶。这一切，没点儿理想怎么可以？这其中，当领导的该首当其冲，用理想为旗，以理性的方式去挥舞，才会有众生云集。因此，假如带头的人率先放弃理想，也可以，疯狂地涨工资吧！又或者，让这个行业慢慢死去！

接下来，得多学点儿习。

没有理想不可怕，都有理想也是个大问题。更何况，这年头，理想主义与骗子几乎很难划分，于是业务能力就非常靠谱甚至更靠谱。当领导的，业务强，指出节目的问题或毙掉节目都让人服气。用能力而不是用权力指挥员工，是电视领导该干的事儿。强大的业务能力，不仅让人服气，还能推动员工进步与提升，相当于又发了一份无形的工资，一切才好管理。

但想要让人服气，就要多学习，不断提升自己，尤其在中国这多变并错综复杂的时代里，更是如此。

可我担心，我们的领导太忙了，一个会接一个会，都是同样的话不断转述，对社会人心及变革的洞察力因何而来？时间长了，学习跟不上，对当下很多问题的思考力下降，而又面对众多选题。很多事儿，思考深了，才会知道它是安全的，没什么问题；可学习少了，思考浅了，心里没底，又想让自己及工作职责安全第一，于是，宁可错杀一千，绝不放过一个。就这样，一个又一个其实很安全的选题，由于思考跟不上，被遗憾地一一杀掉。这样的事，过去、现在、将来都在上演，我们将如何改变它？你知道当员工离开，他们是用怎样的口吻和表情谈论你吗？

不那么谈理想，业务也没那么精，不妨碍你依然可以当个不错的领导，那就要，做个大写的正派的人。

不一定纵容员工的理想，但起码悄悄地欣赏并包容，在相对安全的界限内，偶尔还能鼓励一下推动一下。

员工报一些看似危险的题目，不必像对待麻烦制造者那样冷嘲热讽，不必两三句话后就打断人家的陈述。有很多更安全的东西和好的东西，是在你有耐心再听下去的过程中诞生的。

在我们的环境中，即便做得再好的节目也存在风险，因为不知哪个大领导，因哪个神经被触动而批评节目中的哪一个问题，如发生这样的情况，您可以转述，甚至不必同情，但没必要摇身一变，也和着人家的声音开始认为这节目一无是处，因为你自己也知道：这其实是一期不错的好节目。

好的领导要有担当，不必成绩是自己的，失误是员工的。只有你为员工担当，员工才会为你担当，这其中蕴藏的爱，才是更大的安全来源。

中国有现实的无奈，偶有压力或求情者到来，节目得毙，您实话实说效果更好，而故意以节目内容等莫须有理由将节目拿下的举动，其实更伤员工的心。要知道，干电视的人比你想象的更有抗打击能力，但他们永远不适应：别人拿自己当傻 X。

有理想，业务强，好好做人，是不是就是最好的领导？表面上看，是的，甚至已经可遇不可求，但还可以额外地要求更高。打开《道德经》发现：什么样的人是最好的领导？受人爱戴被人尊敬只排第二位，那么，谁排第一位？

居然是感觉不到他存在的领导。

想想也是，这里感觉不到他存在，不是无为而治，而是用完善的规章制度完成管理，领导本身遁形，不必时刻人治，事情离开你就没法转。

现如今，我们的领导太有存在感（此处非指电视圈），处长到来，科长会率领群众集体起立；平日里，科长讲话，都像总书记做报告。一会儿一个会，一会儿一个指示，人们时刻感受到你的存在，距离感也就在这样的状态中油然而生。

想要领导被人感觉不到存在，一切还都好上加好，取决于民主的空气、完善的制度、清晰的目标，有了这些，创新才会持续不断。大家都在说自主创新，重点放在了创新上，其实，真正的重点在自主上。没有敢自主能自主的员工和想法，创新不会诞生。

　　……

　　想写十万字，截止在 2000 字这儿吧！这并不是一篇成熟的文字，甚至乍一看像牢骚，但我知道，它不是牢骚，而是期待和对已存在的一些东西的再次肯定。所以，即便是废话，也该写。不管同行者如何现实甚至功利，总希望明天的中国更好点儿。事实是，我什么样，中国就什么样。新闻中心什么样，中国就什么样。再过一些个月，可能要告别老台去新大楼了，那会是个新的开始吗？我们要留下些什么，又要带走些什么？

　　有点理想，多学点习，好好做人，同样适用于每一个群众，甚至更适合。因为求人不如求己，你期待别人的，必须先自己这样做，因为，我什么样，中国就什么样。

　　　　　　　　　　　（本文是 2012 年为内部刊物写的一篇文章）

后记

2012年3月的一天，晚饭后，我正在校园里散步，一个电话，让我和这本书结缘。

在头一年的11月份，一本关于白岩松与《新闻周刊》的书刚刚出版。那是2006年年底我和几个人一起写成的，后因故搁置，五年后由上海交通大学出版社出版。那本书，让我首次与白岩松结缘，可也正是那本书，在我心中留下了诸多的遗憾：一是，《中国周刊》在2007年年初改名为《新闻周刊》，并且变得更加的成熟，而书中的相关内容没能更新；二是，写那本书时对白岩松只进行了匆匆半小时左右的访谈，有点浮光掠影的感觉；三是，伴随着《新闻1+1》的开播，白岩松也由主持人发展成了评论员，我也很想从这方面做一些研究。

接到这个电话，虽然当时心里多少有些犹疑。但是，先前的诸多遗憾让我有一种好奇和再战的冲动，于是，我不假思索地就答应了下来。

2012年11月3~4日，北京降下了入冬以来的第一场大雪，尤其是西北部延庆地区，达到暴雪级别，城区积雪厚度接近50厘米。5日，关于这本书与白岩松有了第一次会面。

这次会面，大体确定了书的框架和内容。白岩松说，主持人是时代的产物，它与时代的特性是紧密联系在一起的，可以通过时代的关键词来反映。

2013年是《东方时空》开播20年，也是邓小平南方讲话20年，也是确立市场经济20年。这20年，白岩松从广播到电视，到《东方之子》，到《新闻调查》，到《时空连线》，到《新闻会客厅》，再到《新闻周刊》，到《新闻1+1》……他参与创办和主持了一系列名栏目。

他说，那就围绕这20年，写一个人与这个时代的关系吧。

也就是，通过访谈，听白岩松讲述这20年里他所亲历的故事，所关注的新闻和人，打量他、记录他。

白岩松说，这20年，若从《东方时空》和新闻评论部的角度来看，"可以划分为四个段落：一是《东方时空》的开播到1000期之后的第一次改版，这是创业阶段；二是从1001期到第二次改版，这一阶段，新闻评论部也拆了，这是充满变革、充满开拓的一个阶段；三是《东方时空》第二次改版到新闻频道的开播，这是梦想的实现过程，也是一个平台期；新闻频道开播至今是第四阶段，不那么改革的十年——新人诞生得很少，新栏目诞生得也不多，对中国电视改革的促进也不大，可是更重要的一点是，它是一个整固期——把过去的梦想变为现实并一一地常规化。这20年，我也在其中。"

但就个人而言，则可以分为六个阶段，即第一阶段是从《东方时空》的开播到1000期后的第一次改版，白岩松以《东方之子》为主要的栏目载体走上主持人位置；第二阶段是从《东方时空》的1001期到2000年悉尼奥运会报道结束，明确了他身上的主持人符号，并且更大范围地走向公众；第三阶段是从悉尼奥运会报道结束到2001年11月份，基本没做节目，一直在研发《子夜》这个栏目；第四阶段是2001年11月到2003年8月份，这一阶段淡化了他作为主持人的身份，而强化了他作为一个制片人的身份；第五阶段是从2003年8月份辞掉了三个制片人到《新闻1+1》的开播，这是伴随新闻频道成长的阶段，白岩松重新回到主持人的角色上；第六阶段就是2008年3月24日《新闻1+1》开播至今，主要的精力就是做评论员。以后，第七、第八阶段，评论员这个角色他会一直做下去，只是它只占百分之六七十的精力，剩下的精力会去做新栏目的研发，去关注这个时代的其他因素，比如人的生存状况等。

就这样，我们之间的访谈就围绕着这几个阶段进行，从2013年1月份开始，一直到5月31日，大的面对面的访谈一共进行了五次，每次两小时左右。此外，如果某些问题一时想不起来了，我们还随时通过短信和电话进行交流，把相应内容补上，包括对于书稿内容的修改、讨论等。

正好，2013年春节前后，也正是白岩松特意停下来的一段时间，跟2000年悉尼奥运会报道结束后的那段时间一样。这为我们的这几次面对面的访谈提供了时间上的保证。否则，这项任务的完成恐怕就不会像今天这样快、这样顺利了。

春节前，我们密集地完成了三次访谈。尤其是第三次访谈，那是2月8日下午4点开始的，这也是年前最后一个工作日，访谈结束时已是六点，天已经黑了。访谈结束，岩松说："这是年前的最后一项工作！"说完，我们各自走进夜幕，汇入到匆匆的回家人流之中。

当然，印象最深的还是第一次访谈，对我的挑战也是蛮大的。你想想，一个从来没有访谈经验的人要去采访一位经验丰富的人物访谈者。我该如何提问？还有，岩松经常接受媒体采访，我如何从他那儿获取"独家"信息呢？……访谈开始前我一直纠结于这些问题。

然而，访谈开始后，我发现，这些问题完全用不着担心。

正如今年两会期间，有媒体记者竟也有如此感受："采访白岩松，对记者来说无疑是非常大的挑战。往往问题还没说完，他早已心领神会，无须准备早已胸有成竹，自动打到直播状态，每句话都直指核心，逻辑严密入情入理，没有一句多余。"

《新闻1+1》的编导刘楠也说："采访他的记者们不用担心彼此间信息撞车，因为每次接受采访，他的新鲜观点迭出，像哆啦A梦的百宝匣。"

于是我心中的重负完全放下了。整个访谈过程逐渐变得轻松起来，我已完全不必担心自己的提问了，因为我的提问是否精彩已经不重要了，或许问题都很烂，但是回答全都相当精彩。

回望这大半年时间，虽然业余时间少了些，也较以前忙了不少，但收获却是蛮大的。借用岩松的话来说，"这简直是天天在上课，而且还给你发工资，你都能听到自己骨节在生长的那种声音"。确实，这大半年于我而言，也是"天天在上课"。

为了还原真实、立体的白岩松，我们还采访了他的老师、同事、同学、朋友和学生。他们是曹璐、吴郁、王力军、张泉灵、赵宏峰、刘楠，以及"东西联大"的部分学生等。他们从不同视角为我们呈现了各自心中的白岩松。赵宏峰是白岩松的高中同学，这也是她第一次接受采访，她首次为我们刻画了一个屏幕下的白岩松。《新闻1+1》的80后编导刘楠，在"又是抱娃又是拍片"的忙碌中仍然热情地接受访谈，并将她即将出版的《有一种基因叫理想——央视评论部那人那事》中的内容独家剧透给了我。在此，向他们表示衷心的感谢。

感谢中国传媒大学的吴郁教授和华东师范大学的王群教授！他们一直关注着本书的进展并不时为之出谋划策。特别是吴郁老师，作为第一个系统研究主持人的播音专业教师，曾被岩松称为"她是专门研究我语言的"，在接受访谈的同时，还为我们提供了很多第一手资料和一些好的点子。

感谢上海交通大学出版社的韩建民社长、郁金豹副总编，以及责任编辑易文娟和李旦，他们的信任、支持、鼓励和鞭策，是本书得以顺利完成的基础和保障。

感谢姚喜双教授，我做博士后的合作导师，在我写作陷入困境、难以打开局面的时候，他为本书的结构和内容贡献了很多建设性的意见。感谢侯敏教授，我的硕士和博士生导师，她为我完成本书给予了大力的支持和鼓励，同时也从方法上给予了大量的指导和帮助。

值得一提的是，还有很多我的朋友、同学为本书的完成给予了不少无私的帮助。他们是刘书峰、田维钢、李德、张春蔚、于溪等。刘书峰和田维钢是我的同学兼同事，更是朋友，与他们的讨论使我获益匪浅，尤其是刘书峰，经常被我拉来一起讨论，并为本书贡献了不少好的创意。时任央视经济新闻部制片人李德是我大学同学，上学那会儿，作为系学生干部住在系学生会办公室，全系只有那儿有一台电视，因此他也是我们班唯一一个早上看了《东方时空》来上课的人，当时着实让人"嫉恨"；还有资深媒体人张春蔚，虽然低我两个年级，但在学校那会儿就一直在一起共事。他们俩都为本书贡献了不少好的观点和思想。此外，央视财经频道的编导于溪，也为本书提供了大量珍贵的一手资料。在此，也特别感谢他们！

最后，还要特别感谢本书的两位参与者，郑双美和谢熠，分别是中国传媒大学语言学及应用语言学专业硕士生和应用语言学专业本科生。自2012年7月份开始，郑双美就参与到本书的资料收集和前期策划工作中来，先后参与了对王力军、赵宏峰和张泉灵等的访谈，承担了绝大部分访谈录音的整理工作，以及书稿的部分前期统稿工作等。当然，这对她来说也有很大的收获，特别是在听了白岩松给"东西联大"学生的上课后，她说："白岩松幽默而深刻的语言，融入他这些年来的独特人生经历和感悟，像是一碗营养丰富的汤，甜而不腻，却又韵味悠长。"谢熠从2013年3月参加进来，参与了这之后的几次访谈，并承担了这几次访谈录音的整理工作等。没有她们的热情参与和倾心付出，本书不可能这么快、这么顺利地与读者见面。

邹　煜

2013年6月于北京

图书在版编目（CIP）数据

一个人与这个时代：白岩松二十年央视成长记录 /
邹煜整理 . — 上海 ：上海交通大学出版社，2013（2014重印）
（华语名主持人丛书）
ISBN 978-7-313-10393-2

Ⅰ．①一… Ⅱ．①邹… Ⅲ．①电视新闻－新闻工作－中国 Ⅳ．① G229.2

中国版本图书馆 CIP 数据核字（2013）第 234655 号

一个人与这个时代

整　　理：邹　煜
策划编辑：郁金豹
责任编辑：易文娟　　李　旦
责任营销：常韶伟　　张　晨
整体设计：袁银昌　　胡　斌
印前制作：袁银昌平面设计工作室

出版发行：上海交通大学出版社
地　　址：上海市番禺路 951 号
邮政编码：200030
电　　话：021-64071208
出 版 人：韩建民
印　　制：上海交大印务有限公司
经　　销：全国新华书店
开　　本：710mm×1000mm　1/16
印　　张：24.50
字　　数：400 千字
版　　次：2013 年 12 月第 1 版
印　　次：2014 年 3 月第 2 次印刷
书　　号：ISBN 978-7-313-10393-2
定　　价：39.80 元